国家林业局普通高等教育“十三五”规划教材

大学生创新创业
能力提升

张子睿 主 编
史伟 樊凯 副主编

中国林业出版社

图书在版编目（CIP）数据

大学生创新创业能力提升 / 张子睿主编．—北京：中国林业出版社，2017.6
国家林业局普通高等教育“十三五”规划教材
ISBN 978-7-5038-8999-8

Ⅰ．①大…　Ⅱ．①张…　Ⅲ．①大学生—创业—高等学校—教材　Ⅳ．①S647.38

中国版本图书馆 CIP 数据核字（2017）第 102106 号

国家林业局生态文明教材及林业高校教材建设项目

中国林业出版社·教育出版分社

策划编辑：杨长峰　张东晓　**责任编辑：**张东晓
电　　话：(010) 83143560　**传　　真：**(010) 83143516

出版发行　中国林业出版社（100009　北京西城区德内大街刘海胡同 7 号）
　　　　　E-mail:jiaocaipublic@163.com　电话：(010) 83143500
　　　　　http:// lycb. forestry.gov. cn
经　　销　新华书店
印　　刷　北京昌平百善印刷厂
版　　次　2017 年 6 月第 1 版
印　　次　2017 年 6 月第 1 次印刷
开　　本　787mm×1092mm　1/16
印　　张　17.25
字　　数　338 千字
定　　价　39.00 元

前 言

PREFACE

在 2014 年 9 月的夏季达沃斯论坛上，中国国家总理李克强在公开场合发出“大众创业、万众创新”的号召，他提出要在 960 万平方公里土地上掀起“大众创业”“草根创业”的新浪潮，形成“万众创新”“人人创新”的新态势。此后，他在首届世界互联网大会、国务院常务会议和各种场合中频频阐释这一关键词。每到一地考察，他几乎都要与当地年轻的“创客”会面。他希望激发民族的创业精神和创新基因。

2015 年李克强总理在政府工作报告中又提出“大众创业、万众创新”。政府工作报告中如此表述:“推动大众创业、万众创新，既可以扩大就业、增加居民收入，又有利于促进社会纵向流动和公平正义。”在论及创业创新文化时，强调“让人们在创造财富的过程中，更好地实现精神追求和自身价值”。

2015 年 5 月 13 日发布的《国务院办公厅关于深化高等学校创新、创业教育改革的实施意见》指出:“2015 年起全面深化高校创新、创业教育改革。2017 年取得重要进展，形成科学先进、广泛认同、具有中国特色的创新、创业教育理念，形成一批可复制可推广的制度成果，普及创新、创业教育，实现新一轮大学生创业引领计划预期目标。到 2020 年建立健全课堂教学、自主学习、结合实践、指导帮扶、文化引领融为一体的高校创新、创业教育体系，人才培养质量显著提升，学生的创新精神、创业意识和创新、创业能力明显增强，投身创业实践的学生显著增加。”在国家重视创新创业的背景下，高校如何贯彻国家和教育部的政策开展创新创业教育是一个意义重大的课题。

人类文明进程中不可缺少的内容之一就是创造、创新、创业实践活动。

回望人类的历史，创造、创新实践活动一直以朦胧、随机的脚步行进着，直至近现代科学技术的产生和发展，创造、创新成果才大量涌现。当代社会，创造、创新实践活动已拥有系统的科学技术方法，人们对创造、创新实践活动的认识也得进一步深化。人类为了生存向自然索取，同样也受到自然的报复和抵制。人类为改造自然建设社会体系而奉献生产劳动，同时也受到社会的制约与改造。人是创造活动的主体，也在创造活动中得到进步与提高；受正功能的恩惠，也遭受负功能的困扰。

当代社会，创造性思维与创造、创新实践活动不再是单纯的非逻辑思维与经验技能，而是与逻辑思维与系统思维方法有机结合起来，创业活动也成为把创造、创新实践成果转化为现实的有效途径。现代的创造、创新、创业实践活动也越来越成为一种集成耦合的体系。

本书以介绍创造、创新的基本问题导入，分析了创造性思维和发现问题的规律和方法，阐述了创业的基本问题，并结合大学生的特点讲述大学生创业者提升能力的对策。

本书的完成得益于校内外专家学者的支持与帮助。首先，应该感谢我的导师东北大学文法学院罗玲玲教授，正是在她的指导下，我才踏上创造学研究之路，并逐步积累了一点可以与青年朋友们分享的经验。而这一切，都源于导师的指点，在此致以深深感谢。其次，要感谢本书的两位合作者，北京农学院的史伟老师和中国矿业大学（北京）的樊凯老师，本书是三位作者共同讨论合作完成的作品。最后，要感谢中国林业出版社为本书出版付出辛勤劳动。

由于作者水平有限，书中疏漏之处在所难免，请同行专家和读者朋友们给以斧正！

张子睿

2017 年 2 月

目　录

CONTENTS

第一章　创造创新概述

回望人类的历史，不难发现：民族发展的希望在创新，创新的希望在培养青少年的创造力。努力培养和提高青少年的创造力是一个事关国家民族前途命运的战略问题。现代社会的发展对各行各业的工作人员的素质要求越来越高，社会主义经济建设需要的是理想、道德、知识、智力与技能，以及体质、心理素质等诸多因素全面发展、相互协调的人才。人才素质的构成是全方位的，它包括人的知识储备、职业素养、表达能力等等。

青春、创造、创新，是人类语言中最有魅力的词汇。

大学生是国家的未来和希望，要提升自己的综合能力就要在学好本专业基础知识和专业知识的同时，更要提升自己的创新能力。

因此，本书开始讲述大学生创新能力之前，有必要回顾创造、创新的相关问题。

第一节　创造的历史回顾

意识的产生，使人类与动物有了本质的区别。然而，从科学角度分析，人类与动物都应归属于自然；因此，两者也有其共同的自然属性：吃（喝）、穿、住、安全、性与繁衍，是人类生存与发展的第一需要。在意识的支配下，人类学会了劳动与创造。劳动与创造是人类的本质属性，也是推动人类历史发展的根本动力。

人类在与自然界不断抗争中，为了延伸肢体的作用，木棒与石块便成了人类最原始的工具。随着劳动实践中的不断认识与思考，人们仿造自然中锐利的石块自行磨制石刀、石斧，削木等成就了最为原始的发明创造成果。伴随实践经验的积累，人类的智慧与日俱增，逐步学会了用火，改变“茹毛饮血”的生活习惯。受到煅烧过的泥土可以不受水浸、坚固耐用的启发，发明了陶瓷器；应御寒与遮羞的需求，发明了骨针、衣服和结构牢固的住所；尝尽百草，学会了农耕、用药；劳动有了剩余，引发了养殖；应交流之需产生了语言；为方便记忆创造了文字……经历了几万年的发展，成就人类史前文化，从此开始人类有了记载的文明历史。

创造的本质是认识自然和改造自然，因而创造的历史也必然与人类认识自然的实践生产活动相伴相随。在创造活动中，人占据着主导地位。人类是社会的主体，一切创造的目的又在于满足社会的需求与发展；因此，人类的创造活动是以自然与社会为前提条件，受到自然与社会条件的双重制约。随着人类对自然认识的不断深化和社会的进展，创造历史可以划为以下几个阶段。

一、经验与技能型阶段

这一阶段可以由15世纪直至追溯到史前的古代社会。由于人类缺乏对自然界的认识，无法形成具有严格的、确定性特征的科学理论，神学自然观长期占据着主导地位。尽管在公元前若干世纪里中国乃至世界都出现一批烁古耀今的思想家、哲学家、科学家：苏格拉底、柏拉图、亚里士多德、阿基米德、老子、孔子、墨子、孙子……儒家管理思想至今尚为人所推崇，《孙子兵法》依然被视为战场、商场上出奇制胜的法宝；日本诺贝尔物理学奖获得者汤川秀树就是运用庄子关于混沌的哲学思想发现了介质子和其他粒子……然而，在成就的背后，我们也必须看到以下两个事实：人类虽然有超越万物的思想和理性，但却没有形成知识与科学概念的体系。对自然的认识是以思辨和直观方式进行的。直观的经验，不是在纯化、可控制条件下取得的，因此比较表面、肤浅、模糊、不准确。理论的思辨性，也由于受到经验直观性与宗教等不同程度影响，只能依靠猜测及思辨来编织，因而其理论体系多数显得笼统、朦胧、粗糙、含混。创造活动是认识自然、利用改造自然的活动，由于缺乏科学理论体系指导，发展缓慢也就成为科学历史的必然。

创造活动服务于社会并为社会所制约，这是同一问题的两个侧面。在经济、文化、生产相对落后的中世纪以前，宗教、政治、思想观念一直占有主导统治地位。对于创造的社会需求，主要体现在“技术”与“造物”两个主要方面。创造、发明活动不仅受到政权、宗教乃至神权的束缚与干扰；同时也受到歧视，这也就成了阻碍创造发明的另一个原因。古希腊人对体力工作持轻蔑态度，而当时有可能做出发明创造的那些人，对发明创造并不感兴趣；同样的文明古国——中国也由于片面追求道德境界而迷失了造物的主题。请看《庄子·天地》篇中一段被广泛引用众人所熟知的一段对白：

子贡南游于楚，反于晋，过汉阴，见一丈人将为圃畦，凿隧而如井，抱瓮而出灌，然用力甚多而功寡。

子贡曰:“有械于此，一日浸百畦，用力甚寡而见功多，夫子不欲乎？”

为圃者仰而视之曰:“奈何？”

曰:“凿木为机，后重前轻，挈水若抽，数如溢汤，其名为槔。”

为圃者忿然作色而笑曰:“吾闻之吾师，有机械者必有机事，有机事者必有机心。机心存于胸中，则纯白不备，则神生不定;神生不定者，道之所不载也。吾非不知，羞而不为也。”

子贡瞒然惭，俯而不对。

《庄子·马蹄》篇中也说:“夫残扑以为器，工匠之罪也。”很显然这些都是直截了当地否定发明创造的重要性和否定人类发展发明创造智慧的重要性的观点。诸子百家中墨家偏重法仪功用，自西汉以来，确立了罢黜百家，独尊儒术的政策，一直延续了近两千年的历史。儒家虽没有像道家那样极力否定发明创造，但是由于片面追求道德境界，忽视了发明创造的重要性，从客观上阻碍了科学技术的蓬勃发展。

中世纪以前尽管科学、技术发展缓慢，但是应经济、生产与社会之需还是有不少发明创造成果相继问世的。古埃及、古巴比伦时代人类已开始步入文明时代，农业技术、医术、冶炼技术、造船（车）、纺织、酿造、建筑都取得了很好的创造成果;古罗马帝国时期，埃及地区已出现了比较先进的农业生产工具——带轮的铁犁;金字塔、万神庙等建筑都曾辉煌一时。古代的中国是东方的科学技术与创造活动的发展中心，都江堰的水利设施至今仍在受益，堪称千古绝唱;指南针、造纸术、印刷术、火药四大发明为代表，包括陶瓷、丝织等都为世界文明做出了卓越的贡献。以后世界各地陆续出现了以水利、风力乃至畜力为动力的各种简单机械，用于提水、粮米、金属加工及纺织等;冶炼技术（高炉炼铁）也取得了较大突破。这一切都是生产中的直观感受和实践验证，经过总结，不断改进而产生的创新成果。以印刷术为例，毕昇活字印刷术首创于 1040 年，通过不断改进由胶泥活字改进为木活字（元代王祯);传入朝鲜后又将木活字改用铜活字，直到 1436 年才改成清晰、易制的铅字，整整经过了 397 年。不难看出没有科学理论的指导，创造处于“不知其所以然却可使之然”的状态是难以取得重大快速创造突破的。

二、经验与科学型阶段

随着人类信息交流范围的不断扩大，科技发展中心也在不断的转移，中国的造纸术、印刷术、火药及指南针经阿拉伯传入欧洲。对西欧的社会进步产生了重大作用，催发了资产阶级社会的萌芽。工场手工业的生产发展，首先在意大利兴起，逐步传播到法国、英国、德国乃至整个西欧。

如果说创造活动的动力来自社会（资产主义的生产方式）的需求，那么自然观的变革则成为科学技术发展的精神支柱。十字军东征时期，欧洲人从希腊古典文化中看到了理性主义、探索精神、民主思想、世俗观等，这些与中世纪封建社会宣扬的盲目信仰、墨守成规、专制独裁、禁欲主义等形成了鲜明对照，迎合资产阶级的需要，也唤醒了人类的理性和探索自然的潜在能量。

哥白尼的“日心说”（1543 年）就科学价值而言，较之后期的许多科学发现与发明并不突出，然而就科学技术发展历史而言确有其划时代的意义，“日心说”是一面“反叛”基督教神学的旗帜，挑战了教会的权威，赢得了自然科学的解放。

值得郑重提出的是 16～17 世纪为摆脱神学统治的斗争，一些科学家曾遭受教会的沉重打击与迫害，甚至为真理而献身。意大利天文学家布鲁诺，因提出无限宇宙论而被罗马教廷活活烧死。比利时医生维萨留斯因提出新的人体结构理论被困死在赞加岛上。近代实验科学之父伽利略，用天文观察实验支持宣传哥白尼学说遭到终身监禁。西班牙医生塞尔维特用自己有关血液循环的理论，批判基督教三位一体的教义而被判处火刑。

与神学统治斗争的胜利也使自然科学走上了独立发展的道路，初步建立了数学、物理学、化学、生物学近代自然科学体系。法国数学家达兰贝尔与柯西进一步完善了微积分理论，在微积分基础上建立和发展了无穷级数、微分方程、微分几何及变分法，形成了近代数学的重要分支——数学分析，为科学研究与工程计算提供重要的计算手段。在化学领域，英国科学家玻意耳的“元素概念”奠定了化学发展的基础；法国化学家拉瓦锡的氧化学说为化学的进一步发展扫清了道路；道尔顿的原子学说、阿伏伽德罗与康尼查罗的分子概念，共同确立了科学的原子—分子学说；门捷列夫“元素周期律”的发现，更是近代化学发展的伟大成就，也为人类认识突破原子界限进入微观领域做好了准备。生物学是研究生命运动的，相对成熟得较晚，维萨留斯“人体构造”的研究成果与哈维血液循环理论的创立都为生物科学的发展做出了重大的贡献。

物理学是近代自然科学的带头学科，对近代科学技术的发展及其在生产过程中的应用起了主导作用。近代物理首开先河者是意大利科学家伽利略，通过实验研究（而不是猜想推测）消除了亚里士多德关于“只有外力的持续作用才能保持自身运动”的错误观念，为物理学的健康发展开辟了道路。继伽利略之后，法国哲学家、数学家笛卡尔是早期机械论的又一个代表人物，他认为物质是形体世界里唯一的客观实体，切形体都是做机械运动的，物质宇宙是一个巨大的机械系统。人体也是一种“尘世间的机器”，并对物质运动、天体运动乃至人体的运行机制都作了机械论的解释。笛卡尔认为物质存在于一个以“量”为度量的实体之中，物物相触才能产生运动，物质唯一的运动形式是空间位置，并据此提出了著名的“动量守恒定律”。同一时代，开普勒、惠更斯、胡克等也都是机械论研究卓有建树的科学界代表人物。

牛顿是近代物理学最具影响力的科学家，经典力学体系的奠基人。他在伽利略、开普勒、笛卡尔等人对机械论研究成果的基础上，清楚地定义了涉及物质运动的“质量”“动量”“惯性”“时空”等基本概念，提出了“运动三定律”。牛顿的“经典力学理论”，不仅是具有划时代意义的创造成果，也为机械论自然观的确立和后续的科学技术的创造性发现、发明活动提供了坚实的理论依据。“经典力学理论”及其研究方法迅速向其他科学领域延伸，形成了多质点体系、刚体力学、流体力学、天体力学、热力学、电磁学等一系列科学理论，同时也对化学、生物学等学科领域的发展起到了促进作用。

经典力学科学理论形成与发展为以后的科学技术发明奠定了坚实的理论基础。以科学理论为基础，在机械论自然观的指导下，为适应资产阶级社会生产力发展的需求，科学创造的历史上开始了以机械化为主要特征的第一次技术革命。

1733 年，英国的凯伊首先发明了织布用的飞梭，大大提高了织布的速度。纺纱业为了适应织布的要求，英国的哈格里夫斯发明了“珍妮”纺织机；继哈格里夫斯之后，阿尔克来特发明了水力纺纱机。1779 年克隆普顿综合“珍妮”机和水力机的优点，发明了自动螺机，使一台机器可以同时转动三、四百个纱锭。纺纱机与织布机的不断创新也在不断破坏生产的平衡。1785 年，英国人卡特来特发明了自动织布机，生产效率提高几十倍，随之而来的一系列与之配套的机械发明初步实现了纺织工业的机械化。

人类在认识、改造自然和社会生产生活发展的过程中，“矛盾”是发展的永恒动力。机械化的发展，提供强大而方便的动力便成为当务之急。1695 年，法国物理学家巴本发明了带活塞的蒸汽机；后来，经英国工程师塞维利和锻工出身的技术家钮可门等人的改进而产生了广泛应用于矿井抽水等领域的钮可门式蒸汽机。钮可门式蒸汽机存在着体积大，耗煤量高，热效率低的严重缺陷。1768 年，英国著名发明家瓦特制造出具有分离冷凝器的蒸汽机。1783 年，瓦特发明了旋转式蒸汽机，成为能为各种工作提供动力的万能原动机。从此，蒸汽机动力广泛应用于纺织、采矿、冶金、交通、化工、机械制造等行业，技术革命开始转化为产业革命。

洞悉 16～18 世纪的科学、技术、生产发展的综合过程，生产技术的发明发展是以科学精神和科学理论的指导为依托，通过生产实践形成的经验仍然起着主要作用。以蒸汽机的发明发展过程为例不难看出，由于真空的发现（托里拆里，1643 年）和马德堡半球实验（格里凯，1654 年）使人们进一步认识了大气压的性质和真空状态下大气压可以转变为机械动力的可能性，并发明了真空泵；英国科学家玻意耳受半球实验的影响，对大气性质作进一步研究，于 1662 年发现了玻意耳定律，正是在玻意耳理论的指导下并经过生产实践，蒸汽机（巴本钮可门，1695 年）得到初步完善；纽可门式蒸汽机整个发明过程都体现了理论指导实验、实践的根本作用。瓦特对纽可门蒸汽机的重大改进过程，更可以进一步佐证上述问题。蒸汽机的科学理论——热力学到 19 世纪中叶才成熟（到 19 世纪才开始系统研究蒸汽机中蒸汽的特性等问题），当时（1760 年），虽然物理学家布来克已经建立了关于物体的“比热”与热容量的知识，找到了纽可门蒸汽机效率低的原因，但采取把冷凝器与主汽缸分开，并发明独立的冷凝器，却仍然是实践经验在起主要作用。正如瓦特写给朋友的信中说：“蒸汽为一种具有伸缩性的气体。它一遇真空即会冲进去，假如能使汽缸和真空容器相连，蒸汽便会直接冲进真空容器而冷凝，不必使汽缸冷却。”这便是独立冷凝器的构思。同时，也应当看到瓦特与布来克交往甚密，从他那里也学得很多相关理论知识，对发明分离式冷凝器也起了很大的作用，这些印证了这一阶段经验科学性方法的必要性和可行性。

三、科学技术型阶段

19 世纪至 20 世纪中叶，随着生产力水平的提高，技术也越来越复杂，对技术精度、效率的要求也越来越高。与此同时，许多科学理论的发现，促使人类对自然界及其内在规律的认识也在逐步加深。在单依靠经验解决技术问题已显得“力不从心”的形势下，新的科学理论不断涌现，为技术创新提供了指导与支持，从而使这一时期的科学技术创造的主导方法发展为科学技术型方法。在这一时期，技术上的重大发明是以科学上的新发现为前提的。要解决生产技术问题，也首先必须研究与这些技术问题相联系的自然科学理论，然后再将其转化为技术。这就是说，这一时期科学技术的创造方法已开始摆脱经验方法（这不是说创造活动不再使用经验方法）逐步步入以分析为主的技术方法阶段了，科学技术创造已进入“不知其所以然已难使之然”的时代。19 世纪主要的电工技术专家，都是在密切注视、紧紧跟随物理学家成就的基础上开展创造性工作的。美国发明家贝尔是通过学习德国物理学家亥尔姆霍兹对声音再生的研究后，才从事电话发明的。

进入 19 世纪，由于生产与经济的发展，但作为生产的动力仍然显得落后，发展动力技术已成为技术创造的当务之急。蒸汽动力已远远不能满足需要，在蒸汽机之后出现了内燃机和其他新型热机。1886 年戴姆勒研制出第一台单缸四冲程汽车，大大改善了生产交通运输问题。

19 世纪上半叶，恰逢其时，物理学对电磁运动规律的研究，为电动的利用提供了理论准备。因此 19 世纪下半叶，产生了以电气技术为主导，工业电气化为主要特征的第二次技术革命。电、磁现象分别研究已有很长的历史，1820 年奥斯特在自然统一性观点的推动下，把电、磁现象联系起来发现电流的磁效应。1831 年法拉第在奥斯特发现的启发下，发现了电流磁效应的逆效应——电磁感应定律。发明家们依据上述两项理论的发现，很快就发明了发电机（皮克希，1832 年）、电动机（雅可比，1837 年）、变压器（斯利坦，1885 年）、交流电机（特斯拉，1888 年），并得到广泛应用。随着电能应用范围不断扩大，开始了发电站的建立（爱迪生，1882 年）及电力传输技术（德普勒，1882 年）的发展。电磁理论的进一步发展是由麦克斯韦于 1864 年建立了电磁场方程，并预言电子波的存在。这个预见已于 1888 年为赫兹用实验所证实，在此基础上，马可尼实现了世界上第一次无线电通讯。上述事例也证明了理论分析已成为技术创造过程不可缺少的环节，从此技术的发展真正转移到了依靠科学的轨道上来。随着对电与磁的各种效应的研究，开创出一系列崭新的技术领域，如电解、电冶、电热、电声、电光源等，形成了以电力技术为主导技术的技术体系。

发明创造工作的本质活动是认识自然、改造自然，并不断的建立人工自然的过程。生产活动的本质是人类赖以生存、发展的劳动过程，发明创造与生产劳动息息相关。劳动的主体是人，客体是自然与人造自然的所有事物。人在劳动中同时担负着三种职能：首先是把持或操纵工具；其次是以自己的体力提供动力，通过工具作用于加工对象；然后是按着人的意志和特定目的，控制生产过程加工出社会需求的产品。机械化技术革命，以机器取代了手工工具，大大地提高了生产效率；相对的也减轻了人的劳动（物化劳动比例减少了）。热机—电气化革命（当然早期的自然风、水动力也属此类）为生产提供了主要动力，把人类从繁重的动力供给中解放出来。因此，如何以机器、仪器等来直接取代人，控制生产就成为发明创造历史进程的一个“当务之急”的目标。生产过程自动控制，早在 18 世纪后期建立的机器生产体系中已经开始了，这项工作主要用于生产过程中参数（压力、速度、温度、流量等）和空间位置与运动的控制（如上升、下降、平移、转动、螺旋运动、异型轨道运动等），主要由机械装置来完成。随着科学的发展与进步，19 世纪机械生产控制系统已经有了很大的改善，除机械控制装置外产生了液压、气压控制（执行原件仍然是机械的），并在机械控制装置上加上了电磁器件和设备（传感器等）。控制系统变得复杂化、多样化了，但是由于控制系统存在着体积大、速度慢、灵敏度低等缺点，而没有广泛应用与普及。

实现生产的自动控制是第三次技术革命的主要内容。它是由电子技术发明为核心的技术体系来实现的。电子技术是以电子运动为基础，以电子器件为核心的有关技术的总称；这次技术革命起源可以追溯到19世纪末，20世纪40年代兴起，60年代达到高潮，其前景不是方兴而是未艾。电磁理论建立以来，其发展方向之一就是向微观发展，即对电子运动规律的研究。在此过程中。先后发现了热电发射的规律（理查逊，1902年）并发明了真空二极管（佛莱明，1904年）、真空三极管（德福烈，1906年），从而带来了无线电波发射与接收的迅速进步。20世纪初（1926年）建立的以研究微观粒子运动规律的量子力学为半导体物理及其技术产生奠定了理论基础。而晶体管则是半导体物理及其技术的产物，晶体管与电子管电子学性能相近，但具有体积小、寿命长、耗电少的突出优点，很快便取带了电子管，并带动了电子技术的发展。随着科学研究的深入，半导体技术发展成微电子技术，促成了集成电路、大规模集成电路问世。集成电路具有微型化、低能耗、高可靠性、成本低等优点，为电子技术的普及和广泛应用开辟了广阔天地。电子计算机的发明（毛奇勒、埃克特，1946年）是在数学、逻辑学、电工技术共同基础上产生的。电子计算机与半导体技术、微电子技术的发展相配合，不断改进与发展，已步入智能计算机时代。在电子技术、控制理论、传感技术、机械技术综合的条件下，也导致社会生产在机械化、电气化基础上逐渐实现自动化，到1965年世界上已有600多个工厂实现了电子计算机控制的自动流水线生产。

四、系统科学型阶段

早在19世纪下半叶，随着自然科学从经验领域进入理论领域，自然科学本身所固有的辩证性质与机械论自然观的矛盾逐渐激化，细胞理论、能量守恒和转化定律、达尔文生物进化论三大发现，验证了自然界的普遍联系和发展的辩证法思想。X射线、电子放射性的发现，揭示了原子元素的复杂结构，证明了它们的可分性和互变性。特别是爱因斯坦相对论与量子力学的创立，完全否定了机械直观性的原则，证明了微观过程领域中有自己独特的规律——间断性和连续性的统一，波和粒子的统一。科学的突破是以抽象的概念取代了直观的形象和模型，微观规律只能通过数学的抽象（数学模型）进行描述。

辩证自然观的深刻内涵是：自然是由各种物体相互联系构成的有机整体，在时、空两维度上不断进化与变化；物质的运动，变化及运动与变化规律是永恒的，伴随自然观的革命，科学技术领域出现了第四次科技革命（现代科技革命）。现代科技革命的理论基础则更为深厚，从纵向来说建立了微观粒子的量子理论，认识了微观世界的层次结构及不同层次微观粒子的运动规律性；为物理学、化学、生物学找到了统一的理论基础，使人类有可能从微观层次来理解物质宏观运动的现象及其规律。从横向来说，系统科学的理论建立，使客观世界广泛的科学领域之间建立起有机的联系。系统科学像数学一样属于横断科学，它们的研究对象都不局限某一特定领域。数学是从客观世界（自然界社会思维过程）抽象出数与形，再研究数与形的存在，变换运动变化的一般规律；系统科学则是从客观世界抽象出某些共同的要素：结构、系统环境、功能、信息控制等，研究它们之间的相互关系和运动变化规律（需要说明的是信息论、控制论也同属横断科学范围）。以系统科学为主导的横断科学为其基本原理，在技术科学（激光科学技术、原子能科学技术、生命科学技术、空间科学技术等）中得到应用，其基本方法（系统分析、系统工程）在高新技术的实践活动中也应用广泛。

围绕功能展开的人类活动如图 1-1 所示。

总之，现代技术革命由于其基础深厚、广博，为宏伟的纵横交错的技术体系的建立和解决社会经济中的各种问题，展开了广阔的前景，其社会功能也更为显著。在此还应着重指出的两个方面的问题。

一方面，科学与技术的联系更加紧密。在某些领域中出现了科学技术一体化的现象，主要表现在：首先，科学技术化。科学加快向技术转化的速度，科学研究中也越来越离不开技术的支持，这种密切的联系，在某种意义上说是科学技术化了。其次，技术科学化。在 20 世纪后半叶以来，高新技术群（信息技术、新能源技术、空间技术、海洋技术）中的技术，无一不是建立在科学理论发展的基础上的。而且在高新技术研究开发中，不断遇到的问题（是什么？为什么？）直接就是科学问题。解决这些问题，是技术熟化、发展和转化的关键和保证，因而可以说技术科学化了。最后，在某些领域，科学与技术界限乃至称谓也越来越模糊，如生命科学技术、激光科学技术、原子能科学技术。

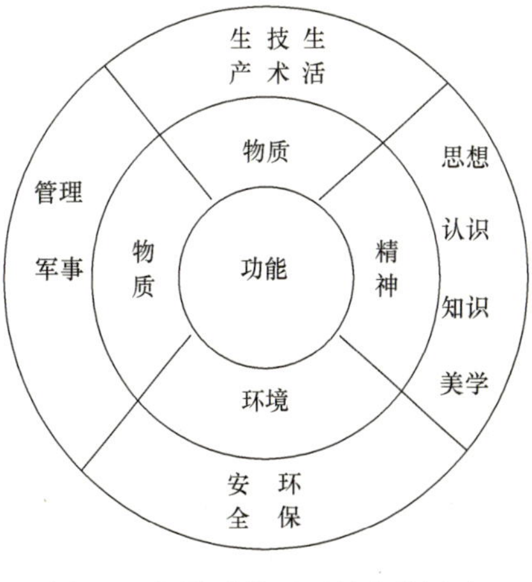

图 1-1　围绕功能展开的人类活动

另一方面，人文社会科学与自然科学的联系更加紧密。人文社会科学与自然科学同为科学，也就必然存在某些共同的范畴及规律性（如数量关系、要素、结构、系统、环境、信息、功能、控制与联系、对立与统一、现象与本质、量变与质变、偶然性与必然性）。因此，自然科学中的横断科学理论（如数学、系统科学、控制论、信系论）同样在社会科学中得到渗透和应用。而人文社会科学的基本功能（真理性与价值性）、认识功能（描述功能、解释与批判功能、预见功能）、社会功能（政治功能、管理功能、决策与咨询功能、文化功能）也同样影响到科学技术领域与生产领域。因此，在科学创造领域中二者的协调也更有利于创造成果的发明与推广和社会的进步与发展。

当代科学技术发展的一个突出特点是开发领域和主导技术形成多学科领域的群落形式。以信息技术、新能源技术、新材料技术为基础，以激光技术和新制造技术为手段，积极推进生物技术、海洋与空间开发技术发展的新格局。科学发明创造成绩斐然、硕果累累，如多媒体技术、网络技术、虚拟现实技术、微电子技术、纳米技术、DNA 测序、复合材料、高温超导技术、核能、太阳能技术、机器人技术、宇宙开发技术、集成制造系统等都是现代科学技术发明创造的硕果，许多成果在生产和人民生活中得到广泛的应用。

在 21 世纪，不但上述各门科学技术及其产品会有更广阔深入的发展，绿色产业群体也将成为社会经济的主流，智能化理论与产品也将进入人类的生活空间，自然与人造自然的融合将为人类展现出一个更美好的未来。

历史是枯燥的，然而历史也像一方明鉴，证明了过去也照亮了未来的路。上文以挂一漏万的文字，简述了人类创造历史的事实，首先的目的是想让人们概括的了解人类创造历史的发展；并从中有所启发和认识。笔者认为如下几方面的问题是需要引起注意的：

第一，创造的过程是从偶然走向必然，又由必然走向自由的。野火中的偶然发现使人们学会了用火、制陶，发现了金属和冶炼技术，又从这些发现的实践应用中促使人类的创造向深度和广度发展。

第二，实践经验是前期创造活动的主要知识来源，促进了创造与开发，然而由于没有科学理论的支持，发展也是缓慢的。经验与科学理论是创造活动的两轮，两者相互支持转化，促进了科学技术的进步。

第三，科学理论与创造活动促进了创造的发现、发明，新的发现与发明又支持了新理论的诞生；因而创造发明同社会发展一样是成螺旋式向深度（高度）广度发展的。

第四，一切创造活动及创造能力，必须以科学理论知识为前提。

第五，对自然科学研究而言，人是研究的主体；社会是由人组成的群体，而每个独立的人相对社会而言，人就成了研究的客体。对于广义自然而言人也是自然的一个要素，我们可以认为自然科学与社会科学构成了一个更为广阔的系统。因而，也就具有系统的根本特性——层次性与联系性，相互独立、又相互制约；在科学创造活动中，自然科学与社会科学改造自然活动与社会变革，互相促进又互相制约。

第六，人是一切创造活动的主体，在认识自然、改造自然的活动中起到主导（引导、决策）作用，人在社会改造过程中即有主体作用；同时，人又是社会的客体，受到社会主流的影响和制约，人在社会中处于主客体双重地位。社会群体的规则与主导意识形态也影响到认识改造自然的活动。因而，对于科学创造主体的人，树立正确的指导思想和认识自然中形成自然观念对创造活动至关重要。

第七，人类在认识、改造自然的活动中，由于自己自觉、不自觉的过失，也会遭到自然的反抗（环境与生态平衡的破坏、污染，资源的短缺与枯竭，气候的变化……），使人们认识到保护自然的重要意义，这就预示着在今后的科学创造活动中要树立利用改造与保护统一的科学态度，对这一矛盾，实现自然与社会的和谐统一将成今后创造活动的重要课题。

第八，社会科学与自然科学研究在研究对象的特征、研究方法、研究手段、乃至研究目的都有很大的不同。对自然科学来讲，研究对象来自于自然，具有客观性和普遍性、自在性、同质性、确定性、价值中性等特性；以实证、说明为主导的研究方法，通常以实验为手段，在人为的控制下，对研究对象简化、强化和纯化，通过重复的过程、观察和“逻辑”分析，达到客观的认识。其目的在于揭示自然界的本质与物质运动的规律，追求认识的真理性，以图规范和指导改造自然的实践活动造福于人类。对于社会科学来讲，研究对象具有主观自为性和异质性，充满复杂的随机因素，而少具有重复性（主客相关、价值与事实是联系或是统一的）。研究社会科学多使用直觉、内省、想象、体检等非理性方法，在研究时即使采用试验、试点普查和调查等方法，也很难不受时间、地点、环境、条件的影响，因而也就很难简化或纯化，其研究目的也是在“价值”论指导下展开的，通过对人类文化、社会本质、发展规律研究丰富人的精神世界，指导改造社会的实践活动，具有“工具”与价值的双重理性。在一切人类社会发展历程里的科学创造活动中，两类科学在互相渗透、相互影响乃至在更大的时空内协调和统一。因而必须认识到，科学创造活动将在更高层次的系统，甚至可以说更大的时空的混沌体系中展开；因而，在今后的研究过程又必须具有更深刻的科学性与理性，以期待更广泛的成果造福于人类社会。

第二节　创造、创新的概念

一、创造的概念回顾

创造是人类语言中最富魅力的词汇。以创造这一词汇表述的人类行为活动，推动了人类历史车轮的前进，表述人类物质文明与精神文明的进程。创造是人类活动的精华、生活的本质、发展的动力，没有创造就没有人类辉煌的历史、丰富多彩的现在，也不会有更为美好的将来。

那么“创造”是什么？如何给出一个完整统一的定义，却又是一个仁者见仁、智者见智的问题。之所以要讨论创造的概念，是想通过深入了解“创造”的内涵与外延，究其实质以指导创造性的工作与行动。英文的“创造”一词由拉丁语“creare”一词派生而来，“creare”的大意是创造、创建、生产、造成，它与另一个拉丁词语“cresere”（成长）词义相近。在《旧约全书》的《创世记》中有“上帝在一切不存在的情况下创造了天和地”。

汉语的“创造”由两个单词“创”与“造”组成。“创”（音四声而非一声）意思是始造，首创始见于《论语·宪问》：“为命裨谌草创之。”《汉书·叙传下》：“礼仪是创。”颜师古注“创，始造之也”。“造”有创建制造之意，《书·康诰》：“用肇造我区夏”。可见“创造”一词有首创、始造、建造之含义。

在学术界，人们对“创造”从不同角度有无数种定义或表述。仅日本学者恩田彰教授在《创造性心理学：创造的理论和方法》一书就列举了人们提出的有关“创造”的 83 个定义，其他国家和我国学者对创造的表述也多种多样。但是无论什么样的定义，都从不同的认识角度反映了创造活动的基本涵义与特征。在此，仅列举比较典型几例关于创造的定义。

① 创造是对已有要素进行新组合、发现美、实现美的过程。

② 人们在自己的思维和实践过程中，只要能产生某种新颖、独特、有社会或个人价值的成果，这便是创造。

③ 创造是创造者首次产生崭新的精神或物质成果的思维行为。

④ 创造是产生我们通常认为有创造性的产品的过程。

⑤ 创造一般是指人们发现或提出了新问题、新思想、新方法、新技术。

⑥ 创造就是提供新颖社会意义的事物的活动。

上述各种解释，尽管繁简不一，但都是依据“创造”的内涵从不同角度（创造的主体性、目的性、过程性、新颖性、功能性、公益性、创造领域等）进行定义的，比较确切的反映了“创造”的本质特性和内在的逻辑关系，从而加深了人们对创造这一概念的理解。

二、创造的相关概念与创造的类型

当一个基本概念的内涵确立之后，接下来的问题便是在其外延所涉及的范围内对其概念所表征的事物进行分类，以期待进一步加深对其概念的理解，用以指导相应的实践活动。

创造学理论是一门综合性的科学理论。由于人们对自然与社会环境认识的不断深化，创造实践活动涉及的科学领域也在不断地拓展，从上述创造概念的各种解释中可以认识到创造就是首创或改进客观存在的一切事物，这些事物可以是新概念、新设想、新理论、新方法、新方式、新规则、新创作，也可以是新技术、新工艺、新材料、新产品。创造成果涉及自然科学与社会科学和人文科学各个领域（政治、管理行政、经济、文化、教育、生产、流通），以致对“创造”这一概念的界限定尚存在多义性的问题。同时还有一些与创造相近相关的概念（发现、发明、创新等）与创造内涵与外延的相关关系等，都需要有深入的探讨和研究，因而也很难形成较为统一的分类标准；这也是创造学没有成为独立学科而只能属于某些学科的具体研究方向的重要原因。

目前有关创造理论的研究与创造活动的开展可谓广繁复杂、异彩纷呈，为适应创造活动的发展之需厘清创造概念的内涵及外延所涉及的范围，避免概念混淆，也是十分必要的。在本书中，笔者将根据国内外一些知名学者的相关论述，以创造产品为依据对创造活动作如下分类：

1. 根据创造的涵义不同，可以划分为创意、发现、发明、创新四类

就创造概念的涵义而言进行分类，创意、发现、发明、创新等都归属于创造活动的范畴，其各自的表述概念是依据创造产品的性质或形态形成的。为加深对此种方法的理解，现就创意、发现、发明、创新的涵义分述如下。

（1）创意

创造一词在英文中有三种表达方式，其中 idea 是创意最普遍、最有代表性的表达词汇，原意是思想、概念、主意、念头、计划、打算等。中文中的创意由创与意两个单词组成，“意”有意思、心愿、心意、料想、念头、想法等多种含义，加之“创”字的始造、首创的含义，综合表达了创造性主意的内涵。它既是一个静态的概念，又是一个动态的过程；静态的意念和构思源于动态的创造性思维活动与结果。创

意常常由感性思维产生，直觉、灵感等非逻辑思维往往起到决定性作用。当思维超越常识、打破常规后就会在顿悟中产生创意的灵感和新颖的结果。

创意的本质也是一种复杂的、灵活多变的创造性思维过程，并以此产生推陈出新的结果。具体的创意活动过程也没有固定的一成不变的模式，产生创意有时表现为即兴而发或灵机一动、突然顿悟。产生某种创意的行为表现，如戏剧小品的即兴表演、诗人触景生情时的有感而发等；有时则表现为反复推敲、逐渐明白；有时表现为分析研究、洞幽察微；有时又表现为综合建构、建立理论系统、从而把握创意的方向。诸葛亮“未出茅庐，已知三分天下”，在隆中建议刘备占荆州、夺四川、和孙权、北攻曹魏，奠定了三足鼎立的局面，这一誉满史册的战略策划，可谓古今创意的绝唱。其创意活动过程，当属前述的后者典型例证。在创造过程中，创意往往成为“创造”的先导，而创意的关键与成果均在于创造。

（2）发现

发现是一项以自然界已存在的事物或规律为目标的工作。发现是指主体在特定的时间、空间范围内，经过探索和研究，发现在客观上业已存在，但尚未被他人知道的现实、原理、事物或规律的创造过程。一般发现可分为两种类型：第一种如海王星的发现、新矿藏的发现等属于科学事实的发现；另一种如达尔文的“进化论”、爱因斯坦的“相对论”、哥白尼的“日心说”则属于科学理论与规律的发现。

发现是创造的一种体现，也可以说科学发现与科学创造具有同样意义。纯粹经验的发现是不存在的，只可能有包含着先于经验事实的假定成分在内的发现过程。科学发现是由如下这些假定构成的：首先通过创造性思维过程形成假定，并使这些假定经受经验的检验和反驳，最终确立发现的成果。

（3）发明

发明是指人类运用自然规则、研制出新的事物或新的方法，《中华人民共和国专利法实施细则》第二条明确指出：“专利法所称发明，是指对产品、方法或者其改进所提出的新的技术方案。”因此发明具有明显的新颖性，发明直接称之为发明创造，例如爱迪生发明电灯。电视机、计算机、互联网等，虽然现在早已习以为常，但它们也曾作为首次发明物，出现在这个世界上。

（4）创新

创新的英文为“innovation”，起源于拉丁语“innovare”，译义为“更新、变革、制造新事物”。20世纪初（1912年）经济学家熊彼特在其《经济发展理论》一书中首次提出创新概念，其定义是“生产要素的重新组合”。其宗旨是在经济领域中新技术、新发明在生产中的首次应用或科学研究成果的第一次商业化，其具体形式包括：引进一种新产品、开辟一个新市场、取得某种原材料的新来源、采用一种新的生产方法（新工艺）、引进新的企业管理形式。近一个世纪以来由于“创新”活动的扩展和巨大作用，人们又把创新引申到其他相关领域，提出了制度创新、管理创新、知识创新等概念。

“创造”活动的根本特性在于其新颖性，不新就不是首创，也就失去了创造的意义。“创造”的目的在于满足社会的需求，否则也就失去了创造的社会价值。尽管“创新”概念首次出现在经济领域，但其宗旨确是创造成果的延续和应用，是经济生产中的直接“创造”。因此，在创造的实践过程，创造与创新具有等同的意义和本质特征。

从上述概念中不难看出创意、发现、发明、创新与创造存在着层次性，是包容与被包容的关系。创意是感性思维中突发的灵感和顿悟，必须经过严格的检验或实施才能产生新颖的成果，通常表现为创造活动的起点或前奏。发现是以客观存在为前提的，经过探索研究产生创造性成果，是受条件（自然规律）局限的创造活动。“发明”创造是以已发现的客观规律与事物为基础，以社会生产、生活所需的事物为目标，并以“全新”作为检验创造成果的标准；因而相对于革新，局部创造仍然有其局限性。至于创新乃是将科学技术“创造”或科学发现所获得的规律性的知识应用于生产实践以创造出直接满足现实需要的新事物，从创造领域说创新有技术创新和管理创新。从创造新颖性上，创新既可以是世界性的创造，也可以是地域性或部门性的创造，既可以是整体创造，也可以是局部创造，其突出的特点是创造成果的产业化、社会化过程。上述相关概念之间的关系可以用图 1-2 加以表述。

2. 按照产品性质和形态差异的创造分类

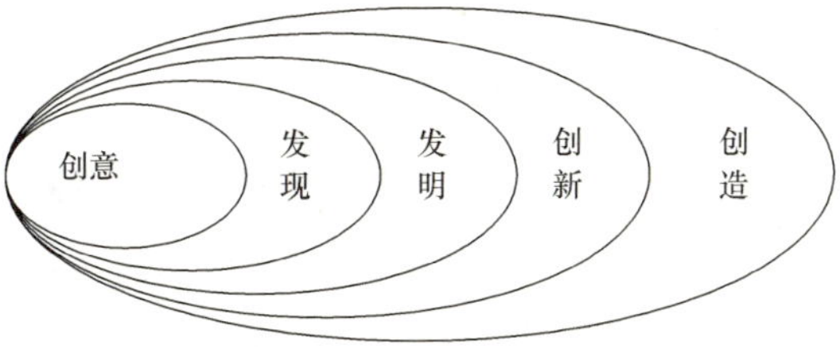

图 1-2 创造相关概念关系

产品是创造活动直接指向客体的结果，产品及其性质、形态是创造涵义的表象反映，标示着创造的目的（或目标），创造过程中的作用对象、创造方式、方法和创造产品（结果）的具体形态、特质与功能。美国创造心理学家泰勒提出的“创造五层次”的观点，同时也是依照产品性质和形态的一种分类方法，对创造实践活动具有全面的指导意义。其具体分类如下：

（1）表露式的（Expressiveness）创造

其涵义是指创造即兴而发，但却具有某种创意的行为表现，如即兴表演，有感而发等。

（2）技术性的（Technical）创造

其涵义是指运用一定科学理论、原理和思维技巧，针对解决某些实际问题而进行的创造。技术创造的实质过程是创造主体通过知识、技能、工具的作用，改变客体的性质与形态的实践过程，如物质功能单元的重新组合、原有物质形态的改变（新结构）……从而获得新的物质成果的创造。如多功能洗衣机，新造型（外形）汽车、后置发动机汽车等都属此类创造。

（3）发明式的（Inventive）创造

其涵义是指在已有事物的基础上，产生出与以往有过的事物全然不同的新事物的创造（这里应当指出的是：所谓原有事物的基础，可能是提供理论基础、原理基础、材料基础，而非同一性质的事物）。如作为第一个发明出现的收音机、电视机、计算机等。发明性创造与技术性创造的区别在于，发明式创造生产出的产品的性质或功能是全新的，而技术性创造仅仅是对已有产品的结构性或功能范围等进行了技术性改进或创造的结果。

（4）革新式的（Innovative）创造

其涵义是指不仅在旧事物基础上产生出新事物，而且是在否定旧事物或旧观念前提下，造出新事物或提出新观念的创造。如以数控机床代替普通机床。革新式创造与发明式创造区别是创造主体在熟谙旧事物、旧观念的基础上，对"未知"进行深入探索，产生出与原有知识体系完全不同的新事物、新观念，如用无性繁殖（克隆），打破了有性生殖的旧观念来繁殖动物。需要说明的是，这里所讲的革新或创造的内涵与过去国内"技术革新"式的创造是有本质区别的。

（5）突现式的（Emergentive）创造

其涵义是指创造与原有事物无直接联系，突然产生出新观念的"从无到有"的创造，这也是泰勒使用了Emergentive（深奥的）一词的原因。一些重大科学发现等就属于此类创造。实现式创造与革新式创造的根本区别在于，它并不完全是变革式改造旧事物、旧观念的结果；而是以一种全新的观念和全新的认识，揭示或发现前人根本无知的新事物或新规律，如DNA双螺旋结构的发现即属此类。

3. 按创造过程的所属知识领域与表现形式的创造分类

创造过程所属知识领域与表现形式不同的分类，即开展创造活动的相关关系，也可以反映出创造活动的表现形式与基本方法。按此种分类方法分类有科学创造（研究）、技术创造（发明）、工程创造（设计）与艺术创造（创作）等几类。

（1）科学创造

科学研究最基本的两个层面是科学事实和科学理论，因此科学研究（创造）的过程便是应用科学方法，发现事实、印证事实，并通过分析认识客观事实的自然规律，总结建构科学理论、科学方法。科学包括自然科学和社会科学两个领域，两者都是对客观事物的本质，发展规律的揭示，具有相关性和统一性。但相对自然科学而言，社会科学体系结构相对复杂、边界性相对模糊，发展也不如自然科学规范，在研究中应予以关注。

（2）技术创造（发明）

技术是人和自然的中介，是人以有价值的实践目的来控制、利用自然，改造自然和社会事物过程中所掌握的各种知识（理论知识、经验知识）活动方式、手段（操作技能、设计、规划、决策、工具机器）和方法（设计、规划、决策、工艺）的总和。从技术的内涵中我们可以了解到技术创造的目标，就是新理论、新经验、新技能、新工具和新方法。

（3）工程与物质产品创造

工程，汉语的解释是有关土木、机械、冶金等的设计制造工作的总称。习惯上的“工程”，可以是大型的生产建设过程，规划、筹建中的工程项目（如三峡工程等），大型的科研、军事活动或项目。目前又将其扩展为某些有具体目标的大型社会活动（扶贫工程、助学工程等）。如果按大系统思维的逻辑，民用家电、医疗器械，都自成一个系统，其研发与创新也未尝不是一项大型的系统工程。由此可见，工程的内涵实质是人类改造物质自然界与社会活动、规范的全部的实践活动（设计、制造）和过程的总和，而物质产品则是工程系统中的构成单元。以上述问题为基础，我们不难看出，工程创造实质就是工程实践活动中的创造与创新。

（4）艺术创作

文学艺术创作的产品是艺术作品，它是文学家和艺术家根据自身的思考、构绘产生的。有人认为由于艺术作品的创意来源于艺术家的头脑，就与现实生活无关的观点是片面的。很多艺术家的创造是来源于现实而且寓意深刻的，比如徐悲鸿先生在抗日战争时期创作的名画“愚公移山”“田横五百士”，看似取自中国古籍和历史故事，实则却是彰显当时所需要的民族精神。

创造的分类方法尚未形成统一认识，比如根据创造成果新颖程度及影响范围分类。还可以划分为：局部创新、地域及影响范围创造和世界范围内的创造。

列举上述分类方法是为了加深对创造涵义的多方位理解，也是为在深入讨论创造性思维与实践中，提供一些理论依据。

第二章 创造性思维方式与方法

回顾人类的历史，没有积极的思维，就没有科学技术的发展和社会的进步，也可以说没有思维就没有人类和人类社会。

恩格斯指出，人的思维的最本质和最切近的基础，正是人所引起的自然界变化，而不单独是自然界本身。而人的智力是比例于人学会改变自然界的状况而发展的。每一个时代的理论思维，都是一种历史的产物，它在不同的时代具有完全不同的形式。同时具有完全不同的内容。因此，关于思维的科学，也和其他各门科学一样，是一种历史的科学，是关于人的思维的历史发展的科学。这一点对于思维在经验领域中的实际运用也是重要的。因此，思维规律的理论并不像庸人的头脑在想到“逻辑”一词时所想象的那样，是一种一劳永逸地完成的“永恒真理”。形式逻辑本身自亚里士多德以来直到现在仍是激烈争辩的领域。而辩证法直到今天也只有两位思想家曾作过较仔细的研究，这就是亚里士多德和黑格尔。然而对于现今的自然科学来说，辩证法恰好是最重要的思维形式，因为只有辩证法才为自然界中出现的发展过程，为各种普遍的联系，为从一个研究领域向另一个研究领域过度提供了模式，从而提供了说明方法。

能思维、会思维，更重要的是如何形成更好思维以提高思维的效果和效率;思维方式方法，就是几千年来人们在实践中淀积的智能规律与方法。要实现科技创新、掌握有效的创造性思维方法十分重要。

生产力发展和科学技术进步与思维方式发展具有一致性。按照科学技术与生产力发展的历史轨迹，占主导地位的思维方式主要表现为如下几种形式:直觉思维、形象思维、逻辑思维。而要实现科技创新，不仅要掌握上述思维，还要在此基础上不断变换思维角度，让思维在创新活动中发挥更大作用。

第一节 直觉思维

直觉思维作为最古老主导思维方式，在漫长社会历史发展进程中起到了积极的推动作用。直觉思维过程同人的社会实践活动与经验联系在一起，带有直观性、具体性和模糊性，没有逻辑性和概括性，是直接认识的过程，因而它是一种直接思维。直觉作为一种生理机能是以知识和经验为基础的，随着科学技术的发展和对人类认识活动的深入研究，又为直觉与直觉思维赋予许多新义，显著增强了直觉思维在创造性思维活动中的功能性。然而由于人们对直觉思维认识尚不够深入和明确，直接影响到它在创造、创新活动中的作用，为此我们将增加一些篇幅，对直觉与直觉思维予以介绍。

一、直觉

远在几千年前古希腊先哲们就开始谈论“直觉”。中国古代哲人们则把直觉相同的涵义表述为“体认”（张岱年教授认为“体认”与“直觉”基本同义），对其研究也达到了相当深邃的境界。在现实生活中，直觉处处可见，许多人则习惯于把“所有出乎意料的，难以置信的，突然的，直接的，加速的和飞跃式的思想过程”解释为是直觉。

什么是直觉呢？从词义上直接的解释：直觉是未经逻辑推理的直观觉察。直觉是以已经获得的知识和累积的经验为依据的认识能力。同时，哲学家和心理家们给出了多种答案，比较典型的有：

直觉是在进行创新性思维活动中运用有限的经验知识直接组合问题结论的创新性思维方法。在他所提出的创造逻辑中直觉是一种创新性领悟。这种领悟不仅是对事物表面的生动直观的推想，也是对事物规律性的一种猜测。

直觉就是直接的觉察。广义地说，直觉是包括直接的认识、情感和意志活动在内的一种心理现象，狭义地说，直觉是人类的一种基本的思维方式，它包括直觉的判别、想象和启发，是非逻辑的，借助于模式化“智力图像”的思维，是感性和理性、具体和抽象的辩证统一，是认识过程的飞跃和渐进性的中断。直觉是在实践经验基础上，由于思维的高度活动而形成的，对客观事物的一种比较迅速的、直接的综合判断。

综合以上分析，所谓直觉包括两层含义，即“直观”与“直觉”，而且两层含义是逐次递进或逐渐深入的。所谓直觉或直观，即是指认识主体通过对事物的直接观察而迅速地从其完整而全面的外在形象上通过结构化或模式化的全方位把握、觉察或全面领悟到其内在的某种规律性或本质。

二、直觉思维

了解和肯定直觉的作用，关键的问题是如何产生和利用直觉思维。为此我们首先来了解直觉思维的含义。

1．直觉思维含义

直觉思维是人脑对客观世界及其关系的一种非常迅速的猜测、识别和领悟，是一种未经逐步分析，而凭借已有的知识与经验，对客观事物（问题）做出迅速而合理判断的一种思维形式。

2．直觉思维的特征

直觉思维是直觉的延续，直觉思维是先天资源与后天经验的有机结合的认识能力。就过程而言，直觉思维是思维推论的缩减性的快速反应，就是说直觉思维采用了逻辑推论进程的缩减性，忽略了推论的全过程而把握住了个别的重要环节而做出的判断。

直觉是一种知识，一种认识能力，又是一种认识过程。直觉思维由于不受逻辑规则约束并常与灵感这种情绪体验（心理体验和心理过程）伴随而生，因而具有明显的突发性、简捷性和突破性（突然的思维结果）等特点，受到人们的关注，并在创造性思维活动中发挥出独特的作用。具体说直觉思维有以下特征：

第一，思维过程的直接性。直觉是人的本能，是没有明确的理论依据的直接判断。直觉思维是自由的，不受逻辑思维所限定的“格”“律”约束，无需推理、分析与综合，跳过了很多中间步骤，靠直接的领悟就能对遇到的事物或接触的问题做出直接反映，并能简单而快捷的直抵事物的本质得出结论、猜测或提出解决问题的方法。从量变到质变的发展规律来看，直觉思维是经过量的长期积累（知识或经验）而在某些关节点上引起了质的飞跃和显现。

第二，思维对象的总体性。直觉反映具有总体性，是从总体上观察、认识事物后做出的某种判断。直觉思维为想象所诱导，总是从总体上观察认识事物，并凭经验知识，猜测对事物做出某种断定。这也说明了直觉与想象两种非逻辑思维形式之间的密切联系。在直觉思维中有时会时断时续的借助“形象”来辅助对事物的判断，但此处所说的形象，具有介于具体形象和概念抽象之间的某种过渡性质，被一些专家称之为“智力图像”。智力图像具有综合的特点，也是一种知识与经验的积累，决定了直觉思维的整体识别功能。直觉思维的智力图像性，正是感性与理性的辩证统一的鲜明表现（也是计算机所缺乏的）。它既有生动直观的感性形象成分，又有理性思维的抽象规定，也为形象思维的发展提供了有力支持，比如医生观察病人的气色、舌苔、皮肤纹理等用直觉思维直接做出的判断，考古学者从动物骸骨的走向直接描述河床的走向均属此类例证。

第三，思维过程的突发性。直觉思维过程瞬间性认识事物的本质，呈现出思维环节的间断性和跳跃性。直觉具有瞬间性，思维进行速度极快，问题在头脑出现与解决几乎是同时发生的，这非逻辑思维所能比拟。在直觉思维过程中，思维采用了逻辑推论进程的缩减性，忽略了推论的全过程，但把握住了个别的、最重要的环节，特别是最终结论。直觉思维从“前提”（有时可以说没有前提）到发展过程具有非同寻常的灵活性和不可思议的简单性，结论往往在突然中生成，其结论本身与前提之间有时也不存在任何蕴涵关系和必然联系，而是一种潜意识的反映。直觉思维，表现出一种渐进性的中断和长期积累或受某种压力情况下的急骤爆发而产生质的飞跃，其表现形式即为灵感的呈现和“顿悟”。

第四，思维结果的突破性。直觉这种思维形式和灵感情绪体验时常相伴随出现，思考问题，特别是对于复杂问题，有时对问题实质的判断，先于自觉（思考者本身尚未明确），有豁然开朗的感受，可以认为是潜意识作用产生的顿悟性。直觉思维虽然简捷，但却是长期积累的再现，特别是渐进性的中断中，由于潜意识活动和“能量”的积累，常常会出现“异乎寻常”的灵感，对久而不决的问题，产生突破性的结论。

第五，思维涉及内容的多样性。直觉还和形象、想象、沉思、猜想有关，直觉做出的断定并非自然真实，具有猜测性、试探性，因而必须经过验证。直觉不一定只限于感性直观范围之内，而且具有感性直觉、理性直觉和理智直觉等多种层次。

三、直觉思维的作用

一般情况下，直觉思维的作用是毋庸置疑的，它可以对常见的事物表明认识，做出解释、结论或猜测，提出解决问题的方法，灵活而简捷，对处理日常工作是比较实用的思维方式。然而由于直觉思维的频发性、局限性（局限在狭窄的观察范围里）和差异性（不同的人的直觉思维能力与确定性存在较大的差异）也常常被人所忽视。为了适应创造性解决问题的需要，我们对直觉思维与逻辑思维，直觉思维与灵感，直觉思维与机遇的关系及其作用做以下分析。

1. 直觉思维与逻辑思维

对于复杂的问题，直觉有快速的反映与猜测，作为发现或解决问题的先导，它们的正确性还要通过后续的研究和验证。验证包含两个方面，首先是从揣测，通过逻辑加工整理引至逻辑结果，并把结果跟科学事实相对照，最终把它纳入一个完整的理论体系，以增强其结论的说服力；其次是对成果用准确的语言、文字、公式、或图形表述出来，构成系统知识。对于另一类问题，在直觉的创造以前，人们总是习惯于使用逻辑思维进行推演，一旦逻辑思维过程受阻，产生了已有知识难以解释的矛盾，在逻辑的中断中又会出现直觉的识别和猜测。以上事实不难看出，在科学理论的创造和发展中逻辑思维与直觉思维之间存在着互为补充的关系。

2. 直觉思维与灵感、顿悟

灵感、顿悟与直觉的相关理论专家学者都有过深入的分析与论断。在这里我们仅从创造性思维实务层面对三者的内在联系进行分析。灵感是显意识和潜意识融通交互的结果，不属于认知心理过程，灵感这种现象只是一种特殊形式表现出来的人所独具的心理状态。它不同于其他心理状态的特殊之处在于：一方面，灵感状态的出现，往往是在具体目标（比如“问题”）导引下受到某种不期而至的机遇的启式；另一方面，灵感状态后的结果则往往导致主体某种理解或感悟，即有可能达到对所追求目标的某种规律性的顿悟或直觉认识。灵感现象表现在科技创造中有三个突出的特点：

首先，灵感引发的偶然性。灵感的显现并非由逻辑思维或意识引导而来，它完全是在主体意想不到的情况下，由某种偶然原因诱发出现的。一般说来，充当诱因的一是客观上不期而至的机遇；二是创造主体的思绪离开了使他困扰的问题而出现暂时的转移。这种主客观上的偶然情境交织状况，往往是诱发灵感产生的直接动因。

其次，灵感过程的情绪性。主要是指灵感出现前后都会表现出一种显明的情绪特征。对于某些创意，灵感的作用几乎是贯彻始终的，而对于科技创造，灵感的出现和发挥作用主要体现在创新阶段或导致明朗期到来的一段时间上。即令是原发性创造性思维，灵感的出现和发挥作用，实际也是以建立在逻辑思维基础上的长时间程序性工作为其必要前提的。

最后，灵感出现的瞬时性。灵感一出现，若不顿悟到其意义而转化为直觉认识并及时抓住就会转瞬即逝。灵感在创造活动的作用已为世人所公认，并予以高度的评价和重视。在谈到这一问题时，号称“发明大王”的美国天才发明家爱迪生曾有一句传世名言：“天才乃是 99% 的勤奋加上 1% 的灵感。”灵感在科技创造中虽然只体现在短暂时间内，也仅占 1% 的比例（但却是勤奋以外的为唯一因素），其重大意义却丝毫不容忽视。正是这 1% 的灵感，却恰恰预示着顿悟和直觉的到来，而直觉认识，却往往可能带来某种功盖千秋的重大突破。古往今来世界上著名的科学家阿基米德、笛卡尔、高斯、彭加勒、爱因斯坦、赫尔姆霍兹、达尔文、爱迪生等都有通过灵感获得顿悟而达到直觉认识，从而实现位居时代前列的伟大创造。可以认为灵感在创造活动中的作用已得到整部科技思想史的生动证明。

顿悟是主体对事物本质关系的倏忽间全方位把握的表现，其本质正是主体的思维创新或产生出新观念的一种外在体现。灵感现象相对不同的主体存在着个体差异性，而顿悟现象则不具有显明的个体性，在正常情况下，一个人能否产生顿悟并不一定受其情绪、特长以及个性特征的制约，而完全有可能根据一定的条件而对之进行控制、诱导，乃至训练。它是主体面对客体或面对某个问题而产生的一种以一定行为方式表现出来的领悟。正是这种领悟，将主体的灵感体验导向了对客观事物的直觉认识。灵感与顿悟既有明显的区别，也有密切的联系。灵感虽属一种心态，灵感的出现其实是受着主体所追求的目标指向制约的，而这种目标指向往往就是顿悟的归宿。

灵感作为心态，反映的是主体的一种内在心理感受，其重要的特点是其情绪特点对于主体自身所产生的影响，这种影响原则上不与其思维内涵发生直接关系，或者说，灵感与思维不具有直接相关性。顿悟现象仍是认识主体的一种积极主动的认知活动，顿悟的内涵已包括了对直觉的一定理解，也就是说可以把顿悟理解为主体在特殊心理状态下的一种直觉。

统观灵感、顿悟、直觉的相关特性，我们可以认为顿悟的意义是体现在它与灵感、直觉的区别和联系中。也就是说，由于顿悟与灵感、直觉既区别又联系，才使它成为由灵感向直觉过度的桥梁，其关系也可用简单的程式表示为灵感—顿悟—直觉。灵感对创造的意义重大，这 1% 的机会又必须把握顿悟与直觉来实现，灵感、顿悟乃至直觉一个共同的特点是“稍纵即逝”，因而为了更多的获取创造性的成果关键在于在创造活动中，自觉的地激发灵感和牢牢把握灵感、顿悟与直觉发挥作用的机会。

灵感的产生是受主体、客体、环境多方面因素的刺激产生的，因而激发灵感就是要主动的营造灵感产生的环境和寻求诱导的方式方法。灵感产生一般可以归纳为如下几种原因：

第一，长期执著于某一问题的思考。在大脑中建立了许多暂时的联系，一旦受到某种刺激，豁然贯通。

第二，长期而丰富的经验积累与记忆（一般多为形象记忆），受问题触发使思路贯通。

第三，注意力高度集中状态，汇聚全身心所有精力，集中应对和思考待解决的问题，以达到忘我状态，致使其他层次的人格忽然升华。

第四，在精神处于兴奋状态下积极思考苦苦求索时，突然接受外界的启发，形成新的知识点。

第五，高度精神集中的思考，转化为潜意识，中断思考（转移思想或休闲），潜能的突然释放。

找到灵感产生的原因，为充分发挥灵感在创造中的作用，必须从主观上营造适于灵感产生的环境，恰当地运用灵感激发和诱导的程序和方法。灵感诱发的程序可以归结为：意境—启迪—跃迁—顿悟—验证。具体的诱发方法是：

首先，从客体角度做好充分准备。具体的做法是：①明确问题的要点和关键，不含混、不模糊，使问题一目了然，突出“主攻”基点；②对要解决的问题所涉及的各个方面做好充分准备，明确相关问题和相关信息，为思维提供比对目标和诱发点；③明确思维主线，也就是由显意识孕育成熟了的并和显意识可以沟通的思路，并沿主线将思维活动推向高潮。

其次，从主体角度做好充分准备。具体的做法是：①执著于创造性解决问题，有毅力“锲而不舍”，强烈地期望有所突破；以问题为核心，主导大脑的活动，为灵感的激发创造条件。②注意力高度集中，一切活动都集中于创造对象，汇聚全身心力量面对问题和解决问题，全力把握灵感产生的每一的机会。③把握思维主线，长期思索，促发灵感的生成。④有张有弛，通过休闲或目标转移的机会调动潜意识的发挥。⑤避免干扰和精力分散，消除烦恼、悲观失望、情绪波动、焦虑不安；代之以乐观开朗、心胸豁达，用旺盛的精力和舒畅的心境为思维创造良好条件，高效率的思考问题，使灵感有好的生成心理状态。⑥主动寻求“触媒”性的偶发信息，自由联想、发展联想，乃至科学幻想，大胆怀疑，多向反思以诱导灵感的发生。

最后，从环境角度做好充分准备。具体的做法是：①寻求清静舒适幽美的环境，净化心灵，便于沉思遐想，促发思维灵感的发生；②设置高度激发环境，如周围问题的反诘及辩论、置疑，闲谈中出其不意的外力刺激，使灵感于蓄积中骤然爆发产生飞跃。

此外，在各种诱导灵感的活动中都要及时抓住信息，牢记在心，最好办法是随时记录脑际的每一次闪念或见解，积累同时可以应不时之需。

3. 直觉思维与机遇

大自然的神奇力量，常常会出现一些令深谋远虑的头脑也产生出乎意略的事情。大自然呈现出的现实与经验永远是科学发现的最生动的源泉，大自然的多种现象是客观的，并非每个人都能从中发现机会或问题，它所隐含的奥妙与神奇只“垂青”于那些致力于探索和追求的人群。绝大多数划时代的发现或多或少都是意外做出的，对于那些开辟了新天地的发现是很难预见的。因为这些发现常与现实的看法和理论认识相背离，起码是得不到合理的解释。尽管人们按现实的科学规划，有目的、有计划、按着严密理论思维的指导完成选题、构思和实验，但是这一切都不是绝对的，一旦出现与已有范式不相容的事实，就构成了科学活动中的偶然。本来研究此一现象，却意外地发现了彼一现象；当为某一问题困扰，百思不得其解，却因为另一个意外事件提供了有希望的线索而豁然开朗、前途坦荡。这种意外的事件或现象就是“机遇”。

机遇就是偶然的遭遇。但机遇蕴含着转化为必然条件的偶然，它们是客观的不以人们的意志为转移的。科学认识本来要达到必然性，为什么客观上又常常由偶然性起作用呢？其一在于科学认识过程本身的复杂性，人们不可能完全循着一条预定的路线达到预期的目的。科学认识的目的性和意外性交织在一起，体现了主客观之间的相互作用和辩证统一。其二在于客观事物发展的必然性总是通过偶然性来实现的，必然性通过偶然性为自己开辟道路，偶然性是必然性的表现形式，一旦条件具备，偶然性的事物就会转化为必然的。

巴斯德曾有过这样一句名言：“在观察的领域，机遇只偏爱那种有准备的头脑。”科学发现有赖于机遇，却不能靠侥幸，碰运气。应当培养敏锐的洞察力，掌握丰富的准备知识，对客观事件的进程和事件丰富多彩的现象保持警觉，一俟机遇出现，就能辨识它，从中找到解决问题的线索。回溯那些导致伟大而深刻发现的机遇时，事实已经阐明了机遇所具有的重要意义，但在机遇初现，能认出机遇并把握住它却是很不容易，特别是有些机遇是以隐蔽的、迂回的方式表现出来，就更增加发现机遇的困难性（如青霉素发现的机遇）。

机遇虽然不像直觉、灵感那样迅速显现或“稍纵即逝”，但由于其出现的模糊性、隐蔽性和无明显征兆性容易被人忽视，失去了大好的机会。因此面对客观现实和研究活动，也要保持敏锐的觉察力，也就是说机遇也偏爱头脑清醒的人。为了尽可能多的抓住机遇应当注意以下问题：

首先，正视机遇在新发现中的重要作用，辩证的对待机遇，并且认真研究机遇与发现之间的关系。重视理论预见或用理论指导观测和实验的同时，对大自然通过机遇偶然透露的信息也应予以关注，应当明确观测与实验中也同样存在着机遇，事件进程本身对于认识的增长和发现机遇都是决定性的。

其次，主动增加机遇的出现率。机遇固然是偶然的、意外的，但是积极、勤奋、经常尝试新的研究方式方法的人员，遇到偶然机会的次数也要多得多。即使在机遇的领域，研究人员也不是纯粹被动地起作用，既然机遇是在实施或规则实验中出现意外现象或事件，人们就可以恰当的主动做一些事情，以便增加机遇出现的频率。一方面，要尽可能多的从实际观测和实验，让客观进程本身有透露意外信息的充足条件；另一方面，不要把研究活动局限于传统的方式、方法，应当有出其不意的精神准备，主动地去尝试新奇的方案，提高发现机遇的机会。

再次，注意线索，保持对意外事物的警觉性。新发现常常是通过对细小线索、现象注意而取得的，要有敏锐的观察能力，注意预期事物的同时，保持对意外事物的警觉。从事科学发现，切忌把全副心思都放在自己的预想上，以至忽略或错过了与之无直接联系的别的事物。没有发现才能的人往往不去注意或考虑那些意外之事，因而不知不觉中放过了可能导致重大成果的偶然却又是大好的机遇。反之，对机遇所提供的线索十分敏感，非常注意，并对那些看来有希望或有疑惑的线索深入研究，才是富有创造力的表现。

最后，善于解释线索。观测实验中的机遇，只能提供线索，并不能真正解决问题。成功的科学家善于抓住有希望的线索不放，寻根问底，弄清真相，做出科学解释，这才是真正的科学发现，也是发现的更重要、更困难的方面。机遇提供的线索，有时重要性十分明显，也有时是微不足道的小事，只有造诣深厚，准备材料充实的研究人员，才能看清这些小事的意义所在。大部分机遇属于后者，因而解释线索是特别重要的。英国细菌学家弗莱明从培养物受到污染发生霉菌抑制葡萄球菌菌落的现象，面对这一许多同行对此熟视无睹的现象，弗莱明确认为这种现象可能具有重大意义。他抓住这一机遇，发现了杀死细菌的真菌——青霉素，为人类做出了突出贡献。这说明弗莱明不仅得力于机遇，也得力于敏锐的判断力。

这里还要说明的是社会科学、创业乃至归属社会科学类型的技术创新（如管理创新）等都属创造与创新的重要领域，“机遇”对于研究与实施主体同样有重要意义，而且涉及的人群更为广泛。在这些相关领域，如何把握机遇呢？社会科学领域从研究对象、研究方法、研究目的和研究手段与自然科学对应比较都有较大的区别；机遇状态、产生的频率、机遇效能等也有较大的差别，因而对机遇的把握和利用，也应适应社会科学领域的研究准则与方式。自然现象具有不依赖于主体而存在和发展的客观性和普遍性，机遇虽然出于偶然，但是这种偶然，也是客观的必然性的表现形式，机遇的产生无论是隐蔽的、模糊的、细微的，可就其属性而言也是必然的。而人文社会科学的研究对象具有主观自为性和个别性，其中充满复杂随机因素的作用，涉及变量多，关系复杂，贯穿着人的主观因素和自觉目的，而且与时代发展，环境变化息息相关，多带有强烈的时代与社会背景色彩，因而社会科学研究（包括研究主体）中的机遇的形成，除具有普遍的特性（非恒常性、非常规性、非预见性）还有其特殊性，如非均衡性（不同发展时期、不同环境、机遇出现的大小、数量与频率是不一样的）、非等向性（机遇对不同主体其价值和意义是非等同的）等。因此，在社会科学研究、创业、创新活动中把握机遇，既要熟悉前文提及的抓住机遇的几项要点还应当关注以下几个方面：

首先，树立积极正确的机遇意识。树立积极正确的机遇意识有两重含义：第一，社会科学研究具有主观自为性。对待机遇，要以正确的理论为指导，对待机遇的特点和形成机制有自觉的、正确的认识，以指导我们更好地把握机遇（社会科学研究不像自然科学研究中，机遇是客观的自然存在的）。第二，对待机遇要树立正确的态度，发现的机遇一定是有益于社会和个人的，而首先是有益于社会的。即或是有利于个人的情况下，也必须以不损害社会利益为基本前提。

其次，创造和把握机遇形成的有利条件。社会机遇是在运动中形成的，变化中有机遇，主动对待变化，甚至通过主体自身运动去寻求变化，也就是“树挪死，人挪活”的道理。社会机遇也是在矛盾中产生的，有矛盾之处就有机遇。邓小平曾明确指出：“我们可以利用的矛盾存在着，对我们有利的条件存在着，机遇存在着，问题是善于把握。”以上三者关系是递进发展的。也就是说通过存在的，可利用的矛盾，寻求上升为对我们有利的条件，进而上升为“存在的机遇”，并把握住有利的机遇。

再次，提高把握机遇的自身能力。社会科学研究，对象具有主观的自为性，因而也就贯穿人的主观因素。研究主体自身应当具有以下几种素质：①眼界开阔，思想解放。机遇产生于多种因素相互作用及其变化之中，具有非常规特点，表现新异、反常，只有眼界开阔，破除旧的思想观念和思维方式，才有可能识别机遇的本质和正确地进行价值评价，把握机遇。②目标明确，意志坚定。复杂系统中各种矛盾的变化会造成各种干扰，迷惑或诱惑，只有目标明确，意志坚定才能把握机遇，有所作为。否则可能失掉机会，甚至功败垂成，半途而废。③直觉敏锐，思维灵活。直觉敏锐是发现任何领域机遇所必须具备的素质，思维则是发现机遇最直接的“工具”。人的认识系统对外界信息加工处理，有理性的逻辑思维，也有非理性的直觉思维。对于机遇把握，单纯的理思维是不够的，必须采用多种思维综合运用，抓住每一个有利的时机。④反应快捷决策果断。反应快捷是把握一切机遇所必需的，决策果断即是快捷反应的后续手段，更是适应竞争的需求。相对于自然科学，社会科学研究中的机遇对主体的适应性更具有竞争的空间，不果断决策，就会有后来者或同来者捷足先登，也就等于失去大好机遇。⑤坚持理念，有胆有识。抓住机遇做出新的发现，新的成果，必须面对新观念的抵制心理和社会上落后势力的阻挠。无论是自然科学还是社会科学的新发现，只要有利于人类社会，就要百折不挠，赢得最后的胜利。⑥提高素质，增强实力。任何机遇都青睐勤奋有知识的人，对于社会科学研究，即有人找机遇，也同样有“机遇找人”的情况，具有并能充分发挥自为能力的人才能发现和面对机遇，取得成效。对于无知的人，永远没有机遇。

最后，适应社会发展，把握环境优势。对社会科学研究而言，动荡时期、变革时期、发展时期也是机遇最多和出现频率最大的时期，而稳定时期，由于有序的进行，出现的机遇也就减少，因而发现机遇也要有时空观念，适应社会发展，从变革中发现机遇。机遇是与环境条件有关的，尤其是社会研究对象既涉及政策法规等社会环境，也涉及地理、物产资源等自然环境，资金市场也都影响到机遇展现和把握，此地机遇不等于也是彼地机遇，因而对待机遇也要审时度势，恰逢其时。把握机遇是发明创造取得成果的最好机会。

第二节　形象思维

从历史进程的角度，形象思维是农业经济时代起主导作用的思维方式。形象思维是凭借事物的形象表征事物之间的联系和关系，通过对事物的联想、想象与组合来认识事物及其发展过程，它不仅具有具体性，而且有形象性特征，因此，它是一种整体性思维方式。形象思维方式的产生和发展，主要来自人的经验积累，它来源于经验知识，又成为思考问题的出发点。

形象思维是一种借助于具体的形象来展开的思维过程。形象思维用途非常广泛，除文艺创作外，人类的一切感性的社会实践也都要用到形象思维。在科学研究过程中，观察、识别并描述的光、电物理现象，想象并构思设计复杂的分子模型，观测、想象中的银河星系的形态，解剖分析动物的肢体，显微镜下观察细胞结构，都是形象思维所及的客体。在工程技术和生产过程中，工程师构思设计的建筑物与机器零部件模型，炼钢工人判断炉温状态的钢花色彩与钢水花纹，检测工人判断机器运转状态的复杂声音，乃至医生用望、闻、问、切诊断疾病，也都属于复杂的形象思维与判断。至于日常生活中，形象思维更是比比皆是：亲人、朋友的音容笑貌，旅游记忆中的水秀山青，市场上商品的鉴别，回忆中如诗如画的情境追思……形象思维可以说是如影随形，正因如此，也就奠定了形象思维在创造活动中不可取代的重要地位。

形象是能引起人的思想或感情活动的具体形态或姿态。可以说世界万物都是以其独具的形象特征直接呈现在人们面前的。所谓形象思维（Imaginal Thinking）就是把客体在主体头脑中加以形象化并用直觉形象和表象（人的心理活动过程中产生的各种形象包括记忆表象和想象表象）解决问题的思维过程。

形象思维与直觉思维同属高级的认知心理范畴，是创造性思维非逻辑表现形式。形象思维不像逻辑思维那样形式化、程式化和遵守种种严格管理规则，但作为创造性思维的表达，同样具备认识的间接性、概括性和解题功能。

形象思维是一种整体性思维形式。人们接触外界事物，首先在头脑中产生感觉、知觉和表象（表象广义指在人的心理活动过程中产生的各种形象包括记忆表象、想象表象），并通过知觉对感觉到的事物的个别属性的反映进行认知的综合，形成事物的整体的外部形象，使人们有可能把事物作为确定的整体对象来把握和向外输出。

1. 形象思维的一般特性

形象思维的一般特性是它的普遍性与相似性。

（1）形象思维的普遍性

如前所述，形象思维遍布于自然科学与人文科学各个领域中，语言文字的形成、识别与交流，饱含复杂的、多途径的、多回路的思维方式，其中之一就是形象思维。没有语言，就不能产生概念，思维活动也就不能进行。所有掌握语言的人，多是用语言来思考问题，语言是一刻也离不开形象思维的。心理学家所运用的一系列图像和对社会心理现象进行表述时的比喻，多是形象思维的成果。逻辑思维可以表达的东西，形象思维也可以表达。科学家借助于逻辑论证来表示自己的思想，而艺术家则在形象上体现自己的思想。形象思维是人类交流中不可缺的思维方式。就思维而言，形象思维是一切思维过程的先导和媒介，对某些情况形象也会出现在思维的最终结论之中。直觉思维是以事物的整体形象为先导的，直觉思维对客体的思考过程无论多复杂，都不同程度地最终以形象表示。所以，可以认为形象思维是直觉思维成果的表述。科学研究中广泛应用的逻辑思维，也都是以整体形象观察为先导的。对实验的观察分析、概念的理解与概念的产生多需要形象的媒介，种种分析表明了形象思维所具有的普遍性。

（2）形象思维的相似性

① 相似作用。相似是形象思维的重要因素和方法。相似就是对客观现实的缩影，也是对某些未知事物的形象构思。形象思维是最古老的思维方式之一。在语言之前就有形象思维，而后才有其他思维。人们认识客观世界先是形象，而后才是抽象。机器只能听懂“命令”不能听懂语言，所以机器的思维是形象的。打字就其程序而言，应当是认字—入脑—动手，但实际操作之迅速证明这些程序似乎不存在，其中奥妙之处也在于形象思维的作用。

② 相似现象。一切文化发源于相似。天地万物品属内部和品属之间的相似也

是惊人的，表 2-1、表 2-2 分别列出了生命和物质的相似性和动植物（血红素与叶绿素）的相似性。从中可以看出科学史上空前地发现了大量的惊人相似性。我们可以把相似性归纳为：性能相似、几何（形状）相似、结构相似、动力相似、功能相似、秩序（流程、工艺）相似、演化相似等。相似性的运用是科学发现、创造与创新，是通往成功的益法良方。

表 2-1　生命和物质的相似性

物质都是由电子、中子、质子排列组成	细胞都是由核糖核酸和氨基酸组成
电子、中子、质子排列组合不同，则有不同属性的元素	核酸核糖和氨基酸排列组合不同，则有不同属性的物种

表 2-2　动植物的相似性

血红素		叶绿素	
功能与作用	相似之处	功能与作用	相似之处
所有动物赖以生存	是空气中的二氧化碳与氧的共同作用的产物	所有植物赖以生存	是空气中二氧化碳与氧的共同作用的产物
生命的源泉	是卟啉结合了铁元素与叶绿素，化学结构相似，相似太阳能电池	生命的源泉	是卟啉结合了镁元素，与血红素化学结构相似，相似化学电池
营养运转	动物的线粒体呼吸链的化学原理与植物的叶绿素非环状，光合氧化还原链相似	营养运转	植物的叶绿素非环状光合氧化还原链与动物线粒体呼吸链的化学原理基本相似
变异来源	动物是由核前生物体变异而来	变异来源	植物是由核前生物体变异而来

（3）相似的三种关系

第一，相似现象与本质的关系。现象与本质之间存在着层次性的相关性。微观结构越相近，宏观的物理性能和化学性质就越相近，反之亦然。物质性能的变化，从本质上说是结构的变化，甚至可以说宇宙之间的变化，除了结构变化之外，什么也没有。

第二，相似和运动相似的关系。一般只有在运动中才能识别物体：新粒子是从粒子高速碰击中认识的，自行车是在它的运动中认识它的轴向均衡力的，英国的彗星喷气机是从转弯中折断了机翼后才认识其动力力矩和动力疲劳的，其他一些创新产品也多半从疲劳性运动实验中去了解产品的静态性能的。

第三，宏观结构与微观结构相似性的关系。元素周期表说明了宏观结构相似，则微观结构也相似。

（4）相似规律

只有掌握了相似规律，才能灵活运用相似性进行形象思维和更有成效的开展创造活动。一切事物都是一个独立的系统，是由相似的单元、层次排列组合而成的，也就是说都具有系统的共同特征。

单元就是被认识客体的最基本单位，层次性则是被认识客体单元之间的联系。相互制约、相互作用的相对独立的部分组成某一事物系统的存在是有条件的，是以特定的结构、运动形式、时空的存在为其存在条件的。如原子核中化学反应在核外电子层进行，核能是在质子、中子层次产生，又分强、弱两种作用；所有生命化学物质的结构系统都是通过物质能量，信息形式构成的；光合作用、放射作用和针灸气功都可理解为信息传递过程；再复杂的机电产品都是相似的零部件和基本相似的组装方式组成的。一些现代化的设备总是在旧产品的发展和合成的基础上诞生的，如坦克基本就是由汽车、装甲车、大炮结构性能合成的。

计算机的机理机能和人的生理也是相似的。人是有生命（活）的动物，“活”就是人体物质、能量、信息三者的变化、协调和有机统一的动作。计算机的运转（活）过程就是电源通过硬件（如人体）装上快速模数变换及频谱分析装置（如听、视、触），再由软件把这些外部设备接收来的信息、能源、物质的协调动作组合成一个整体，这样它就“活”了，能听、能看、会写、会算，还会“逻辑判断”。

其实这种相似由来已久，草叶与锯、牛蒡草茎与拉链，爆竹、火箭与导弹都是相似的，相似可以向前追溯几千年。这里要说明的是，相似结构虽然有相似的功能，但这种相似性是由人发现的，没有相似性的思想准备就没有相似性结构事实的发现。相似的基因、相似的条件和环境产生相似的结果。橘生淮南则为橘，生于淮北则为枳，说明了环境的重要性，也说明基因和环境相互作用的结果。

学科基本理论的相似性：所有电器都是电磁效应和整流现象的应用。所有逻辑推理都用三段论（由两个前提和一个结论所组成）来完成。所有非逻辑性思维都是靠联想、想象和类比（以宏观、微观相似以及联系为基础）来完成。齿轮是变速单元，电动机通过改变磁场实现变速（相似）功能，摩擦轮通过改变作用半径实现变速（相似）功能，于是又产生了“无级变速装置”。加入了微计算机的功能（替代人的功能）又产生了数控机床。

以上例证说明相似关系在宇宙万物之间是普遍存在的，也为创造与创新指明了方向。如果在创造活动中，人们能动地利用单元层次的不断组合，使之逼近预想的模型；或发掘现象与本质的联系或深究细部（微观）结构机理或者改变时空关系或者探索基本原理……就可能撷取创造成功的硕果。

2. 形象思维的意义

（1）形象思维是科学发现的基础

几乎所有的数学问题都离不开形象或者以形象的图式来表达其研究结果。科学研究的三个基本步骤观察、思考、实验，都是从形象思维开始的，首先，必须对研究客体进行形象设置（如爱因斯坦关于光的认识的形象设置），并将各种设置的可能性加以比较和储存，然后在识别和评价中进行选择、决定取舍。决定取舍时才以某种理论为指导或者创设某种指导理论进行继续研究，以取得研究成果。思考是对观察对象和主体原有知识经验的重新组合或拆分，其本身就是形象的载体。实验是以有形的工具寻求或转换有形的对象，从而形成有形的状态的产物，可见科学研究离不开形象思维。

（2）形象思维是科学发现与发明创造的重要方法

前面我们已介绍了许多大自然的相似性及其相似性的规律，然而相似性联想既有应用相似性规律的属性，但又远远超越了这种规律，在现实科学的重大发现中很多是通过相似性联想为契机取得重大突破的。

魏格纳在看地图时，发现大西洋两岸（非洲与南美洲）海岸线十分吻合，几乎完全可以拼到一起。联想使他提出了疑问“大西洋两岸原来是连在一起的吗？”为了支持自己的假设，开始收集大西洋两岸的地形地貌、地质结构、山川山脉、植被、植物、海滨生物、爬虫化石等，进行比较研究终于形成了关于大陆漂移说的科学理论。

伽利略借助直接想象，观察沿着一个斜面滚下的小球，再滚上第二个斜面所达到目的高度与第一个斜面小球下落时的起始高度相差很小，并认为其差距是由摩擦产生的阻力造成的，摩擦力越小，差距也随之减小。伽利略想象：如果没有摩擦力，小球在第二个斜面上升高度应与第一个斜面球起始下落的高度相等。他又进一步想象如果第二个平面变成无限延伸的平面，小球沿第一个斜面滚下后，将沿着平面永远运动下去。通过这种巧妙的构思伽利略得出一个全新结论：一个运动着的物体在不受外力作用时，将保持原有的运动状态，维持匀速直线运动。牛顿又将其总结为惯性定律。

运用形象思维创新的实例更是比比可见：英国邓禄普医生在浇花时手里感到橡胶水管的弹性，受此启发，发明了充气轮胎。美国佛罗里达州一个桔园采用喷灌技术灌溉，因为工人忘记关上喷管，又恰逢当夜寒流突袭，喷出的水雾在空中凝结成雪，落满树枝。这次偶然的契机，却引出康涅狄格洲的莫霍克山滑雪场管理人员的联想，他们模仿喷水成雪的环境条件，在喷嘴前增设了水与压缩空气的混合气室，使水珠被击得粉碎再喷向空中，实现了人工降雪，也发明了造雪机。

以上事实证明了形象思维在科学发现和创新中的重要作用。

（3）形象思维贯穿于各个科学领域

形象思维不仅是各种思维方式的先导，也贯穿于自然科学（物理学、化学、生命科学、地质科学、宇宙科学）与技术、社会科学等各个科学领域的研究与开发（前述相关例子便是佐证），也可以说创造发明从本质上说是相似性事物的重新排列和组合。

形象思维主要包括联想思维、想象思维等。

一、联想思维

联想思维远在古希腊时期柏拉图、亚里士多德就在其著作中有所论述。人们在回忆以往的事物时，正是利用事物之间的相似、对比和接近关系进行联想来达到的。记忆主要是对信息的收集储存和提取；联想可以提高记忆的效果，但却不能产生新的东西。后来人们认识到原本无联系的简单概念，由于某种机遇在观念的联合或联想中也会产生新的复杂观念，也就是说联想机制也是可以出新的（尽管其程度是有限的）。随着对思维认识的不断加深，联想不仅有助于学习与记忆思维，而且通过“观念的联合”与想象过程也产生了密不可分的关系，也正是由于这种关系，使联想与之相结合共同形成形象思维进入到思维创新领域，下面我们就联想的相关含义、分类、思维机制与作用作进一步分析与了解。

1．联想的涵义

联想思维是主体头脑中表象联结的心理过程，是由于某种诱因（感知的事物、概念或现象）导致与人脑记忆储存中的相关表象或意象间的相互联合或组合而产生新的形象的心理过程。联想思维方式也就是平常说的举一反三、由此及彼、触类旁通。也就是说人脑思维系统，根据输入的信息（诱因），对大脑中“记忆库”中的相关信息（表象或意象）进行搜索、比较、综合形成新的信息（再现）的过程。

2．联想思维的特征

联想虽然也具有非逻辑性，但一般难以独立地称其为创造性思维的非逻辑表达形式，而只有与想象过程联系起来，才能发挥其重要作用。另一方面联想往往需要借助于类推或“形成类比”，才能与想象结合而共同实现非逻辑思维的创新作用。联想思维的特征主要表现为如下几方面：

第一，相关性。联想思维是人头脑中潜在的、自发的心理过程，是在客观（直观形象或意象）和主观（记忆中的表象或意象）因素相互作用下完成的。客观条件的激发和主观条件的存在形成的共同机制，二者缺一不可。

第二，连续性。联想思维是由此及彼并连续不断地进行的，可以是直接的，可以是迂回曲折的，也可以是在潜意识状态下完成的（通过顿悟呈现）。联想中的事物彼此之间形成联想链，逐步扩展形成近距离或远距离的连锁反应，最终也可能出现首尾两端“风马牛”不相及的跨越式结果，形成大范围的创新转移。

第三，形象性。联想思维是形象思维的具体化，其基本的思维操作单元是表象和意象，形象鲜明、生动，有如画面，也有些表现出结构性（以立体画面呈现出来）。

第四，概括性。联想思维是由直观形象记忆表象与意象相互作用渗透组合后形成的形象，是多种形象的加工结果，具有形象的整体性，因此其思维操作过程具有明显的概括性。

3．联想思维的类型

联想思维是以其相关特征进行分类，有多种分类方法，其比较典型通用的分类方式有以下几种类型。

（1）类比联想

类比联想是通过直观，诱导事物的规律及意象特征联想到其他事物的规律或现象的思维活动。类比联想是最基本的也是作用最为突出的联想，类比方法是其操作的基本方法，并通过事物类型及其特征相关关系比对来实现事物规律或现象的转移。例如：古埃及人用不断地转动链条来运送水桶的方法灌溉田地，1783 年英国人埃文斯把这个方法运用到磨坊里传送谷粒，依靠类比完成了运送液体（水）到传送固体（谷粒）的经验转移。有关类比联想与想象思维结合及类推（类比推定）方法及功能在后续问题再作介绍。

（2）相关联想

相关联想是由直观诱导事物联想到经常与之同时出现或在某个方面有内在联系的思维活动。相关联想的基本机制是以内在或外在因素相关为诱导链而进行联想思维以扩展思维空间和发现新的诱发点。前苏联心理学家哥洛万和斯塔林茨研究实验表明任何两个概念（词语）都可以经过四、五个阶段，建立起相关联系。

例如：澳大利亚进口屎壳郎一例，便可以产生思维截然不同的联想，养牛—牛粪、牛粪—蝇类、蝇类—各种疾病、疾病—牲畜死亡（人死亡）如此联想，就会得出杀牛防病的结论。又如：牛—袋鼠、袋鼠—袋鼠粪、袋鼠粪—屎壳郎、屎壳郎—牛粪球、牛粪球—土地、土地—牧草、牧草—养牛，如此联想形成一条生态平衡链条，既解决了环境保护问题，又可发展养牛事业，由此可见联想思维的现实作用。

（3）相似联想

相似联想是由直观、诱导事物的特征（外形、可见结构、性质、功能、意义等）

联想到其相似事物的思维活动。

前面例子中魏格纳创立大陆漂移理论过程中，就是由大西洋两岸，海岸线相似而引发灵感的。工程中应用相似联想而引发创新产品或技术的例子也比比皆是。例如玻璃球的螺旋辊加工工艺早已成型，中药丸也是球形的与玻璃球相似，根据玻璃球的加工原理，制成中药丸成型机就是一项设备的创新；又如在一些地区推广的多功能洗衣机，可以洗衣服也用以洗根茎类蔬菜，就是应用功能相似的原理。

莱特兄弟制造飞机，成功的飞上了天空，但是飞机在空中拐弯时候如何能保持机身平稳的问题却未能解决，当他们观察到一种叫做鵟的老鹰飞行的时候，就仿照鵟的羽翼制作了后缘能够变折的机翼。解决了飞机平稳转向的问题。现代飞机的襟翼则是从莱特兄弟发明的机翼发展而来的。锯的发明、拉链的发明，也都属于仿生原理。仿生联想也归属相似联想，比照动植物的肢体结构、功能、生理特性等进行创造，也是创造发明经常采用的方式方法。

（4）对称联想

对称联想是由直观、诱导事物联系到在空间、时间、形状、特性、功能等特征与之对称的事物的思维活动。对称联想实质是一种逆向思维，比如由黑想到白，由光明想到黑暗等。又比如一些国家交通规则为右侧通行，为了司机方便观察和驾驶，方向盘设置于左侧；由此联想到交通规则为左侧通行的国家，以同种道理方向盘设置于右侧才能使汽车适应环境，达到实用和畅销效果。又比如服装设计在夏天多选用白色面料，白色有反光作用，可以减少衣服吸收太阳辐射能量，以达到降温的目的；而在冬天则选用黑色面料，因为黑色面料能全部吸收太阳的辐射热量可以相应的保暖。

（5）因果联想

因果联想是由事物的某种原因而联想到它的结果，或由一个事物的因果关系联想到另一事物的因果关系。因果联想在日常生活中是很多的，也在发明创造中得到大量应用。就大系统论而言，往往存在一种原因，可能产生多种结果，而一种结果又是由多种原因造成的。由结果寻找原因，找到原因可以通过优化得到更佳的结果，同样可以根据原因，通过比较分析联想到可能产生的其他结果，寻求多种应用的途径，通过因果的辩证联系进行创新。比如防治植物虫害，要求的结果只有一个就是“杀死害虫”。“杀死害虫”可以采取多种方法（致死原因）：用人工扑杀效率太低，劳动力消耗多又容易损伤作物；利用害虫的趋光性，用灯光诱扑集中杀害，光是“原因”害虫趋光就是结果，效率有所提高，但仍然较慢；用药剂杀死害虫，药剂是起因，害虫被杀死是结果，效率大大地提高了，但又带来了新的问题：污染环境，同时残留药剂又有害于人类。事实激发人们寻找更理想的杀虫方法。植保专家李连昌观察发现手里捏着枣黏虫的雌蛾时，总有成群的雄蛾追随（这是又一项寻找因果关系的问题），他联想到可能是雌蛾释放出一种性信息，引诱了雄蛾。找到原因后，他研究成功了枣黏虫性信息素，并制成微粒性诱芯，取得了良好的杀虫效果。这项发明是典型的因果联想创造成果，值得推崇和借鉴。

系统思维过程中也常常运用因果联想，比如在“黑箱辨识过程”，输出（功能）就是“结果”，输入及黑箱内部机理则是促成结果的“原因”，通过“因果”的辩证联系，就可以使“黑箱”白化，达到创新的目的。

4. 联想思维的作用

从联想思维的特征中我们知道，联想过程是直观表象诱发脑中存留的表象和意象互动的一种心理机制，通过“观念”的“联合”或“联想”可以从简单观念组合成复杂观念（思想意识或形象），也就是说联想机制也可以出新，但其程度是极为有限的。联想思维只有与想象过程联系起来，并借类推或形成类比联想，才能实现非逻辑思维的创新作用。上面讲述的一些实例中也都不同程度的表明想象与类比在其中的结合作用。联想思维的作用主要表现为如下几方面：

（1）联想是想象过程的基础和前提

“想象”在现实生活中（日常生活、工作、学习科学、研究）如影随形。人们面对任何问题和需求，都要想一想，并根据需求的具体目的，依据联想机制的相似接近、对比等关系，调动记忆中储存的各种表象和意象，比对现实需求情况进行筛选、联结、改造和组合，以产生新的形象来适应需求。可以说没有记忆中的表象和意象也就没有想象，也就几无法完成组合要求了，因此说联想是想象过程的前提条件。

一般设计工作（产品设计或外观设计）首先是根据现实条件和设计要求，联想记忆储存的各种表象和意象，进行比对、构思组合形成初步方案和草图，再经过进一步完善与优化形成最终的工作图纸（形象），指导后续工作。比如要设计自行车架，并提出了车架的规格及具体尺寸，这时对一个设计人员首先要对记忆中车架表象：三角车架、双梁车架、弯梁车架、弹性车架、圆管车架、矩形管车架等进行比对、筛选、论证，并根据设计要求进行相应的组合与改造，最后定型。可以想象如对自行车架的原有表象一无所知的人员，设计工作也就无从谈起了。作为任何设计前搜集资料过程，也包含熟悉各种表象的工作，增加其占有量以使想象更为丰富，新的形象更加完美。联想是想象的基础。因为离开联想也就不可能存在想象这种心理过程了。

例如牛顿如果不是通过“相似联想”将原本认为毫无关联的“天文学上的力”

与“地球上的力”的两种运动现象联合起来考察，其著名的关于抛石运动的丰富想象（传说中为受苹果落地启示而产生的想象）则根本得不到发挥，也就无法发现万有引力定律了。

总之联想本身只是表象的连接和组合，只有与想象始终紧密地联系在一起，才能实现其概括性和独立的创新功能。

（2）联想可以加深对未知属性与发展趋势的新认识

联想借助类比推论的结合，便与逻辑思维在一定程度联系起来，从而可以获得对事物的未知属性和发展趋势等新的认识，可以为创造性活动提供新的思路和更为广阔的空间。这也是联想思维的又一重要作用。

单纯的类比联象只能是事物的表象联系，比较表象的差异也是一种分析过程。通过对表象的比较、分析、概括，可以从事物间的相似联想，推论出某一事物其他属性存在的可能性。类推过程的一般形式为：A 对象具有属性 a、b、c、d，B 对象具有属性 a、b、c，故知 B 对象也可能具有属性 d。类推是根据相似联想律，在 A、B 对象间进行类比，根据两类事物之间有许多属性相同，而推出它们可能属于同一类；又根据同类事物有许多共同属性，而推出它们其他属性也可能相同；这是因为客观世界存在着同一性，各种事物之间存在着各式各样的相似点和相似关系，而且事物的许多属性，并不是独立存在的，而是相互联系、相互制约的，我们知道几个相似点，下一个很可能又是相似点。当然不同类推，所根据的相似点是不同的，有的类推是根据很多相似点而得出结论的，有的类推是根据较少的相似点而得出结论的。

例如古人想像鸟一样飞翔，先是重视宏观类推，用手臂粘上羽毛来代替鸟的两个巨大的“翅膀”，结果是无法飞上天的。后来人们从了解鸟翅膀的微观动态结构入手，进一步了解到弧形翼上面空气流速快，翼下面空气流速慢，使翅膀上下产生压差，从而产生升力。于是便改进机翼，加大运动速度，即从微观动态结构相似入手，最后取得了相似结果，成功制造了现代的飞机。又如法国医生雷内克无意间看到一群孩子在玩耍，一个孩子在圆木一头用针“乱划”，另一个孩子却在圆木另一头清楚地听到了声音，受此启发，雷内克用一头削平、一头做成可以放入耳中的突起的圆木棒制成了最古老的听诊器。获此创意，也是通过类比推论而完成的。

应当指出类比推论过程的前期过程需要遵循逻辑的某些规则（比较、分析、概括等），但是类推并不同于一般逻辑推论（即不同于演绎逻辑从一般推论个别，也不同于归纳逻辑从个别推论一般）而是从某一特定对象（整体性）推论到另一特定对象，因而类比推论是介于逻辑与非逻辑之间的并具有一定预测性的科学方法，具有创新作用。

类比推论的思维前提，是从个别到个别地根据事物之间的相似性进行联想设定的。是一种对象的“特殊知识”的过度，缺乏形式逻辑严格要求的具有普遍意义的全称判断和事物之间属性的差异性和偶然性的存在，因而推论出的结论，也具有或然性和假定性。因此类推方法具有指向的未知探索性和预测性，所以说类推方法是发明创造过程中的一座过度的平台，为进一步创造和研究提供了中间基础，促进研发过程的深入和发展。

（3）联想活化了的创新思维活动空间

在创造活动中（即或在平时）人脑的思维是非常活跃的，确有“一波未平、一波又起”的特性，联想思维具有由此及彼、触类旁通的特性，常常能将创造性思维引向深处或更加广阔的空间，诱发想象思维产生灵感、直觉、顿悟等，可以说联想思维是创新活动的活化剂。在创造活动中经常使用的组合法、类比法、移植法、仿生法、模拟模仿法等许多创新思维的技巧性方法，都是建立在联想思维的基础上。

二、想象思维

1. 想象思维概述

想象是形象思维的一种方式，从其基本性质看，是属于认知心理过程的高层次认知心理现象，是一种具有非逻辑特征的思维。想象如同感、知觉以及表象、记忆等，是一种对客观事物的具体认知形式；而基于直观形象、表象的联结和重组的想象过程，又不属于对事物的直接认知；如同思维具有认知的间接性、概括性及解题功能，故此亦属于认知过程中高层次的认知心理现象。但是想象与一般理解的思维又有所不同，它不仅与情感或意志过程有更多相互影响，也更受到人的个性心理和人格特征的制约（比如抑郁孤僻类型的人却想象丰富，而过分自制、踏实的人却不大容易激活想象活动）。因而想象属于更富于主体性、更为感性的认知心理，而不同于思维一样富于理性。

那么什么是想象思维呢？想象思维是根据某种特殊需要，对于直观形象和表象进行加工、改造和重新组合成新形象的认知心理过程。从生理学角度，想象是人脑的机能。人在感知客观事物的过程中，大脑皮层的痕迹之间建立了暂时神经联系，这些神经联系分解成复合刺激的部分或特征，重新组合起来形成新的暂时神经联系，就是想象的生理机制。

上述分析可以看出想象能力是人人具备但又有差异性的思维能力，可以培养与再造。想象具有自由、开放、跳跃、跨越、多向、变形乃至浪漫、生动、形象、夸张等多种心理活动特点，它使思维之“流”意广神驰、随时而发，超越时空限制，不受环境干扰，恣情纵横、仪态万方。由于它能随意组合，因而能产生众多新奇、傲世的观念；由于能超越时空，具有超越现实，新颖独特的成果；由于它主要是以意象和知觉形象为思维之素，因而它具有整体性、综合性、形象性、生动性、快捷性和思维经济性。

想象与逻辑思维不同，它具有广阔的空间。卢梭认为：“真实的世界有其止境，想象的世界则无止境。”想象具有夸张、变形、虚构、异构等特点，因而有助于求知和理解，也有利于突破与创新。可以说想象穿梭于真实与虚构之间，使虚实相互转化，它是真实之母，也是神奇幻想之源。实践也证明想象是创造的源头，提高想象思维能力是取得发明创造成果的沃土与根源。

2. 想象思维的类型

想象有多种分类方式。按认识主体过程的心理状态（目的性），想象可以分为：随意想象、不随意想象和幻想（憧憬）；按学科领域划分为科学想象、艺术想象；按认识主体在认知过程的作用（受动状态）想象可以分为再造性想象（受动）、创造性想象（主动）；按想象的价值想象可以分为荒诞的、无价值的、非创造的想象，有一定价值和创造性（或趋向创造性）的想象和富有创造性的想象。下面我们就想象在创造性思维中直接相关的几种类型介绍如下。

（1）再造性想象

再造性想象即其表象的联结或新形象的形成是依据某种引导而受动地进行的。如受言语提示、图形描述、动作示范等的导向，在人的头脑中，有可能随之产生与其基本一致的记忆表象的改造，加工和重组的想象活动，即称之为再造性表象。再造性想象如同再造性思维一样普遍应用于日常工作、生活与学习中，有利于人们在日常活动中对事物的认知和理解，文艺欣赏也属再造性想象。

在技术工作、科技活动中，同样离不开再造性想象，如对图纸、解析数学公式、掌握工艺流程、经验与信息交流都会在头脑中引起表象重组的再造性想象。特别是在科技教育中，利用图、表或模型会唤起学习者再造性想象，是行之有效的教学方法。随着“网络”进入家庭，有可能利用高新信息传输技术进行科技知识的传授和科技信息的传播，更有助于人们用视、听等全方位形象手段最大限度调动起受动者的再造性想象，以理解和接受原本抽象而不易接受的科技知识。对于肯动脑筋的人，看图接受新的知识同样能诱发创造性想象，为创新打下良好的基础。

（2）创造性想象

创造性想象是认识主体积极主动地根据某种现实需要，对以往积累的表象和直观形象进行改造和重组，而产生新形象的心理活动。创造性想象是认识主体积极主动的心理过程，这种主动的想象过程还有随意与不随意的区分（这里的意是指人的意识）。

（3）随意想象

随意想象是认知主体在意识心理控制下，有目的、且按一定计划进行的想象，如门捷列夫发现元素周期律的过程就属随意想象。门捷列夫在对在法国人尚古多64种元素的“螺旋图”（1862年）、法国人纽兰兹的八音律（1865年）和德国人罗·迈耶的《原子体积周期表》（1869年）等前人工作认真考察的基础上，紧紧抓住了元素原子量这个基本性质，探索原子量与元素之间的相关关系，最终发现了元素周期律。牛顿通过联想而进入想象最终提出了“万有引力定律”等都属于或主要属于随意想象的过程。在科学创造活动中，随意想象几乎无处不在，严格地说，在创造性思维过程的创新阶段，正是意识心理控制的随意想象，随时发挥着无以替代的重要作用。

（4）不随意想象

不随意想象就是无目的、无计划的进行想象。不随意想象一般有两种情况下的想象。第一种情况，在非创造性思维过程中。不随意想象是指人们在某种休闲心境下，漫无目的想入非非的心理状态，即我们通常所说的“遐想”心理状态，把滚滚的麦浪想象成奔腾无垠的大海，将滚滚的海浪想象成草原上万马奔腾的壮观景象等。遐想无自觉意识的指挥，因而通常与人的无意识动机有着微妙的、千丝万缕的联系。应当说明的是无意识的动机也都不是无缘无故的，比如受心境的影响，环境的触发等，这种想象也是与脑海中存留的表象相关联的，并成为新生的表象储存起来。第二种情况，在创造性思维过程中，一般在休息或遇到障碍等间歇时出现的不随意想象，往往便有可能与所要解决的问题不自觉的联系起来，起到诱导产生无意识的自觉，使问题突然间获得解决。

（5）幻想

幻想也称作憧憬性想象，是介于随意想象与不随意想象之间的一种创造性想象的特殊形式。幻想一般都反映了主体的某种期待或向往，所以它不仅更具有指向未来的特点，而且也更加奔放不羁，新颖出奇。法国著名科幻作家儒勒·凡尔纳（1828—1905）一生中用幻想写出了104部科幻和探险小说，书中写的直升飞机、导弹、电视等在当时都属于幻想。幻想与随意想象和不随意想象都不完全相同，幻想既具有明确受意识心理控制的随意想象的特点，又具有与无意识心理产生一定联系的心理特点，因而可以说幻想是以上两种想象形式结合而成的一种特殊的创造性想象。对于幻想的创造性价值是不可低估的。儒勒·凡尔纳的许多当时的幻想如今都已成为现实，特别是他预言在美国佛罗里达将建造火箭发射基地，发射飞向月球的火箭和一个世纪后美国在佛罗里达发射第一艘载人宇宙飞船，如同神奇的规划和超凡的指令。

爱因斯坦 16 岁时也曾想象："如果我以光速追踪一条光线，我会看到什么？" 10 年的反复思考，终于在 1905 年的一个早晨豁然开朗，对牛顿的绝对时空观中时间的同时性提出怀疑，他说："只要时间的绝对性或同时性的绝对性这条公理不知不觉地留在潜意识里，那么任何要令人满意地澄清这个悖论的尝试，都是注定要失败的，清楚地认识这条公理以及它的任意性，实际上就意味着问题的解决。" 自从突破了传统的时空观念之后，爱因斯坦一个多月就写出了《论物体运动的电动力学》，创立了狭义相对论。事实看出幻想常常是科学发现和技术发明的先导，幻想也可以激发顿悟，同时有期待或想往的幻想也可能形成科学创造追求的动力。

（6）人文艺术想象

人文艺术想象从概念分析也必然是认识主体根据需求有目的的创造新形象的心理活动，但是人文艺术创作是源于生活又高于生活的精神产品创造，因而在具备想象的基本思维过程特性，同时更体现出虚构、变形、夸张以使再造想象更为主动。在这里我们不作深入讨论。

（7）科学想象

什么是科学，三言二语是无法说清的，对科学作概括性的界定，可以认为科学是由人类对认识客体（自然界、社会界、思维过程及其他事物）的知识体系，产生知识的活动、科学方法、科学精神……按一定方式构成的动态系统。那么科学想象也就是在科学活动中的高层次的认知心理现象或思维活动。

科学的根本特性是客观性、可预见性、可检验性和逻辑和谐性。因此科学想象也必须遵守科学的基本原则，是不可夸张和虚构的（应用假说、想象模型等，也必须得到科学的验证）。

值得注意的是上述再造性想象、创造性想象和幻想是否正确，同样要以实践检验为准。想象在发明中具有重要作用，但是科学想象如果脱离实践检验则可能带来意外的坏处。这也是科学想象与人文艺术想象的重要区别。正如美国科学家贝弗里奇所指出的："在探索新知识的过程中，想象力如不受到检验，也可能酿成危险，丰富的想象力需用批评和判断来加以平衡。"

科学想象的特点。这些特点都与科学想象的创造作用密切相关，主要表现在以下两个方面。

① 科学想象表现出间接性和形象化概括性。概括性是思维的基本特性之一。不同于逻辑思维的抽向概括，想象做为非逻辑思维同样具有认知的间接性和概括性。表象是直接来自感、知觉的模式化感性材料储存于记忆中的形象。科学想象的间接性表现在于形象，并非表象的再现，而是思维主体通过认知能力对即时形象和头脑中记忆形象一起进行改造，再加工和重组，获得新形象的想象过程。其实质是一个从形象到形象，从旧形象到新形象的发展过程。所谓形象化概括性主要表现为新旧形象的差异性，新形象是思维主体对感性直观材料（旧形象）进行一次性加工的产物，它即不完全远离具体事物原型，而具有一定"具象性"；又是对记忆中大量现成形象进行选择、改造和重组的结果，也就是兼有记忆形象的某些特征的综合性。

科学想象一方面由来自现实原型，又不拘泥于现实原型的概括作用，使之同逻辑思维一样具有重要的认知价值，同时它又不受逻辑规范的约束，只是在主体自由选择的联想机制作用下，对表象以及符号（其实也是表象）进行形象化的构思表现更为灵活变通而富于创造性。比如探索原子结构时，科学家建立了多种原子模型，如勒纳的动力模型、汤姆逊的正电原子球模型、卢瑟福的太阳模型等。汤姆逊设想：原子像葡萄干面包，带负电的粒子（如葡萄干）嵌在正粒子构成的没有空隙的球状实体（如面包）之中。卢瑟福则把带正电的占原子质量绝大部分的核比作太阳，负电粒子像行星一样绕正电子构成的核——太阳旋转。后经改革的实验证明原子核和电子之间是有空隙的，卢瑟福的太阳模型比较正确。模型中的"葡萄干面包""行星与太阳"等。都是认知主体头脑中的记忆表象类似的表象。还有许多经过形象思维的改造、组合，而形成了原子模型的形象，即维持了事物原型的具象性（葡萄干面包）又有原子结构的特殊概括性，形象而逼真，便于认识也便于实验构思，从而可见科学想象在科学研究中的重要作用。

想象的形象化特点或作用，在工程设计、造型设计和技术发明中应用更为广泛。例如产品或外观的构思，方案与图纸的形成，将其物化为机器、设备以及利用计算机模拟试验等都是想象活动的形象化概括过程。

科学想象形象化概括性，使形象包容更为深刻的蕴涵。在造型设计，广告设计等领域，自由的想象将有更为广阔的发展空间。

② 科学想象与逻辑思维密切联系。由意识心理控制的随意想象与逻辑推理方法结合而在科学创造中发挥创新作用，是科学想象的第二大特点。科学创造过程本来就是具有明确目标的创造性地解决问题的过程，随意想象在这一过程中各种意象（在汉语中称自由的想象组合的表象称为意象）的再生和重组便是主体的自觉意识引

导下，直接指向问题解决的目标来进行的。联想与类推恰好可以成为想象与逻辑思维的中介，通过这种中介的联系，由意识心理控制的随意想象与逻辑推理方法形成有机的结合，使想象思维与逻辑思维发生关系而实现其创新中的作用。

3．想象思维在创造创新中的前导作用

（1）促进假说的产生

假说是很多重大科学研究常常采用的必要手段之一。假说，就是根据已知科学规律和科学事实对于一定范围内的事物、现象的本质规律和原因的一种推测性的说明。恩格斯说："只要自然科学在思维着，它的发展形式就是假说。一个新的事实被观察到了，它使得过去用来说明和它同类的事实的方式不中用了。从这一瞬间起，就需要新的说明方式了——它最初仅仅以有限数量的事实和观察为基础。进一步的观察材料会使这些假说纯化，取消一些，修正一些，直到最后纯粹地构成定律。如果要等待构成定律的材料纯粹化起来，那么这就是在此以前要把运用思维的研究停下来，而定律也就永远不会出现。"科学研究规律是试探性地对经验事实做出的解释，并对未来作出预测，而假说就是实现这种试探性解释和预测的基本的思维形式。但是假说不是由事实直接引发而来的，而往往是针对某个问题提出的试探性的解答。对于一般公认的科学知识形成法则可以表达为：问题—假说—规律或理论（解答）。这其中的假说是一种逻辑思维的形式。针对科学问题，提出一个好的假说，是科学研究中发现的过程。

然而，按照逻辑经验主义的观点，科学发现的领域（创造领域）不是科学理性介入的领域，因为在发现过程中，充满了灵感、直觉、想象等非理性的因素，没有任何一种推理形式，能够使我们针对问题和经验事实提出重要的假说（这一点为大量的科学发现过程所证明）。新的概念，新的定律和新的理论的出现，需要大量的猜测。对自然的猜测并非"兴之所至"，而往往是精心策划准备，按照有效的方式寻找各种线索。科学家在实践中总结出一些思维方法或模式，有助于我们面对未知领域提出建设性的假说。其中包括一些处理信息时的思维方式和针对材料如何推断原因的有效推断形式，如比较、分类、溯因推理、类比推断等。科学家总结的有效方式与方法都与形象思维（联想、想象）密切相关。

比较是科学研究中的重要思维形式。通过各种方式的联想类比与想象的组合和形象化概括，从中寻求对象系统之间、形式结构功能之间、各种因果联系之间的相似与相异之处，发现对象的运动及变化和不同对象之间的内在联系，从而从更深的层次把握住研究对象，形成比较好的科学假说为进一步研究打下良好的基础。19世纪60年代奥地利僧侣孟德尔用豌豆做杂交实验。选中一对"相对性状"的高植株品种和矮植株品种做“亲代”杂交，所得种子和它长成的植株（称为“子一代”）全部都是高植株。然后，用子一代植株自花授粉，所得种子和它长成的植株（称“子二代”），其中有四分之三是高植株，四分之一是矮植株，两者的比数是3∶1。在随后的八年中，孟德尔对豌豆的其他六种相对性状，如红花与白花，黄种子与绿种子等进行了类似的杂交实验发现具有相同数量（3∶1）特征。于是提出了这样的问题：为什么杂交后的子一代全部是高植株，而杂交后的子二代高植株与矮植株的比数为3∶1？针对豌豆杂交实验中提出的问题，孟德尔提出了一个假说：人们可以观察到的生物体外表的性状是由观察不到的物体内部的遗传因子（后来被称为“基因”）控制着的，高株和矮株这对“相对性状”就是由两种不同的遗传因子在控制着，实际上，每一个植株的每个外表性状都是由一对遗传因子来控制，其中一个传自父本另一个传自母本。如果传自父本和母本这对遗传因子是不同的，那么其中有一个遗传因子（显性因子）会压倒另一个遗传因子（隐性因子）的作用……40年后（1900年）孟德尔的理论为年轻的生物学家弗里斯等所发现，并得到证实和扩充，正是孟德尔的假说开辟了遗传学研究方向，使遗传学的研究成为一门真正的科学。

上述科学事实不仅说明了假说在科学研究中的作用，也反映了孟德尔通过仔细的观察、对比、形象性概括和想象提出了为科学发展作出巨大贡献的假说，也体现了想象在假说提出过程中的作用。

（2）促进想象模型的建立

模型在科学领域、数学领域、工程技术领域都有广泛的应用。英国科学家哈雷认为科学的解释在于发现或想象事件之间的模式事物的结构，理论建立的本质就是形成假说性机制即模型，并通过模型去模拟、类比和推测事物的结构和过程，而达到对现象的解释。

模型有多种类型，如物质模型、数学模型、想象模型等。如法拉第研究电磁现象时，提出的“电磁场力线”和“力管”的想象模型，探索原子结构原子模型（前述例子），牛顿的万有引力模型，达尔文的生物进化模型……

模型作为一个假想的对象系统与被研究对象处于替代、相似或同构的关系，用熟悉的事物过程和规律来实现与人们要研究的陌生对象之间形成类比，以逐步扩展人们的认识范围。在寻求替代模型和类比过程都必须有丰富的想象为前提，建立模型有时也采用移植的方法，就是将某一科学领域的理论用作解释其他领域现象的模型，如物理学的量子理论建立后，用移植方法产生了量子化学和量子生物学等。移植关系的建立也完全靠丰富的想象思维。至于工程设计前的构思过程，在每个工程技术人员的头脑中，首先形成的是想象中的结构模型，再落笔成图。为了设计更为准确有时还要根据想象事先做出模型，经过相应的测量、比较、分析，才进行图纸的设计，比如汽车车身，就是通过 1∶5 或 1∶1 的相似泥模型制作，逐步完成的。

综述上述事实不难看出，想象是促进模型建立的重要前提条件和必不可少的思维过程。

（3）促进理想实验的进行

“理想实验”是在创造主体的想象中而非真实地运用物质手段来进行的“实验”。在思想实验中，主体正是通过想象活动的作用而使客观过程尽量地理想化。在理想实验中，使实验对象按照真实的实验过程要求得到合乎逻辑的处理，并从中一步一步地推导出合理的实验结果。

伽利略的比萨斜塔实验是为求解自由落地加速度而设立的，实验首次要否定亚里士多德的重物比轻物下落速度快的错误传统观念。现实是根本不可能从比萨斜塔上求解自由下落的物体精确速度的。因此比萨斜塔实验只能是理想化了的思想实验。首先，伽利略想象有两个重量不等的球，它们同一时刻从塔上下落，按亚里士多德的传统说法，重球应比轻球下落速度快，由此推论，一段时间重球即会超过轻球，先行落到地面。其次再想象把两个球拴在一起，按同理推论，重球便会受轻球牵制而减慢速度，轻球也势必受到重球影响而加快速度。再次，进而想象推论：两个球拴在一起，理应比分开时任何一个球都重，因而，也比其中任何一个球都下落得快，既然如此，那又怎样解释它们因彼此牵制而根本不可能比两者都下落得快呢？于是通过这一理想实验，伽利略便指出传统观念必然导致其结论的矛盾。可以说该实验的思路，即可典型地说明随意想象与逻辑思维相结合往往能取得意想不到的重大突破，取得创造成果，也可以说明随意想象是理想实验的先导和重要的基础。

伽利略的斜面实验（把摩擦力理想化为零），爱因斯坦的“追光实验”，流体力学研究中的理想化“流管”“流线”“理想流体”以及其他研究中的“理想刚体”“理想质点”“理想气体”“理想循环”等都同出一理，但却为科学研究提供了更为理想和便捷的方法。

（4）直觉思维的前导作用

创造过程中不随意想象可能诱导直觉思维而实现创造。不随意想象是指不经意地遐思联翩的心理状态，这种状态下的主体，一方面是意识觉知的，想什么或不想什么并非浑然不觉；另一方面，又不像随意想象那样明确的受意识心理支配，而处于一种意识松弛的、梦一样的状态，此时意识与无意识已发生某种关联和重叠。不随意想象原本是休闲与松弛状态的遐想，意识与无意识的关联使得有意无意地将思维引向要解决的问题。不随意想象其实是一种形象化或视觉化的思考。同样随意想象也有可能在休闲中将抽象化或逻辑形式的思考转换成富于想象的视觉形象。直觉思维的关键正是对事物视觉化或模式化全方位整体的把握。而不随意（也有时可能是随意的）想象视觉形象化特点，恰恰具备了进一步向这种直觉顿悟转化或诱发，而使问题突然间得到解决成为可能。

德国化学家F·A·凯库勒，正为思考苯环结构无可奈何时，坐在壁炉前进入半睡状态，梦幻中看见原子在“飞动”，渐渐联成一条蛇，这蛇首尾相接还咬住了自己的尾巴，他为梦幻中的景象突然惊醒并进而形成了苯（C_6H_6）环形结构假说。凯库勒记忆中（表象）曾有过一支蛇形手镯，是否也成为幻梦时诱发点？事实说明了不随意想象诱发灵感而获得直觉是科学研究中有证可循的。爱因斯坦被问及思维特点时也曾有过类似的表述，这里就不再赘述了。

第三节 逻辑思维

世界上任何事物都有其内容和形式，内容是构成事物的一切内在要素的总和，形式是把内容诸多要素联系起来的结构和表现内容的形式。思维也是这样，既有内容、也有形式。思维内容就是思维所反映的特定对象及其属性；思维形式就是指思维对特定对象及其属性的反映方式，如概念、命题、推理等，这些思维形式又具有一般的形式结构，我们称其为思维的逻辑形式。

一、逻辑思维的概念

1.“逻辑”思维的涵义

“逻辑”一词是由希腊文音译过来的。其原意是指思想、言辞、理性规律性。“逻辑”是一个充满歧义的词，几乎每一个逻辑学家、哲学家以及自然科学家都有他们各自所理解的“逻辑”，对逻辑的定义众说纷纭，没有共识的。总体上看，逻辑研究的是理性思维，即是人们通过大脑的抽象作用对客观内在规定性的认识，是认识发展的高级阶段。对逻辑有广义和狭义上的不同理解。

广义的逻辑泛指与人的思维和论辩有关的形式规律和方法。逻辑思维与形象思维相对，通常是指人们思考问题时，从某些已知条件出发，借助概念、判断、推理这些思维形式，推出合理的结论规律。广义上的逻辑可包括以下几个层次：

第一层次，指客观事物发展的规律性。

第二层次，指思维的规律性。

第三层次，指某种理论，观点或说法。

第四层次，逻辑就是方法论，就是我们处理人生中许多事情的方法，就是我们基于已知的事实或条件运用科学的思维过程，利用最合理的技巧，作出最接近于真实的判断方法。

第五层次，逻辑学是研究思维及其规律的科学。

狭义的逻辑主要研究推理，是关于推理有效性的科学，形式上表现为用特制的人工符号语言和公理化方法构造的形式系统。逻辑思维也称为抽象思维。所谓抽象就是在思维过程中撇开事物的具体形象而取其本质，逻辑思维的抽象特征与形象思维整体性特征正好相对。例如对遗传基因的研究，科学家们把研究方向直指生物细胞的结构内涵，而不去考虑是动物还是植物，是人还是猴子。因此可以说，逻辑思维是一种比较简单的直逼事物本质的“线型性”思维。逻辑思维通常分为形式逻辑思维和辩证逻辑思维。形式逻辑思维又分为归纳思维和演绎思维。

2. 逻辑思维的基本形式

逻辑思维的基本形式是概念、判断和推理。概念、判断和推理这几个思维形式是互相联系的。概念的形成往往要通过一定的判断和推理过程，判断是肯定或否定概念之间的联系关系，而判断的结论是通过推理获得的。

（1）概念

概念是人脑对事物的一般特征和本质属性的反映，是在抽象概括的基础上形成的。概念不反映事物的非本质属性，例如人这一概念只反映人是有思维能力的高等动物，有五官、四肢、直立行走等本质属性，而不反映是黑人还是白人，是男人还是女人等非本质属性。概念和词有不可分割的联系。每一个概念都是由于词的抽象性和概括性的刺激作用而在人脑中产生和存在着，并以词的意义或涵义的形态在人脑中形成表象和巩固（记忆）下来，也就是说概括是用词来标志的，每一个词都代表着一个概念。

（2）判断

判断是指人脑（两半球）凭借语言的作用，反映事物的情况或事物之间的关系，并通过判断的过程达到某种结果（或结论）。可见判断一词具有两种涵义：一种是指人脑产生判断的思维过程，另一种是人脑经过判断过程产生的思想形式。判断是通过肯定或否定来断定事物的。肯定或否定是判断的特殊本质。事物的存在、价值或事物之间的关系，都是通过肯定或否定作出判断的。人在判断的独立性和机敏性方面会表现出很大的个体差异，差异性取决于判断主体的性格、相关知识和经验等。判断可以分为简单判断和复合判断。

（3）推理

推理就是人脑凭借语言的作用，通过某些判断的分析和综合，以引出新的判断的过程。所引出的新的判断叫做结论。在进行推理的过程中所依据的已有的判断称为“前提”，也就是说已有的概括性认识和有关材料或事实是人在头脑中进行推理时所必须依据的前提，对过去的推断或对未来的预测是人经过在头脑中经过推理所得到的结论。很多判断都是推理的结果，所以，推理是思维最基本的形式之一。推理可以分为归纳推理和演绎推理。归纳推理是从特殊事例到一般原理，演绎性推理是从一般原理到特殊事例。

3．创造性思维与逻辑思维在创造过程中的区别与联系

创造性思维究竟是直觉思维还是逻辑思维呢？一直是个有争议的问题，其主要代表派别是经验论者和唯理论者。两个派别都承认创造性思维的飞跃性，但就“飞跃”的具体内容的理解却大相径庭。经验论者认为，新的知识从逻辑角度说靠归纳而来，从心理角度说靠联想而来（联想是归纳的重要心理机制，归纳则是联想的一种逻辑功能。经验论者从心理学上总是表现为联想主义者）。唯理论者认为，感性事实中根本不包括什么真理性和必然性，因此无论怎样对它分析、综合、归纳、概括，都无法抓住任何必然性。要形成知识，就要超越感性材料，超越联想，诉诸自觉。唯理论者一般用直觉来解释知识的形式。

创造性思维与逻辑思维都属于思维的范畴，两者是根据不同标准对思维进行分类的产物。作为人类不同的思维方式，各自起着重要的作用。形象与抽象能力，都是人类健全理智的要素，人脑在实际思维活动过程中，很难在逻辑思维和直觉思维之间划上截然分明的界线，可以说，人类思维过程总是各种思维的交叉、综合和相互作用。直觉，灵感和想象等非逻辑思维方法在创造活动中的作用无疑是非常重要的，但不能因此贬低逻辑方法的作用，更不能认为科学的创造过程是可以完全脱离逻辑方法而只靠非逻辑方法完成的。实际上，任何科学创造过程中逻辑思维与非逻辑思维两种思维方法都是交叉渗透，互为补充，共同完成创造活动的。为使这一问题更加明晰，我们下面将对两种思维的区别与联系作以简单介绍。

（1）逻辑思维与创造性思维的区别

自亚里士多德创立以三段推理为基本内容的形式已有两千多年的历史，用以指导人们的思维活动，进入工业经济时代一度成为占主导地位的思维方式。随着形式逻辑的发展，即从演绎逻辑到近代归纳逻辑，直到现代形式逻辑或现代逻辑（主要

是数学逻辑或符号逻辑）以及其各分支的日益发展，逻辑学研究已越来越形式化，与主体的实际思维活动的距离则越来越远。进入工业革命时期由黑格尔阐发的辩证逻辑，经马克思、恩格斯得到进一步发展，它要求人们按照逻辑规律思考应用比较与分类、分析与综合、抽象与概括、归纳与演绎、从抽象到具体的方法进行逻辑推论，究其实质，则仍属哲学思辨的范畴，也非对人的思维实际的描述。

真正研究和描述人的现实思维的，主要是心理学的研究，心理学对思维的研究也经历了从哲学思辨到经验描述和实验研究的复杂过程。最主要的思维理论便是联想主义的理论。事实本身表明，作为个体的人，本来就存在着两种性质或两种形式的思维：符合逻辑的思维，即逻辑思维，并不要求符合逻辑的思维，即非逻辑思维。逻辑思维是借助于言语形式表达的思维。其表达方式，既可以用口头语言，也可以用负载于文字、符号、图表及其他多种形式的载体所表达的非口头语言。言语或语言是人类社会实现人际交往或思想交流的工具，因而它所表达的思维，则必定要符合语言的法则（语法），以及传统式逻辑研究所揭示的关于形成概念、判断和推理形式所要求的种种具体规则。否则人与人之间便无法沟通与交流，更不能借助文字实现记载与传承。非逻辑思维，严格说，纯属人们内在的心理活动，比如联想、想象或直觉。这类心理活动并不需要，有时甚至难以用言语的方式来表达。然而它们同样具备作为思维所说必须具备的认知的间接性、概括性以及能解决问题等的基本功能，因而它们同样属于思维的范畴，可称之为“非言语思维”。

有关逻辑思维与创造性思维的区别记录于表2-3，以供读者参考。

表2-3 逻辑思维与创造性思维的区别

	逻辑思维主要表现形式	非逻辑思维主要表现形式
从思维基础看	根据现成的知识和现成经验	主要是从猜想想象出发，依赖知识，但追求创新
从思维形式看	体现为形式逻辑思维和数理逻辑思维。形式逻辑思维还分别体现为归纳、演绎、分析、综合、抽象、具体等思维形式	主要为扩散、联想、想象、直觉、灵感等思维形式
从思维方向看	一般是纵向的单向思维，常常是从概括出发，通过比较、分析、判断、推理等形成无误，都能得出正确结论	思维具有多向性，一般有多方向思维扩展和逆转，侧向、转向、合向等各种思维方向
从思维结果看	一般都在现有知识经验范围内，只要前提真实，推理形式无误，都能得出正确结论	创造性思维的结果，有的正确，有的不正确
从思维的各自观点看	用逻辑思维观点看创造性思维：认为创造性思维显得“证据不足”“缺乏理性”甚至显得“荒唐”	用创造性思维观点看逻辑思维：认为逻辑思维过于古板，循规蹈矩，缺乏新意

（2）逻辑思维与创造性思维在创造活动中的联系

现实中，正因为人的思维活动存在着逻辑和非逻辑思维的两种形式，因而人在实际的思维活动中，从生理与心理机能上就不可能将两种思维形式截然分开。由于人的知识、经验乃至性格、年龄上的差异，对于不同的人，面对不同的问题采用何种思维方式，绝对要深思熟虑；而自然是就各自的条件和思维观点因势利导，往往会根据需要交替的使用它们。与此有关的逻辑思维与创造性思维在创造活动中的作用与相互联系，我们从以下几个方面加以说明。

① 从生理机制分析。美国斯贝利教授的“大脑两半球分工说理论”表明，人脑左半球多体现为数学运算、语言表达、逻辑程序等抽象思维。右脑多体现为空间知觉、形象识别、直觉、记忆等形象思维能力（见表 2-4）。大脑分工理论还认为，左右脑虽有分工，但其功能是互补的，它们相辅相成，紧密配合，构成一个统一的控制系统。例如左脑，除了抽象思维功能外，还可以在关系很远的资料间建立起想象的联系，在控制神经系统方面，左脑也很积极地起着主要作用。右脑除了形象思维外，还具有对复杂关系的理解力和整体综合能力等高级功能。从人脑两半球分工说理论看，人们在整个创造过程中不可能只用创造性思维，而是根据创造活动的需要，大脑调动起创造性思维能力和逻辑思维能力，并使它们相辅相成，紧密配合地实现创造目标。可以认为，在创造的不同阶段，两种思维互为主次，一种思维为主，一种思维为辅。例如爱因斯坦谈创新体会时，除了说到他的“思维机制”中的意象“能够予以自由地”“再生组合”外，还说到作为“思维元素”的现象，以及意象间的自由组合与语词或逻辑概念之间的关系。“当然，在那些元素和有关的逻辑概念之间存在着一定的联系，这一点也是清楚的，即那种要最后得到在逻辑上有联系的概念的愿望，正是上述元素的相当模糊活动的基础。”他还说：“在我的情况中，上述心理元素是视觉型的，有的是动觉型的。惯常用的语词或其他符号则只有在第二阶段，即当上述联想活动充分建立起来，并且能够随意地再生出来的时候，才有必要费劲地把它们寻找出来。”

表 2-4　左右脑功能特化

左脑方式	右脑方式
言语表达、注意细节、抽象符号、陈述记忆、元素分析、逐次理解、阅读书写、概念序列、智力推论、数字计算、结构模式、感受节奏、逻辑程序	空间知觉、注意形状、形象识别、表象记忆、完型模拟、平行掌握、图形匹配、体感活动、理解隐喻、情绪体验、开放重组、感受旋律、直觉领域

从爱因斯坦的陈述表明，他的创造性思维过程是由两个前后相继的阶段组成：第一阶段，“富于创造性”的视觉或动觉意象的“‘自由的’再生和组合”，及其“充分建立起来”并能“随意地再生出来的”这属于非言语或非逻辑思维；第二阶段，“费劲地”寻找出“语词或其他符号”，则是言语或逻辑的思维。例证可见爱因斯坦在创造过程中也是使用全脑意识（全脑思维）来进行创造的。

② 从生理发育阶段分析。逻辑思维与非逻辑思维两种思维在儿童阶段尚不能严格地加以区分，甚至是相互混淆地被利用。随着个体发育的过程，逻辑与非逻辑思维逐渐趋于分化，而这一分化过程，也就是个体的认知以及智力发展不断趋于成熟的过程。也就是说，一个人的逻辑与非逻辑思维形式有分化地加以利用的水平，即是认知能力的成熟程度和智力水平高低的一个重要标志。据研究表明，高智商与高创造力之间并不存在简单的正相关，但具有高创造能力者必定具有高智商。在创造性思维过程，也正是有分化地对逻辑与非逻辑这两种思维形式加以适当利用的最为成熟的表现。而且，为完成创造性思维过程，这两种思维形式之间，必然还存在着一种协作互补的关系。

③ 从创造过程分析。关于创造过程，无论有多少种创造过程阶段划分模式，最基本的模式是三个阶段，即准备（主要发现问题和收集资料）—创造（酝酿和顿悟）—验证（主要是实验 / 实践检验和逻辑 / 数学证明）。在这三个阶段中，贯穿始终的是主体的意识与无意识两种心理状态的作用，其表现为紧张—松弛—紧张的循环。

从前面叙述的发现问题的方法可以看到，在创造创新过程的前期准备阶段，除问题的敏感性外，经验归纳法与演绎法都是主要发现问题的方法。反向提问法也同样充分利用辩正逻辑的矛盾关系，至于收集资料，主要是从人类的知识宝库中搜集、整理、分析和筛选现成文献资料，或从前人精神产品，获取知识和经验，这时利用的只能是与之相适应的符合逻辑常规的思维形式。由此可见在创造过程的前期阶段逻辑思维起到不可或缺的重要作用。而经创造阶段后的验证阶段，最主要的就是以符合逻辑常规的程序来检验创造获得的新概念。

只有在创造过程中期的创新阶段，主体则主要是处于内心活动中：或深思苦索、或间歇休闲，直至突然开朗，这时则无须诉诸语言，也无需受制于逻辑规范，所利用的思维形式，则多属于非逻辑思维（深思苦索中同样有逻辑思维的存在，在下面将进一步叙述）。

综上所述人的创造过程也是逻辑与非逻辑两种思维形式，适当利用的最成熟表现。在整个创造过程中，它们是缺一不可，协作互补的关系。

4. 逻辑思维在创造活动中的作用

逻辑思维是人类揭示客观世界的本质和规律的极其重要的思维活动形式。逻辑思维包括形式逻辑思维和辩证逻辑思维。随着科学技术的发展，机械论自然观已为辩证论自然观所取代，辩证逻辑思维，使人们对自然界有了更为深刻的了解。创造活动中，紧张—松弛—紧张的循环，也标示了灵感—顿悟的心理机制。顿悟是紧张思索，“能量”积蓄在松弛期间，潜意识活动中的突发。因此其简单的模式可以归结为积累—突发。积累的过程，正是人们面对问题用已有知识和经验冥思苦想的过程。这一过程不仅有过去的记忆，也有大量针对问题和占有资料的分析、运演、判断、归纳，形成新的形象的过程，因此我们断言在创造过程中的中间阶段，同样有逻辑思维的不可取代的作用。联系逻辑思维在创造过程中，前期和后期的作用我们可以清楚地认识到，逻辑思维几乎渗透到人类获取所有新理论和新知识的每一个过程。

牛顿在发现万有引力定律时的“抛石实验”就是运用了严密的逻辑思维。他的思想实验的思路是：在地球的一座高山上，以水平方向抛射一石块，由于重力作用，石块不是直线飞出，而是沿曲线落到地面。如果除去干扰因素（空气阻力）抛射石块的速度大到一定程度，石块将环绕地球做圆周运动成为地球的卫星（这一点在现在的科技水平，做实地实验也成为普遍可能的事实），就如地球绕太阳转，月球绕地球转一样。那个在圆周运动中抛射力起平衡作用的力就是地球的引力。万有引力，就是这样应用逻辑思维推证出来的。

门捷列夫总结汇集前人的研究成果，于 1871 年制定化学元素周期表，也运用了逻辑思维。根据周期表，可以对一些未知元素作出比较准确的预言。1875 年法国化学家发现了新元素“镓”，除了比重为 4.7，其他性质几乎和门捷列夫预言的“类铝”一样。门捷列夫断然指出镓的比重应当在 5.9～6.0 之间。在那些化学家坚信不会出错的情况下，门捷列夫提出提纯测定的建议，经提纯测定后的结果为 5.94，证实了门捷列夫的预言。反复强调逻辑思维在创造活动中的作用，是想说明新的发明和发现都要依靠非逻辑思维的观点是不全面的。“逻辑”不是万能，但是在科学技术飞速发现的现代，缺乏“逻辑”观点却是万万不能的。逻辑思维不仅在发明创造中发挥其应有的作用，也可以在更高层次上总结创造性思维的结果。具体说来逻辑思维在创造活动中的作用有以下几点。

（1）发现问题

发现问题是创造过程的起点，发现问题的方法很多，通过逻辑思维来发现问题是一条重要途径。在现实生活中，矛盾就是问题，问题本身也蕴涵着矛盾，在某种意义上讲，矛盾与问题是同一的。矛盾在现实中是无处不在的，如理论与理论的矛盾，理论与检验的矛盾，理论与实践的矛盾，生产与技术的矛盾，需求与现实的矛盾等。要发现问题就要对现实进行考察，考察中又会发现新的矛盾。例如某个结论是沿着某一逻辑思路（如海相成油说）推断出来的，但沿着另一条逻辑思路严密地论证却得不出预定的结论，那么就可能导致问题的发现。我国地质学家李四光正是发现海相成油说的漏洞问题，进而得出陆相也能成油的正确结论，并陆续在大庆、新疆等地找出储藏丰富的油田。

（2）直接实现创造创新

并非逻辑思维根本就不能创新，有些问题的创造性解决就是直接用逻辑思维的结果。前面介绍的门捷列夫准确地推断出未知元素的例子就是在发现问题基础上用逻辑思维完成的。天文学上许多新的行星（如海王星）、小行星和星系的发现，也都是严密计算完成的。

（3）筛选设想

不管采用哪些新思维的方法，都可能提出两种以上的新设想或创新途径。面对大的“混沌系统”，有时新的设想可能有几十种成百、上千，这时必须根据可行性、价值和社会效益等进行筛选。筛选的过程，主要用的就是逻辑思维。对每种设想进行分析、比较，做出判断、决定取舍，这都是逻辑思维的任务。

（4）评价成果或验证结论

创造创新成果完成之后要进行鉴定或验证，给出正确的评价，评价过程一般要进行比较，判断其水平；通过计算和预测，判断其价值和经济效益；通过推理说明其应用前景，开发价值和继续发展中的问题与方向。验证也要符合逻辑常规的程序。

（5）推广应用

严格地说推广应用已超出创造过程的范畴，但却是创新不可缺少的环节。创新成果的应用必须经过事物调查，市场分析和预测，营销策略选择，技术经济分析，决定生产规格和生产周期这些属社会学、管理学、经济学的方法都要运用逻辑思维方法来进行。当然，在社会科学领域的创新问题也是情同一律的。

二、归纳思维

人们对客观事物的认识，一般多是从认识个别事物开始的，即先认识一个个单独的对象，然后才能进一步把握其一般规律。归纳思维是一种从若干个同类个别事物或经验知识，概括出一般性认识或结论的思维方法。这种概括常常由部分推论到全体，它能够扩大人们的认识范围，并对已有理论提供一定程度的支持。

1．归纳思维的特点

归纳思维是根据个别知识概括出一般性知识的思维。这种思维的方法称之为归纳法，这种思维的形式称之为归纳推理。其主要特点是：

（1）从个别到一般

例如人们通过实验知道铜、铝、铁等都能导电体，铜、铝、铁等都是金属，由此概括出金属都能导电的一般认识。归纳思维所依据的个别性，知识可分为两种类型。一类是人们通过观察或实验所获得的关于思维对象自身属性的经验知识，例如某些天鹅是白色的，某些金属能导电，某些生物具有年轮等;另一类是人们在思维过程中积累起来的关于“方法”的若干次使用情况的经验认识。例如“多次采用A方案能成功的解决B问题”“某种方法多次使用都是有效的”。

归纳思维之所以能被人们大量运用，是因为人们的认识总是离不开从若干分散的实际情形到一般性概括的过程。而这种从个别到一般的概括遵循了以下原则:如果大量的情况 A（A_1、A_2……A_n）在各种情况下被观察到，而且如果所有这些被观察到的 A 都毫无例外地具有性质 B，所以所有 A 都有性质 B。这一原则在逻辑学上称为“归纳法原则”，它是人们进行归纳思维所依据的原理。

（2）从部分到整体

在归纳思维中，从个别性知识得出一般性结论，除了极为有限的完全归纳概括外，一般的归纳思维过程都拓展了认识范围，也就是说，结论所断定范围超出了前提所涉及的范围，即由部分扩展到了全体。例如前面提到的由部分金属导电，扩展到所有金属物体都导电。

正是由于归纳思维突破了前提所断定的范围，人们的思维才能够突破当前情境的局限而扩大了认识领域，并获得新的知识。例如，当人们得知青霉素能治疗某些人的炎症时，进而认识到青霉素也可以治疗其他人的炎症，一些新药上市前，也正是应用这一道理，通过先行的临床试验而最终得到认证的。

再如高斯的等差数列求和思维就是这种由部分到全体的模式。高斯6岁时，解答老师出的一道题，1＋2＋3＋4＋5＋6＋7＋8＋9＋10＝？，他以超出寻常的速度求得了答案。他的答案是这样的:1＋10＝11，2＋9＝11，而且必然是11，这样推导下去一共有5对这样的加法;5乘11得55，高斯就发现了一个定理的要点。后来归纳为求和定理中的一个公式，即 $S_n=（n+1）n/2$。

需要指出的是归纳思维从部分推论至全体，虽然扩大了认识范围，但其结论不具有必然性。例如，中世纪以前欧洲人见到的天鹅都是白色的，于是认为所有天鹅都是白色的，但后来探险家弗拉明在澳大利亚发现了黑色天鹅。所以天鹅都是白色的结论也就不存在了。

从上述分析中可以看出归纳思维是容易发生“以偏概全”的错误的，也就是说把部分对象所特有的属性，推广到其他对象上，而其他对象又不具有这种属性。因此，在归纳思维中应尽量扩大考察的对象数量及考察范围，注意分析被考察的属性是否为部分对象所特有，以提高概括的结论的可靠性。

（3）扩展认识范围

归纳思维根据对部分对象的认识推论到该类事物的全体对象，所得出的结论不具有逻辑必然性；但它能弥补人的认识能力的有限性，扩大人的认识范围，拓展知识。

英国哲学家培根曾指出：如果人只是作为自然的仆人，仅仅能说明已知的东西，那么他所能做的、所能懂的，只是他已观察到的那样多。此外，“他是既无所知，亦不能有所作为。”他还指出，只有当我们在经验基础上运用归纳法，认识范围就更大和更宽一些，“这样我们才既不至拘执于已知事物，也不至只是松弛地抓着空虚的影子和抽象的方式而没有抓住坚实的和有其物质体现的事物。一旦这种过程见诸应用，我们就将终于看到坚实希望的曙光了。”正是由于归纳思维能够扩大认识领域，拓展知识，人类才能成为自然的主人，才能大有作为，自从戴姆勒发明的第一台汽车问世不过120多年，汽车种类上万种。内燃机成为汽车动力伊始已成为摩托车、坦克、拖拉机、火车、轮船、飞机等多种交通工具或类似交通工具的动力，这不能不说有归纳思维一份巨大的贡献。

归纳思维不仅能从经验认识中概括出科学定律，还可逐步将低层原理升华到高层原理。培根指出：运用归纳法“一步一步由特殊的东西进至较低的原理，然后再进至中级原理，一个比一个高，最后上升到最普通的原理，这样亦只有这样，我们才能对科学有好的希望。”例如，从孟德尔豌豆杂交试验，产生3∶1分离定律到染色体的发现，萨顿、贝特森等又把“染色体”与遗传因子联系起来，使遗传现象研究进入快速发展，包括人类DNA测序，测定人类基因序列变异，开发功能基因技术，开展比较系因研究。与此同时利用基因技术生产具有特殊性能的食物、药品，用改变基因补充缺损基因进行疾病治疗，改良生物品种，或拯救濒临灭绝的珍稀动物研究也在不断深入。这一切充分表明，从归纳思维认识客观事物开始，使科学发展和人们对客观事物的认识一步一步由低级上升到高级，形成普遍的原理。也为创新提供了方向。

应用归纳思维来扩大认识范围、升华知识层次，不仅有其必要性、也有其客观可能性。归纳思维是以同类事物为基础的，是在同类事物范围内的扩大。客观世界中，同类的若干事物，尽管有其特殊性和差异性，但都存在着共性和普遍性，而且共性中还包含有本质属性。如果我们在经验中反映出该类事物的共性，那么所做的推广就有了可靠的基础；如果已知的关于部分对象的经验认识中反映了该类事物的本质属性，那么所做的推广就更可靠。第一台内燃机的诞生的意义不亚于百万台内燃机的出厂，其重大意义就在于抓住了共性和本质属性。

（4）支持理论原理

理论正确与否是要靠经验事实来检验的。一个理论是怎样得到支持的呢？一般来说，当一个理论（或观点）提出来以后，首先要以该理论为出发点推导出大量可以进行经验检验的事实，这些经验事实包括该理论所能解释的已知事实以及所能预测的未知事实，然后根据这些经验事实来支持该理论，说明该理论成立。

归纳思维因其注重个别性事实，它能够利用事实给理论提出支持；同时，因其结论不必具有必然性，因而给理论支持不是充分的，只能是一定程度的支持，即不足以完全证明一个理论。例如“所有金属都导电”这一观点如果成立，那么就可以发现各种金属物体均会导电；经过实验检验，发现许多金属物体均能导电；这些事实支持所有金属都导电的观点。对于某些理论或观点还可以通过实验来得到实证的支持（如上面导电的观点），还有一些理论、观点，根本无法通过实验或实践验证，这时归纳推理，便成为必不可少的事实支持。例如：前面我们曾举证魏格纳受相似联想的诱导提出“大陆漂移说”，而支持大陆漂移说的观点，却是通过归纳推理来实现的。

魏格纳在《大陆和海洋的形成》一书中指出，大陆地板一定移动过，南美洲曾与非洲相连并构成一个统一的地块，此地块在白垩纪时期分裂成两个部分，然后就像冰山破裂后的浮冰块那样，在千百万年的过程中相距越来越远。这一学说是否成立？大陆果真移动过吗？这一切必须有大量的事实论证和支持。为了支持自己提出的大陆漂移说，魏格纳在书中列举了大量的经验归纳事例或数据于以佐证：①大陆测量学的论证：据大陆测量表明格陵兰与欧洲大陆的距离在扩大如1823—1870年每年移动9米，1870—1907年每年移动32米；②地球物理学的论证：地球重力测量和地磁研究表明，大陆系由较轻的刚性硅铝质组成，它漂浮在较重的黏性的硅镁质之上；③地质学的论证：大西洋两岸山系，沉积物和熔岩出现层序几乎完全相同，两岸岩石具有相同年龄、岩相，甚至纹理也几乎相吻合；④古生物与生物学论证：分离开来的两岸岩层中存在着相同的动植物化石，现在两岸生物也有亲缘关系；⑤古气候学的论证：在南美洲、非洲和澳洲南部古生代晚期的地层中发现大量冰川遗迹，而同一时期的北美和欧洲却没有冰川。正是根据这些令人信服的，支持大陆漂移说的证据，人们才认为大陆漂移说是成立的，也慢慢地接受了这一理论。

然而也必须认识到，人们运用归纳思维，以大量事实为依据，支持某一理论，并获得对该理论的接受。可是，大量的经验事实却不能为理论提供必然的证明。因为大量事实也未穷尽所有可能，比如大陆漂移的动力是什么？就是关于物理、地质生物等迹象的论定，也没有关于这些过程原因的假设，这一切使人们认识到归纳法的结论不是最终可靠的；还需要更高层次的理论证明，这一切可能是漫长的，也是人类要不断追求的。

2. 归纳思维方法

（1）不完全归纳法与完全归纳法

① 不完全归纳法。不完全归纳法又称为简单枚举归纳法，是以经验认识为主有依据，根据某类事物的部分对象具有（或不具有）某种属性，概括出某类事物的全部对象都具有（或不具有）某种属性的一般性结论的归纳方法。例如某些生物的生活具有时间上的周期性规律，如鸡叫三遍天亮，蛇、蛙冬眠春觉，大雁春来秋往，牵牛花破晓开放等。人们由此概括出：凡生物的活动都受生物钟支配，具有时间上的周期规律。不完全归纳法可以用以下公式表示：

S_1 是 P；

S_2 是 P；

…………

S_n 是 P；

$S_1 \cdots\cdots S_n$ 是 S 类的部分对象；

所以，所有 S 都是 P。

不完全归纳法，在前提中只考察了某类事物的部分对象，而结论所断定的范围已超出了前提所断定的范围，因此，其前提与结论间的联系不是必然的。也就是说，即使前提中每一断定都是真的，也不能保证结论是真实的，只能说在一定程度上是真实的。不完全归纳法，在前提中考察某类事物的部分对象数量越多，其结论的可靠性，概率就越大；反之考察对象越少，事实越粗略，往往就会产生“以偏概全”或“轻率概括”的逻辑错误。为了提高不完全归纳法结论的可靠性，必须注意以下两项要求：第一，增加考察事物的对象的数量，范围和细微程度；以尽可能减少疏漏，提高可靠性程度。第二，注意收集可能出现的反面事例，及早发现反面事例可以否定结论，避免结论应用的错误，如果没有遇到反面事例，也可以进一步巩固结论的可靠性。

虽然不完全归纳法，不是一种必然性思维方法，但是却有实施相对简单的长处；而且它能够突破前面所提考察对象范围的局限性，扩充人们的认识领域，帮助人们作出新的科学发现，因而，在科学研究与创新活动中得到较为广泛的应用。

② 完全归纳法。完全归纳法（根据某类事物的每一个对象具有或不具有）某种属性，概括出某类的全部对象都具有（或不具有）某种属性的一般性结论的方法。完全归纳法的表达公式为：

S_1是P；

S_2是P；

…………

S_n是P；

S_1……S_n是S类的全部对象；

————————————

所以，所有S都是P。

完全归纳法其前提与结论之间的联系是必然的。在运用完全归纳法过程中，前提反映了一类事物的所有对象，并且对每一对象断定是真的。完全归纳法因其升华了经验知识，因此是一种重要的思维方法，它有助于人们作出科学发现。同时，完全归纳法因其前提与结论之间具有必然性联系，因此也可作为证明的方法。这就是说，为了论证一个一般性的原理，可以在考察这一原理所适用的每一对象（或范围）都成立的基础上，断定这一原理在所有这些场合都成立，从而证明这一原理的真实性。

（2）科学归纳法

科学归纳法又称因果关系联系法，是通过观察或试验，依据部分事物的某现象与另一现象之间的密切联系，从而推出这两种现象之间具有因果联系的归纳法。

科学归纳法比以经验为主要根据的不完全归纳法具有更高的可靠性。例如雁、燕子、天鹅等候鸟一年一度南去北归，人们会自然地把候鸟的迁徙与一年春秋四季气温变化联系起来。应用不完全回纳法，可以做出每年气候暖转寒又复南去的一般性结论。如果仔细分析，候鸟迁徙时的条件变化有两种：一是温度的变化；二是日照时间长短的变化。加拿大洛文教授为探求本源，曾将秋天捕捉的几只候鸟分成两组，在入冬以后，一部分置于白天一天短于一天的自然环境，另一部分则置于日光灯照射下近似于白天一天天延长的人工环境里，到了12月间，将二组鸟全部放飞，结果发现日光照射下的候鸟像春天的候鸟一样向北飞去，而在自然环境中的鸟则留在原地。洛文教授花费20多年的工夫，终于得出结论，候鸟迁徙的原因不是气温的升降，而是昼夜长短的变化，终于解开了候鸟迁徙之迷。科学归纳法包括以下几种方法：

① 求同法。求同法就是在不同中求同。如果考察被研究现象许多事例中，仅有一个共同情况，其余情况各不相同，则这个唯一的共同情况，就是被研究现象的原因（或结果）。例如某厂饭后一批工人出现食物中毒现象，经调查，他们分别食用米

饭、馒头、饺子、面条和食堂出售各类蔬菜，喝过酒、开水、矿泉水，有些人还服过药物，但是每个人都吃了食堂出售的炸虾，由此可以推定炸虾是促成食物中毒的原因。求同法可以用公式表示如下：

场合	先行（后行）情况				被研究现象征
1	A	B	C	D	a
2	A	D	E	G	a
3	A	F	G		a
n	A				a

所以，情况 A 是现象 a 的原因或结果。

求同法是根据部分场合中所显示的关系来推论两现象间的因果联系，而且是以相关场合中有一个共同情况为基础的，因此其前提与结论之间的联系不具有必然性。应用求同法时，为了提高其结论的可靠性程度，既要尽可能增加考察的场合，还要注意分析先行情况中有无其他共同情况，以便真正确定共同情况的唯一性，此外，还要注意分析先行情况中唯一共同情况与被研究现象间的相关联系，以便确定两者之间是否存在因果关系。例如积雪和棉花有许多不同之处，但都有保温的效果，二者表面的相同点是颜色相同，内在的相同点是疏松多孔、能储存空气。显然颜色不是保温的原因，疏松多孔才是保温的原因。使用求同法不能仅凭表面情况匆忙地下结论，否则就可能产生谬误。

② 求异法。求异法是指如果在被研究现象出现和不出现的两个场合中，仅有一个情况不同且仅出现在被研究现象存在的场合，那么，这个唯一不同的情况是被研究现象的原因或结果或必不可少的部分原因。候鸟迁徙就应用求异法进行推理的。又如某教授为了推广柿树剪枝技术时，把一块柿树园一分为二，除自然条件相同外，其他条件（施肥、灭虫、灌溉、除草等）也都相同，其中一块柿树剪枝，另一块不剪枝。收获时剪枝的一块柿子的产量比不剪枝的一块柿子产量高三成以上。则剪枝是提高产量的原因。求异法可用公式表示如下：

场合	先行（或后行）情况汇报			被研究现象
1	A	B	C	a
2	—	B	C	—

所以，情况 A 是项象 a 的原因（或结果）。

求异法是“从同中求异”，它就必须有正反两个场合，并根据在两种场合被研究的现象出现与不出现来推论两种现象的因果联系。因为是以当前情境中唯有一个情况不同为基础，尚未考察其他场合；因此，前提与结论之间不具有必然性联系。

由于求异法以实验观察为依据，可以经过人们自觉的安排，因此它的结合比求同法的结论更为可靠。如果要进一步提高结论的可靠性程度，可以增加考察场合，但同时也要注意分析两场合中有无其他差异情况，以便真正确定“求异情况”的唯一性。

因为求异法所得结论可靠程度高，常被人们用来探寻现象间的因果关系。具体做法是：把被研究对象分为实验组合和对照组合；在实验组合中加入某种情况（即某种条件，某种原因）进一步观察被研究对象是否出现；在对照组中，不加入某种情况。再将两个场合的情况进行比较，推出可靠性程度较大的结论。

科学史上许多重要发现和科学原理都是在科学实验中，使用求异法取得的。例如“空气能传声”“氧气能助燃”“磁场变化可以产生感应电流”等原理都是运用求异法得到的在技术创新中也有较大的作用。

③ 共变法。共变法是指如果在被研究现象发生量变的若干场合中，唯有一个情况也发生量变，那么这个唯一变化的情况便是被研究现象的原因（或结果）。例如：在20世纪50年代我国森林覆盖率为19%，60年代为11%，70年代为6%，80年代不到4%。随着森林覆盖率的逐年减少，植被大量破坏，削弱了土地对雨水的拦蓄作用，一下暴雨，水卷泥沙滚滚而下，使洪涝灾害逐年严重。可见森林资源的破坏，是酿成洪灾的原因（原因之一）。共变法可以用公式表示如下：

场合	先行（或后行）情况			被研究现象
1	A_1	B	C	a_1
2	A_2	B	C	a_2
3	A_3	B	C	a_3
4	A_4	B	C	a_4

所以，情况A是现象a的原因（或结果）。

共变法是“从同中求变”，是根据部分场合中被研究现象与另一情况在数量或程度上的变化关系来推断现象间的因果联系的，这种量的变化虽呈现出一定的函数关系；但是，共变法的前提与结论之间不具有必然性联系。与求同法求异法不同的是运用共变法时，先行情况与被研究对象在考察的几个场合始终存在，只是量上发生一定的变化，根据这种变化，不但能找出原因，还能初步确定原因与结果之间的函数关系，因而其结论有较大可靠性。

共变法在科学研究与技术创新中都有很大作用，它不仅可以用来确定因果，而且也可以用来作为反驳事物间具有因果联系的根据。只要我们能够证明假定原因的变化并不引起作为预想结果的变化，我们就可以因此而否认它们之间可能存在的因果联系。

在一些不能用求同法或求异法的场合，共变法是可行的方法。例如温度、压力、引力、摩擦力等是无法消除，或很难消除的，但是却可以用共变法，从量的变化上来研究与这些情况有关的现象间的因果联系。科学史上许多定律和学说都曾借助共变法才得以确立的，如波义耳定律、查理定律，都是通过共变法得到的。

共变法对一些仪器的设计（构造）与创新也是有作用的。因为这些测量仪器和仪表（温度表、压力表、里程表）等的构造都是以互有因果关系的现象间的共变关系为基础，从而也就可以使我们能根据一种现象的量来判断另一种现象的量。一些社会科学现象与环境现象也是如此。

应用共变法应注意以下事项：首先，与被研究对象发生共变的先行情况必须是唯一的。也就是说，运用共变只能有一个情况发生变化而另一现象随之发生变化，其他情况应保持不变。其次，考察两个现象之间共变关系时，要注意保持其他条件不变。否则容易出现错误。最后，现象之间共变是有限度的，超过这个限度就可能失掉原来的共变关系。

④ 剩余法。所谓剩余法是指如果某一复合现象是由另一复合原因引起的。那么，把其中确认有因果联系的部分减去，则剩下的部分也必然有因果联系。例如海王星的发现，就应用了剩余法。1846 年前一些天文学家在观察天王星的运行轨道时，发现它的运行轨道和按照已知行星的引力计算出来的，它应运行的轨道不同，发生了几个方面的偏离。经过观察分析，知道其他几方面的偏离是由已知的其他几颗行星的引力所引起的，而另一方面的偏离则原因不明。事实引起天文学家的注意，既然天王星运行轨道的各种偏离是由相关行星的引力所引起的，而且几方面偏离是与另几颗行星的引力的作用对应的，那么剩下的一处偏离必然是由另一个未知行星引力所引起的。据此推断，天文学家和数学家推算出这个未知行星的位置。1846 年按照推算的位置，果然发现了一颗新的行星——海王星。居里夫人对镭的发现也运用了剩余推理的方法。

剩余法可用公式表示如下：

复合的被研究现象 abc 是其他复合情况 ABC 作用的结果：

a 是 A 作用的结果

b 是 B 作用的结果

所以，c 是 C 作用的结果

剩余法是由余果求余因，也就是说剩余法是研究有几个原因同时起作用而发生的那些现象的原因。为了能运用剩余法来推论现象的原因，就必须首先知道某一复合现象的一部分，是被研究中一部分现象的原因；因而剩余法不能成为研究现象间因果关系的一个开始的方法，而必须以前述几个方法所推出的结果为基础，或者说它必须以其他方法所求得的一部分因果联系作为前提条件。

所谓从余果中求余因，即在复合现象中把已确认有因果联系的现象减去，再求剩余现象的原因。但“余因”情况是比较复杂的，它可能是某种已知的复合原因的某一部分，也可能是复合原因的未知部分。如果所推论的“余因”是未知情况，那么该推论仅是一种猜测；如果推论的余因是已知情况但由于考察场合有限，并且该余因是复合原因中的部分，它不一定是引起余果的单一原因。因此剩余法的前提和结论之间不具有必然性联系。应用剩余法时，为了提高其结论的可靠性程度，既要尽可能增加考察场合严格分析已知现象间的因果关系，还要注意“余因”是否是唯一的。

例如居里夫人和她的丈夫，为了弄清一批沥青铀矿样品中是否有值得加以提炼的铀，而对其中的含铀量进行测定。测定时却发现几块样品的放射性甚至比纯铀的放射性还大。这就明显表现出这些沥青矿石中一定含有别的放射性元素。由于这种放射性元素用普通化学分析方法不能检测出来，所以又可以认为这些未知放射性元素可能是非常少量的，但是放射性又是很强的。居里夫人就又搞来几吨沥青铀矿石，经过不懈努力，终于在这些黑矿石中找到了这些微量的新元素，分离出极小量的黑色粉末，即纯镭的氧化物。居里夫人所采用的推理方法就属于剩余推理方法。

使用剩余法应当注意：第一，必须确认被研究复合现象的一部分（如 bcd）的确是某些情况（如 BCD）而剩余部分（a）不可能是这些情况（BCD）引起的，才可以断定 A 和 a 有因果关系，否则剩余部分（a）实际上就应也是 BCD 这些情况，或其中某些情况（如 B 或 C，D）作用的，那么就不能断定 A 和 a 有因果关系。第二，复合现象的原因是复杂的，有时剩余部分的原因 A 不一定是单一的，还可能是复合情况，因此要作进一步分析，才能找到真正原因。

三、演绎思维

演绎思维是一种从一般性知识推演到个别性知识，得出新结论的思维方法。在演绎思维中，一般性知识（如理论性知识、规律性知识等）起着重要作用，它既为人们的思维推演提供依据，也为人们的行为提供规范。思维推演活动既不同于归纳概括，也不同于横向类推，它借助于一般性的理论知识，来推论某类个别性事物所具有的属性。

思维推演中所依据的理论知识，是相对于经验而言的。它是以全称命题形式表述的关于概括经验事实共性的经验定律和反映事物间普遍性的理论原理。如“所有金属都是导电的”“物体都是热胀冷缩的”均属经验定律;“光的本性是波粒二象性的”则是理论原理。理论性知识，无论是经验定律还是理论原理，都概括了一类事物的普遍性特征或普遍性规律，它涵盖了该类所有个体的共同性;因而适用所有个体事物。理论性知识为人们推断它所涉及的具体经验事实提供了依据。

理论性知识具有普遍性特征，因而具有规范和指导作用。在一切政治、经济活动中，政策法则为人们提供了规范和指导性政策，是创新活动中必须遵守的原则。在科学研究活动中理论的指导就更为突出，科学研究是一种探索自然奥秘或客观事物规律的创造性活动，除很少简单偶发的现象外，常常是以事实信息和有关理论为依据，对未知现象或规律作出猜测性说明，从而建构新的理论。爱因斯坦的相对论是极富有创造性和“自由发明性”的，但其本人也坦诚是根据伽利略发现的力学运动的相对性以及光在真空中总是以一种确定速度运动的理论提出“相对性原理”和“光速不变原理”两个公设的，并申明狭义相对论起源要归功于麦克斯韦的电磁场方程。科学研究中的观察、实验操作与分析也都离不开理论的指导。

在认识社会和改造社会的活动中，理论的作用和影响更是不可低估的，可以说社会发展是连续的，人类社会每前进一步，都离不开先进思想与科学理论的推动。

1. 演绎思维的特点

（1）从普遍性到特殊性

演绎一词来自拉丁文 deductio（引申），后来它泛指从一般到个别的指论，即以某些一般性（普遍性）的知识为前提，推出个别性（特殊性）知识的结论。

例如:尼龙纤维有不亲水的特性，用尼龙纤维布料制成晴雨伞，轻而耐用，大受顾客青睐。液体有自由流平的特性，引用这一原理，研制成浮法制造玻璃的工艺，使玻璃的质量也有显著提高……这一切都是演绎思维创新成果的例证。

（2）结论受到前提的严格限制

所谓结论受到前提的严格限制，就是演绎思维从一类事物理论到该类的部分对象，结论所断定的范围决不会超出前提所断定的范围。比如“所有金属都是导电的”其断定的范围是金属，如果是非金属则就因为超出了断定的范围，也就不一定导电，水可以导电，而木材就不导电。

（3）推断的必然性

演绎思维从一般到特殊，结论所断定的范围不超出前所断定的范围，结论也就被前提所蕴含，即前提与结论有必然性联系。真前提必然能推出真结论。前提与结论这种必然联系或称作结论的必然性是就其逻辑形式而言的，而不是指结论的真实性。结论真实性，既依赖逻辑形式的正确又依靠于前提的真实。

例 1：凡具有导热性能的物体都是金属。

水具有导热性能。

所以，水是金属。

这个推理，尽管推理形式是正确的，但前提不真实（有导热性能的物体不都是金属），因而推出的结论不真实。

例 2：凡金属都具有导热性。

水具有导热性能。

所以水是金属。

这个推理，推理形式不正确（两前提中共同项具有导热性能尚未能断定一类事物的全部对象），尽管前提是真，但结论未必真实。

（4）深化认知领域

演绎思维从一般到特殊，可以依据客观事物联系的普遍性和层次性，作出层层递进，连锁推导，从而不断深化认知领域，也为创造扩展了途径。

例如人们可以根据“环保”作用的现象用演绎思维方法作出层层推导。

植被覆盖率增加→水土保持良好；

水土保持良好→气候湿润；

气候湿润→降雨量增加趋于合理；

降雨量增加趋于合理→植被增加（循环）（降雨量增加趋于合理→农作物利于生长）；

农作物利于生长→增产增收；

增产增收→人民生活提高；

人民生活提高→增加环保认识；

增加环保认识→促进植被保护与增加（循环）。

通过推导可以在扩大和深化认识的同时增加了人们的环境意识和积极性。

我们还可用依据杠杆原理，运用演绎思维方法，可以推演产品的制造原理。如生产生活中的工具：扳手、钳子、剪刀……工业产品中的齿轮传动、链轮传动、叶轮泵与风机乃至吊车、挖掘机等，单就一台汽车应用杠杆原理的就有操纵杆、离合器踏板、油门踏板、自动器踏板、发动机的曲柄连杆机构等。通过这种演绎思维不仅扩展了知识范围，也为创新提了很多新的思路。

2. 演绎思维的方法

从一般推导特殊的演绎思维，有多种具体方法和形式，大致可分为直接推理、三段论选言推理、假言推理等。演绎思维结合科学探索活动的思维实际，还有演绎解释法、演绎预测法、演绎论证法和公理证明法。下面仅就几种常用的基本方法介绍如下。

（1）三段论法

三段论法是指从两个含有一个共同性质（概念）的判断推出一个新的性质（结论）判断的演绎推理方法，例如：

所有天体都是运动的

地球是天体

———————

所以，地球是运动的

在这里，前两个都是性质判断（断定事物具有某种性质），其中都包含着一个共同项（天体）。通过两个共同项的判断，推出一个新的性质判断。三段论可用以下形式表示：

所有 M 是 P

S 是 M

———————

所以，S 是 P

应用三段论方法时应遵守以下几项原则：

首先，两项前提中的共同项应是同一个概念，防止同一词语不是表达同一概念，而引起判断模糊或错误，例如群众是真正的英雄，某人是群众，某人是真正的英雄；这里的两个群众就不是同一概念。因而也就不能判断某人一定是真正的英雄。

其次，两前提中的共同项（中项）至少周延一次。

再次，前提中尚未断定一类事物全部对象的项，在结论中不得扩大。

最后，结论否定，当且仅当两前提有一否定。

（2）假言推理

假言推理是根据假言判断所断定的前后条件的逻辑关系而进行的推理。这里的假言判断是断定一事物情况（称为前件或大前提）是另一事物情况（称为后件或小前提）条件的判断。而前件与后件的条件关系，有充分条件、必要条件和充分必有条件三种。假言推理就是根据不同前后件的逻辑关系（条件关系）来进行的。假言推理也是确实可靠的推理。例如：

① 如果某汽车排量大，则某汽车起步性能好；现查实该汽车为大排量汽车，所以它起步性能好（即若 A 则 B；A 所以 B）；

② 如果 ×× 获得规定必修学分额，他才能获得学士学位（证书）。×× 未修满规定学分，他不能取得学士学位（证书）（即只有 A 才 B；非 A，所以非 B）；

③ 当且仅当一个三角形的三个角相等，它的三条边相等；某个三角形的三个角相等所以它的三条边相等（即当且仅当 A 才 B；A 所以 B）。

以上三例①为充分条件假言推理，②为必然条件假言推理，③为充分必要条件假言推理。

（3）选言推理

选言推理是以断定若干个可能情况的选言判断作为前提，并依据选言判断的逻辑特征来进行的推理。常见的选言推理是前提中断定了若干事物可能情况并且排除了其中部分情况，结论中断定未被排除的其他情况的存在。在实际运用中假言推理与选言推理也常常结合在一起使用。

例如，日本 ×× 公司给我国 ×× 钢铁公司寄来一箱资料，装箱单上写明资料有 6 份，开箱检查时只有 5 份，为此，双方各执己见而发生争执。一开始，我方明知是 5 份材料，面对日方绝对无误的说法，明知其错，却苦无证据，经过慎重思考，便选用演绎推理的思维方法，用结论证实了日方漏装的事实。其具体推理方法是：

① 首先选用选言推理，排除邮寄途中遗失的这个前提。其步骤是：

第一步，材料数量发生错误，可有三个可能情况：可能情况 1：日本装箱错了；可能情况 2：邮寄过程遗失了；可能情况 3：我们遗失了的选言判断作为前提。对此日方表示接受。

第二步，因为包装封签完好，包装无损，得出结论：遗失的可能只有日方和我方，在事实面前日方也表示接受，但仍然是个悬而未决的问题。

② 可用假言推理推定结论。其步骤是：

第一步，设定邮寄重量为 5A+B，A 为 1 件材料重量，B 为包装重量，对 5 份材料或 6 份材料，B 均为常数，因此实际的“前提”条件是 5 份材料的重量（邮寄重量减 B 即为 5A）。

第二步，对 5 份材料实际称重，是 5A，结论是邮寄的是 5 份材料。在事实面前日方不得不接受邮寄的材料是 5 份的事实。最后日方自己经过查询也确认是少装了一份材料。

这类选言推理，可用以下公式表示（这个公式也可不用）。

或者A，或者B或者C，

非C

所以，A B。

运用选言推理应注意以下问题：

第一，前提应穷尽有关事物的所有可能情况，以确保至少有一种情况存在。否则推出的结论不一定是存在的。如“二人对弈，甲未赢”，就不能推出甲输了的结论。因为可能弈成平局。

第二，运用选言推理，还要注意前提中选言判断所反映的若干可能是否可兼容。如果它们是可兼容的，那么不能肯定一部分而否定另一部分。例如某案件有两个嫌疑人甲与乙现已查明甲作了案，但不能必然推出乙一定没作案。

四、溯因思维

溯因思维法是根据某现象推测此现象产生原因的思维方法，它具有推测的特征，因而，具有多元试错性以及推论的或然性。

现象是事物或问题情境的直接反映，现象的来源是事物或问题已产生某种客观事实（结果）的反映。为什么产生某种现象是有原因的，作为直观的现象，客观上反映了事物内在的因果关系。因此要深入了解直接针对现象的溯因思维，我们首先从因果联系开始讨论。

1. 因果联系的特征

世界纷繁复杂，现象相互交织；一种现象由其他现象引起，也会引起另一现象；一种现象会引起多种现象，也可能由多种现象引起一种现象；现象与现象相互作用，互为因果。客观现象错综复杂，为了有效地运用溯因思维来探究现象的内在机理，必先全面了解因果联系特征。

（1）因果联系的基本特征

因果联系是客观现象之间普遍联系的一种方式。如果一个现象的存在必然引起另一现象的发生，这两个现象之间就具有因果联系。因果联系是一现象引起另一现象的必然性联系方式。构成因果联系的两种现象中，引起某个现象的现象就是原因，被某个现象引起的现象就是结果。例如：

例 1：物体摩擦引起物体发热。

例 2：物体发热引起物体膨胀。

在例 1 中物体摩擦是原因，物体发热是结果；例 2 中物体发热是原因，物体膨胀是结果。从实例中，我们可以发现因果联系的两个基本特征。

① 现象间在时间上的先后相继性。因果联系的两个现象，原因总是在前，结果总是在后。因此，在探求现象间的因果联系时，总是在某一现象之前的若干现象中寻找原因，或在某一现象之后的若干现象中寻找该现象所带来的结果。

② 现象间因果联系的必然性。作为原因的现象，必然引起结果，作为结果的现象必由原因引起，“有果必有因，无因也无果”是必然的客观现实。

应当注意的是因果联系的两个基本特征，在现象的因果联系中是并存的，二者不可或缺。单有时间先后相继性，不一定都是因果关系。如日以继夜，虽有相继关系，但无必然性和因果关系，因为日夜之分的原因是由地球绕太阳公转并自身自转所至。单有必然性而无时间先后相继性的现象同样也不是因果关系。如水蒸发变成蒸汽，冷凝又成为水，使水形态转变是温度所至，二者之间也无因果关系。

（2）因果联系的复杂性

“混沌”是现实自然出现的最概括的现象。从大系统思维角度分析，自然界构成一个最庞大的系统，大系统又层层划为不同层次的子系统，运动相关与联系是系统的本质特性，因而客观世界中的因果联系也是非常复杂的。当我们说某一现象是原因，另一现象是结果时，仅仅是就系统中最基本单元的两个单个现象而言的。正如恩格斯所指出的：“为了了解单个的现象，我们就必须把它们从普通联系中抽出来，孤立地考察它们，而且在这里不断更替的运动就显现出来，一个是原因，一个是结果。”因果联系的复杂性，常常表现为以下几种情况：

① 某一现象既是原因又是结果。客观世界的事物是不断发展变化的，因果变化关系构成事物发展变化的链条、环环相扣；现象引发现象，既是原因又是结果，如前例中的物体发热的情况即是如此。

② 因果两现象相互作用互为因果。客观现象在变化发展中常常相互作用、相互影响；如果绿色植被茂盛致使水土保持良好，若水土保持良好，又促进绿色植被茂盛。互为因果关系，形成环境保护的良性循环。

③ 一果多因。一果多因，即某一现象由多种原因共同引起或由不同原因分别所致。在客观世界中这种现象可谓比比皆是，也是创造性思维活动中，必须面对和必须深入思考的问题。比如美国的经济危机就是由多种原因造成的：诸如次贷危机、房地产业盲目开发、超前消费意识、庞大的军事开销、企业发展不平衡等。

当然，在一果多因的情况下，多种原因对结果所起的作用是不一样的，引起某一现象的原因也有内因与外因、直接原因与间接原因、主要原因与次要原因，考虑因果关系时必须全面分析、主次分明、寻求主要原因，进行优化处理。

④ 一因多果。一因多果，即一种现象可导致多种不同结果。在因果联系中，同一现象作用于不同的对象可导致多种不同的结果；在因果联系中，同一现象作用于不同的对象可导致多种不同结果，或同一现象在不同条件下作用于同一对象也会产生不同的结果。例如，同一种厄尔尼诺现象会导致许多不同地区气候极为异常，或寒冷、或炎热、或多雨、或干旱，甚至导致农作物异常生长。

此外因果联系中还有其他的复杂情况。例如有时几种现象在一定条件下形成相互制约的因果循环链。例如某厂产品质量差导致市场占有率下降，市场占有率下降导致产品积压。产品积压导致资金短缺，资金短缺导致技术创新无成果、技改无成果、产品质量无法改变……如此陷入一个恶性循环。

2．溯因思维及其特征

（1）溯因推断

溯因思维法是从待解释的事实出发，通过分析各种背景知识和初始条件，一步步向回探索从而创造或选定最佳的假设；使得从最佳假设，背景知识和初始条件出发，能逻辑地演绎出待解释的事实。

溯因推理的一般模式可表达为：

B　　　　待解释的观察陈述（现象）。

A—B　　　猜测性假说可导出观察陈述。

所以，A可能真，被猜想的理论成立。

从公式中可以看出这种溯因法在逻辑结构上包括以下要素：①待观察陈述，遇到的现象，令人注意，并对现象有所认识。②导致观察现象的可能原因，即找到一个猜测性假说A，它能作为B的原因，并解释它。使B现象的发生，变得可以理解。③关于猜测性假说，蕴涵观察陈述的命题。即在前②的基础上有充足的理由去推敲假说（A），使它成为可能的假说，它来自于前提（B）又可以解释它。

溯因推断在科学研究中占有重要地位；哲学家皮尔斯和科学家汉森都非常推崇溯因推断，并将其看作形成假说的推理形式。皮尔斯将科学研究分为三个阶段，三个阶段分别对应三种不同的逻辑方法：第一种方法，通过溯因形成和发现假说；第二种方法，通过演绎从假说中推出可检查的命题；第三种方法，用归纳和实验使假说合理化。

皮尔斯认为溯因是形成解释性假说的过程，是提出新观念的唯一的逻辑操作。可以说溯因是理论生成的逻辑。对于溯因方法的这种逆推特征，汉森结合物理发现“电子”这种微观粒子性质的事例指出:“粒子的性质是被物理学家发现的和（在某种意义上）决定的。令人惊异的现象被观察到了，并且要求解释。理论家寻求他能够从中产生这些现象的解释的概念，他渴望把资料置于一个可理解的概念模式中，一旦做到了这一步，他们就会知道基本实体究竟有哪些性质;他通过逆推得到这一点。为了使推理到电子的粒子行为和波动行为都是可能的，物理学家形成了一个电子概念，而这样形成的概念不可避免地是不可描绘的。观察在增加，性质则被逆推到“电子”概念中，从这些性质理所当然地产生出一个新的解释。除非这会导致不可靠的推论，否则具有这些性质的粒子为基本的理论就被认为是解释了这些现象。”在这里，汉森明确地说明了“电子”概念是从观察现象中逆推出来，它体现产生原因的逆推特征。

（2）溯因思维的特征

① 从现象到原因的推测。前面我们对此问题已进行了讲述。现以“海王星”发现过程为例来说明这一问题。1820年，法国天文学家布瓦德根据天体力学原理计算出天王星的运行轨道，但是理论值与观察值极不相符。它促使天文学家从观察记录与理论计算两方面寻找原因。通过考察观测技术水平，误差范围与对其他行星的观察相比较，否定了系统观察记录有误，肯定原因在于计算上。于是出现各种假说，“宇宙漩涡假说”“灾变假说”“未知恒星假说”“未知行星假说”牛顿万有引力公式需要“修正”等;沿着各个思路进行研究，均无法解释天王星的摄动现象的原因。于是，“未知行星”，假说便成为公认的假说，最终找到了海王星。

从以上例证可以看出:第一，“未知行星说”是从计算出现误差这一结果引发的。第二，从多种假说的形成可见溯因并不是一种逻辑推理的形成，而是一种猜测性的帮助发现的推断。第三，通过溯因推断形成的假设，只能当作一种值得进行详细考虑和严格检验的猜测或有希望的建议。因此溯因推断结论不是完全可靠的，必须经过进一步检验。

② 溯因推测的或然性。溯因思维是从已知的结果出发，寻找其原因，从已知的推断出发，追溯其理由，是一种试探性的推测，不具有必然性。必然性推理是从A并且如果A出发，推出B，即必然性推理是从原因推出结果。溯因推理是从结果推断原因，同必然性推理方向正好相反。必然性推理前提真则结论必真，而溯因推理前提真，结论只是或然真，因此，它属于或然性推理。如某人发烧，则他有病;但某人有病，他不一定发烧。前例中天王星摄动现象形成多种假说，只有未知行星假说

为真，是具有或然性的。尽管溯因推理结论是或然的，但运用却十分广泛；如医生运用溯因推理给病人找出病因、修理工用溯因推理寻找汽车故障等。

③ 溯因推理的多元尝试性。客观事物中某一现象所涉及的因果联系复杂多样，某一现象可以由不同因素分别导致，也可以由复合因素同时作用引起，加之事物现象的机理本来是隐藏其后的。这样，人们对事物现象机理的认识常常要经历多次试探、多路尝试。例如粮食作物低产，如果是地域普遍性则影响因素，有气候变化、水灾、旱灾、风灾、虫灾等因素引起的；如果不是普遍性的，除考虑上述总体因素，还要考虑施肥、土质、种子等因素；这些因素，又与作物种类相关。因此，必须根据前提条件进行分析和多路尝试和试探而寻求最有影响的原因。

④ 溯因思维的创造性。从现象出发去推测导致该现象的原因或机理，需要富有灵活性的创造性思维。溯因思维其他条件制约的程度较小，只要解释某现象有用的观点、理论，人们就会去猜测；这种推测相当灵活，这样就为创造性思维拓展了途径，帮助人们较有成效地猜测到隐藏于该现象深处的机理。

事物现象的机理具有非观察性，不可进行直接的经验描述，对它的认识只能是大胆地进行创造性的猜测。科学史上许多理论原理的发现都表现出这种创造性特征。开普勒透过行星运行的观察现象，对行星运行机制进行大胆的创造性猜测，从而发现了行星运行理论。泡利关于中微子的设想，既不是逻辑的虚构，也不仅仅是对直接、大量观察现象所做的概括性描述，而是一种经过创造性思维加工的逆推结果。

爱因斯坦认为“理论是被发明出来的”，并明确地将理论原理的创立归结为根据经验事实（或思想实验材料），所做的创造发明或理性真觉的跃迁。从另一个角度分析、创造，尤其是技术创新，大多数问题属于“因果”关系问题，也就是根据现实中的现象，去寻求原因解决问题，达到创新的目的，也就是客观现实也为溯因思维，提供了广阔的创造空间。

3．溯因思维方法

溯因思维的基本模式是从现象到解释性原理的推测，而将它应用于不同场合，就形成了若干种具体的思维方法。

（1）溯因解释法

溯因解释法是对已知现象的机理（或原因）作出回溯的思维方法。它是溯因思维的典型形式，可用公式表示如下：

E　已观察到的某现象。

如果H，则有E　猜想理论H成立，则E可被解释。

所以，H　猜想理论成立。

（2）并案溯因法

并案溯因法，是指根据若干现象或事实在许多方面具有相同或相似的特征，去推测这些现象或事实是由同一原因所致的溯因方法。并案溯因法的逻辑模式可表示如下：

E1 具有属性 a、b、c

E2 具有属性 a、b、c

…………

E3 具有属性 a、b、c

如果 H，则 E1、E2…En 具有属性 a、b、c

因此，H

这种方法体现着并案归纳与并案溯因的综合使用，它在并案归纳概括基础上，再推测若干案例之所以具有相同特征的原因。例如：

2002 年末至 2003 年春，中国及世界范围内 30 余个国家和地区先后出现了一种传播性与感染性极强的严重急性呼吸系统综合症（Severe Acute Respiratory Syndrome，简称 SARS），又称“非典型性肺炎”。据报道，2003 年初春，广东几所医院先后接诊了多名特殊发热患者，发现他们都有发热、头痛、干咳、少痰和全身酸痛乏力等症状，部分病人有气促等呼吸困难症状，少数进展为呼吸窘迫综合症，早期白细胞正常或降低，肺部影像学显示肺炎改变。广东省卫生厅新成立的专家组对 30 多名病人症状分析后认为，这种肺炎症状不同于人们已知的一般的典型性肺炎，而是一种新病毒引起的肺炎。于是，他们在 2003 年 1 月 22 日的报告中将此病命名为“非典型性肺炎”。

在此例中，广东省卫生厅专家组的分析，在运用并案归纳概括基础上又运用了并案溯因推测。并案溯因法是一种或然性推理方法，其前提与结论没有必然性联系。因此，运用此方法时，一要注意对若干案例之间的相同属性的归纳概括是否可靠；二要注意若干案例之间的相同属性是否为同一原因所引起。

在考察产品质量和出现频率较多的技术问题并案溯因法有较多的应用。并按照溯因方法对若干事件现象的同一原因的推测尽管有一定的成功率和合理性，但这种推测并不具有必然性。因此，运用并案溯因法，要注意提高结论的可靠性。一般说来，若干现象间的相同或相似属性越多，引起这类现象的原因相同的可能性越大，溯因的推测结论越多，引起这类现象的原因相同的可能性越大，溯因推测结论越可靠。

（3）事件过程溯因法

事件过程溯因法是指根据若干事件现象，推测事件现象、现象产生原因及其内在联系的溯因思维方法。这种溯因法所探讨的，不是隐藏在现象深处的机理，而是事件过程的内在联系。

客观世界中任何一件事件的产生，必由其他事件引起，若干有关事件之间也有着一定的联系。人们可根据丰富的经验知识和科学原理，合理地追溯事件产生的过程。例如，某交警队处理一起交通事故，并作出事故鉴定。

现场位于乡间坡路交叉路口处，现场状况如图 2-1 所示：交叉路口前 30 米处有一汽车撞上公路护栏，汽车头部严重受损，交叉路口偏离公路中心线一侧留有车灯残留碎片，行驶相反方向，距交叉路口约 20 米，工路中心线另一侧有残损自行车一台，自行车斜前方（车向方向相反）约一米的公路护栏处为伤者倒卧位置。

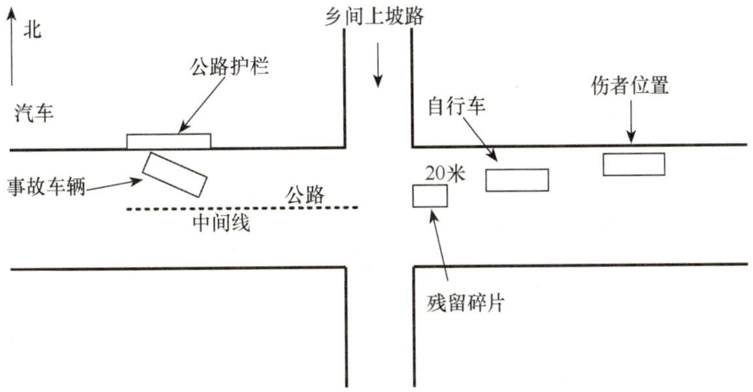

图 2-1　事故图

根据以上现场，经勘察、推断，公安人对现场及事故原因做出如下判断：

第一，骑车人因上坡路，快速猛冲驶向公路。

第二，事故汽车司机，发现自行车要冲上公路，为避险，急打方向盘向左转。又为躲避，反向来车，又急于右转，致使连续转向，操作过急促，控制不稳而撞向护栏，造成右车头严重受损。

第三，自行车人借惯性冲上公路，但是为事故车阻隔视线，对公路车行状况缺乏瞭望。

第四，反方向来车为躲避事故车，瞬间转向，又再打方向盘想恢复直向行驶也因事故车辆阻挡视线，而未及早发现西南角急行、转向东的骑车人，在转向恢复直线行驶中将骑车人撞倒，肇事后逃逸。

事件过程溯因法的推测是或然的，一是因为关于现象原因的推测不一定抓住了真正原因，二是对事件过程的回溯推测不一定符合实际，可能顺序不准确。因此运用事件过程溯因法，要注意各种现象产生的真正原因以及各种现象之间的内在联系，以提高推测的可靠程度。

（4）多元溯因法

事物现象间的因果联系是很复杂的，某一现象可能由多种不同的现象引起，也有可能由多种相互联系的多种不同现象引起。因此，人们追溯某一现象的原因，可从不同角度推测出不同的原因。多元溯因法与用公式表示如下：

如果 H_1　　　则 E 可被解释。

如果 H_2　　　则 E 可被解释。

……

如果 H_n　　　则 E 可被解释。

因此，H_1 或 H_2，……，或 H_n。

多元溯因法在探索事物现象机理时被广泛应用。生物学家澳森（美）和克里克（英）对生物遗传基因物质 DNA 的化学结构及其机制的探索过程，就是用多元溯因法的典型例证。

20 世纪 40 年代美国细菌学家艾弗里等人已发现并确认生物遗传的物质基础是 DNA 而不是蛋白质。澳森与克里克希望理清 DNA 物质如何在结构上同生物学功能相适应的问题。他们认为，在 DNA 分子中，核苷酸的任何排列都必须能说明分子结构的规律性及其化学的稳定性，也必须能说明分子如何忠实的复制自己。他们根据已有的研究资料，初步推测到 DNA 分子的基本形式是不同碱基的互相配对，并对这种方式，提出了多种设想。

克里克认为不同碱基的互补配对很可能是形成 DNA 分子的基本形式。这个认识揭示了分子如何能够联结在一起，以及如何能够复制的机理。然而，分子是有几条链组成，或者它们彼此的空间关系如何尚不清楚。随着研究的深入，可供选择的方案已缩减到两链或三链分子，这种链碱基朝内，糖 - 磷酸骨架朝外，或是碱基朝外，糖 - 磷酸骨架朝内。

这样，他们对 DNA 物质配对方式提出了下四种猜测假说：

H_1 碱基基朝外，糖 - 磷酸骨架朝内的二链式；

H_2 碱基基朝内，糖 - 磷酸骨架朝外的二链式；

H_3 碱基基朝外，糖 - 磷酸骨架朝内的三链式；

H_4 碱基基朝内，糖 - 磷酸骨架朝外的三链式。

随后，澳森和克里克对四种假说进行分析研究，排除了 H_1、H_3、H_4，选择了 H_2

并在化学家多诺林的协助下找到了双螺旋式结构。

从这里我们可以看出，多元溯因法逐步认识的深入，引导人们进一步运用其他思维方法，在比较多元假说优劣的基础上，以求揭示事物现象的真正机理。

（5）多级溯因法

多级溯因法是一种逐层探索事物现象原因的溯因思维方法。也就是说多级溯因法是一种连续溯因模式，也是使科学研究不断深入发展的有效方法。连续的溯因模式，即根据事实 E 去猜测可以解释 E 的原理 E_1；接着根据 H 的特征，去猜测蕴涵 H_1 的原理 H_2……如此连续下起去，不断追求高一层次的理论。

多级溯因方法可以用下公式表示：

E；

$H_1 \rightarrow E$；

$H_2 \rightarrow H_1$；

…………

$H_{n+1} \rightarrow H_n$；

所以，H_{n+1}。

这个公式也可以表示为一种逆推模式：

$H_{n+1} \rightarrow H_n \rightarrow \cdots\cdots H_2 \rightarrow H_1 \rightarrow E$。

逐级探索事物现象机理的思维方法，体现了科学探索活动永无止境的特征。事物的发展总有其自身的机理和规律，其发展过程中所形成的因果关系既有阶段性也有多层次性；与之对应，人们对客观事物本质或规律性的认识，也表现为阶段性和多层次性。人们对事物本质的认识也随着科学的发展和条件的变化，而不断地发展和深化，人们对生物遗传本质的认识，就是运用溯因模式不断深化研究的实例。

19 世纪 60 年代孟德尔观察到，豌豆杂交“1∶3 现象”提出了观察到的生物，生物体外表的性状是由观察不到的生物体内部的遗传因子（后改称基因）控制着的假说，竟受到冷遇。40 年后科学家发现了细胞核中的“染色体”，萨顿等人才把“染色体”与遗传基因联系起来。1910 年后摩尔根进行了果蝇实验，并在实验基础上，揭示了“基因是染色体上直线排列的遗传单位”的基因分布机理。20 世纪 40 年代，美国生物学家 G·比德尔深入追寻基因为什么起遗传作用的问题，提出了“一个基因控制一个酶的形成”的理论。50 年代后，许多科学家对作为基因载体的染色体进行化学分析，发现染色体是由蛋白质和核酸两种主要成分所构成的。并且确认脱氧核糖酸（DNA）是遗传物质，澳森和克里克也揭示了 DNA 双螺旋分子结构模型，使人们对遗传本质的探索，深入到分子水平。随后十年克里乐和M·尼伦伯格等人，揭示了遗传信息从DNA到蛋白质的传递途径，破译了遗传密码，确立了遗传本质的“中心法则”。至此，人们对遗传本质的探索已深入到最高层次。但是探索的脚步仍然在继续前行。

五、科学假说

1. 科学假说的内涵

一项研究工作在确定选题之后，经过观察，实验等途径获取大量事实资料和科学原理，如何解决研究问题？首先就要创立科学假说，通过科学假说去试探、去推测，才能掌握事物的规律，发现真理。所谓科学假说（也叫假设），是指人们以一定的科学事物和经验材料为依据，以已有的科学原理和技术方法为指导对研究事物（对象）的性质和规律或某事物及现象产生的原因所做出的推测性解释（或假定性解释）。

2. 科学假说的基本特点

科学假说，既不同于已被实践证明了的科学理论，也不同于毫无根据的猜测，它是建立在一定的科学知识与事实基础上的，其主要特点是：

首先，具有一定的科学性。科学假说既有一定的科学事实和经验材料为根据，又有一定的科学理论和技术方法为指导，是在一定真知条件下，对自然界认识的表现。

其次，具有一定的推测性。科学假说常常是建立在不够充分的事实，经验和不够完善的理论基础上的，只是对研究对象的性质、规律或结构或存在的事物的推测它可能符合实际，一切有待于科学实践去验证。

最后，科学假说是扩展知识使人们的认识接近客观真理的一种方式。从科学发展史上所有定律和理论都是假说。当一个新的事实被观察到了，过去的用来说明和它同类的事实的方式不能继续使用了。就需要观察、收集资料、提出新的推测和看法（这就是假说），对假说的进一步研究、分析、纯化和修正，又构成新的定律和理论，人们的知识也就在这一过程中不断的扩展，并一步步接近客观真理。

3. 科学假说的分类

科学假说可以分成单称判断类科学假说和全称判断类科学假说。

单称判断类科学假说是指只对某一事物（研究对象）的性质、规律或存在的事物等作出推测性的解释，并且以单称判断的形式出现的科学假说。前面例证中曾提的科学家根据计算偏差预测天王星外侧还有一颗尚未被发现的新行星的假说就属此类假说。假说的目的不是否定已有理论，而是通过对未知事物存在等的科学猜测来肯定已有理论的正确性。

全称判断类科学假说，一般是一个系统性的科学假说，即在实验的基础上，通过科学假说建立新的科学理论体系。如爱因斯坦“相对论科学假说”、哥白尼的“日心说”等。

4. 科学假说的应用范围

创立科学假说是研究工作的客观需要和可能性相结合的产物。现实中，生产实践、科学试验、科学技术本身发展与社会需求等，不断提出新的理论问题与技术课题，需要人们去研究和解决。为了适应这些需求，在客观条件允许的条件下，建立科学假说是促进科学研究，深入发展的重要前提必然的需求。

（1）生产实践、科学实验发展提出的问题需要创立科学假说

生产实践科学实验发展，不断地提出新的研究课题或要求开辟新的生产领域和研究领域，要人们去探索和解决。在研究初期，对研究对象掌握的科学事实和经验材料尚不充分，不具备揭示它的性质和规律的客观条件，研究工作又不能等待，就需要创立科学假说，即对研究的自然事物、自然现象或实际问题的性质、运动规律或可能存在的事物等，依据一定的科学事实和经验材料，以一定的科学理论和技术方法为指导，先提出推测性的解释，然后发挥科学想象力构思新型试验，验证科学假说。人们是通过科学假说进行试探，以促进科学研究工作逐步深入，直至发现真理或解决问题。

（2）要解决自然科学理论发展提出来的研究课题，必须建立科学假说

在已有科学理论与新的事实发生矛盾的时候，需要创立科学假说。人们科学实践中，发现用已知的科学理论无法解释新的科学问题，就意味着旧的理论或技术将要被突破，新的理论或技术将要产生。这就要求科技工作者去寻求新理论或新的技术方法来说明新的科学问题。其中需要采取的一个重要步骤，就是创立科学假说。例如 1953 年理论物理发展出现了“τ-θ”之谜，杨振宁、李政道提出了“在弱相互作用下宇称不守恒”的科学假说；并由吴健雄用放射源进行了实验验证，通过实验证实了这一科学猜测。

（3）新的科学事实超出了原有理论的适用范围，需要创立科学假说

在实验研究中新的科学事实超出了原有理论的适用范围，这就要求用新的理论去解释新的事实，在此情况下也需要创立科学假说。例如，发现光电现象后，用原有理论无法说明；爱因斯坦推广了普朗克的量子理论于 1905 年提出“光量子”科学假说，建立了光电方程，科学地解释了光电现象。如今光电现象，已广泛应用于科学研究与生产实践之中。

（4）从已有科学理论推导出新关系，需要创立科学假说去进行深入研究

有些科学假说的提出，不是为了说明新事实，而是为了在已有理论基础上，推导出新的关系。如物理学家麦克斯韦建立关于电磁理论方程组，推导出电磁波存在的科学假说和电磁波的传播速度可能与光速相同的科学猜测；就是用来预测未来可能被发现的新事物和新现象及它们的属性和规律的一种假说。

（5）在学习中发现新课题，对之进行研究也需要创立科学假说

日常学习中，受到某种启示而发现或联想的科学问题，在用已有的理论或技术方法解释时，为探求问题的实质，也需要建立科学假说。

5. 假说形成的方式与步骤

假说形成一般可以概括为以下四种基本方式：

（1）创立全新的科学假说

在科学实践中发现新的科学问题或新的自然现象，用已有的科学理论和技术方法不能解释时，则只能提出全新的猜测，形成新的科学假说。

（2）修改旧理论和原有的科学假说，进而形成一种科学假说

在科学实践中发现新的科学事实与旧理论或假说相矛盾，可以针对矛盾进行分析，依据科学事实和经验材料，对旧理论或假说进行放弃，形成新的科学假说。

（3）用其他科学理论解释本科学领域的科学问题，形成新的科学假说

例如：用核反应理论，解释恒星长期发光的能量来源问题就属这种形式。

（4）在同一学科问题、不同学术观点相互争论时，用学术思想融合的方式形成新的科学假说

例如：不同学术观点对光的本质认识，一直存在着微粒说和波动说的分歧，爱因斯坦把他们融合为一体，建立了“光量子”科学假说。

假说形成一般经过以下几个步骤：

① 通过观察所研究的某一现象或事物的各种情况，收集、整理涉及该现象的相关事实资料，如科学事实、经验材料、相关理论与技术方法等。

② 运用科学知识，对已有资料进行分析、纯化、提出新的设想。以已有的科学理论和技术方法为指导，运用归纳、演绎、分析与综合、类比、想象等思维方法和研究方法，对经验材料进行科学抽象，对研究对象的性质和规律性提出科学设想。首次提出的科学设想具有试探性性质，可以通过不同途径进行试验，对同一个研究对象也可以提出几种不同的设想。经过反复试验、观察、思考，进一步掌握材料，并从理论角度，对所提出的设想进行广泛的论证，再进行筛选，最后选定一个较为理想的设想，作为科学假设的雏形。应当指明，此阶段归纳法的作用较为突出。

③ 构思形成科学假说的基本观念。建立和提出新的科学概念，用以组成新的科学判断，再由科学概念和科学判断组成科学推理。即用概念、判断和推理描述对研究对象的性质和规律性等的新设想，并经过严密的逻辑论证，使其逐步充实和完善，成为稳定的结构系统。这就形成了科学的基本观念。有时对同一个研究课题，运用多路思考和多途径试探的方法进行研究，初步形成几种基本观念，使之相互比较，然后从不同的方面进行探索，往往会收到较好的研究效果。通常这一步骤常采用演绎法。

④ 形成科学假说。从基本观念出发，运用哲学方法、逻辑方法和数学方法等多种研究方法，推导出科学假说的具体内容，包括对已知科学事实和经验材料的解释和提出科学预言。这一段也多运用演绎法。

6. 创立科学假说的基本要求

对于一个研究课题，往往会提出几个不同的科学假说，选择哪一个假说，首先对之进行试验研究和探究是一个十分重要的问题。对选定哪一个假说应坚持以下几方面原则。

（1）解释性

主要是指科学假说与已知科学事实的关系。科学假说在解释实验事实和现象时，要做到不与已有的实验事实相矛盾。如果发现科学假说只能解释新的现象，而由它推出的结论（一个或几个）与已知的其他事实不相符合，则必须修改或调整这个科学假说或重新建立科学假说。

（2）相容性

相容性原则是指科学假说与已有理论的关系问题。建立的科学假说，可以提出新的理论（猜想），但不能否定已有科学理论的正确性，应当包容这些真理成分，即把已有的科学理论，作为新的科学假说的一个特例包含在其中。如相对论和量子论在创立之初，作为科学假说不仅很好地解释了高速微观领域实验现象并且把经典力学作为宏观低速物质领域内的特例包含其中。新的科学假说与已有理论是继承与创新的关系。因此新的科学假说不是原有理论、科学概念的简单拓展，而是扬弃，两者既有区别又有密切联系。

（3）坚持简单性

创立科学假说应坚持逻辑简单原则，假说应有尽可能少的初始假定和公理解释，尽量多的科学事实。科学假说的简单性是自然界物质系统的统一性的反映，也是创立科学假说的科研工作的必然要求。科学认识的目的之一就是要不断地揭示自然界这种物质统一性。爱因斯坦曾指出，逻辑上简单的东西，当然不一定是物理上真实的东西，但物理上真实的东西一定是逻辑上简单的东西，也就是说，它在基础上具有统一性。需要说明的是：强调简单性并非是指体系内部包含的独立假定应最少，即不是把这种假说理解为非常简单。

（4）可检验性

可检验性原则是保证科学假说的科学性一个基本的和必要的条件。如果一个科学假说在实际上无法检验，在理论上也无法论证其真伪，那么就不能称其为科学假说。因为其在实验上无检验，在理论上也无论证，违背了可检验性原则。科学假说的可检验性，更多的是指由科学假说演绎展开的推论所提出来的科学问题或提出来的预言的可检验性。一个科学假说的可检验的推论和预言越丰富和越具体，则被采纳的可能性就越大。

（5）内容丰富性

科学假说内容力求丰富。一个科学假说不但要有解释性，而且必须广泛地解释其他的相关事实和预测未知的事实。对广泛的事实作出解释，既表明被设想的假说具有较好的解题能力，同时也表明被设想的假说能够得到大量事实的支持。

（6）预见性

假说在其研究对象范围内可预见新事实或新现象，而且预见度的大小，预见精度的高低，反映了假说的成熟程度。一个假说不能预见新的事实，就不能成为富有竞争力的科学假说。

（7）精确性

在考虑假说的可检验性时应考虑精确性。预言越准确，检验将会获得更多的信息。预言的精确度低时，对一个不太正确的理论也可能被看成是正确的，因此必须有较高的预言精确度。

（8）应反对特设性假说

所谓特设性假说是指如果一个假说遇到一个反例，受到经验事实的否证，就提出一个新的假说。这个新假说只是为避免否证所专门提出的，这样的假说比原假说没有更加丰富的内容，更不能启迪研究人员的思路，不应说是好假说。

7. 假说演绎推理

假说演绎推理就是由假说演绎去解释已知事实或预测未知事实的推理方法。为了确定假说的合理性和科学性需要从假说出发，演绎出一系列对已知事实的解释或关于未知事实的预测，然后通过实践验证这些事实或预测。

比如，从魏格纳“大陆漂移”假说出发，不但可以演绎解释各个大陆块可以完整地拼合起来，大西洋两岸和印度洋两岸彼此相对地区的地质结构相同，大西洋两岸古生物种几乎完全相同等经验事实；而且可以预言，大西洋两岸的距离在逐渐增大等未知事实。假说对上述事实的解释，为证实假说的合理性和科学性奠定了基础。

假说演绎推理可用公式表示如下：

如果H，那么E；

E

所以，H可能真。

上述表达式中，“H”表示所提出或论证所依据的假说；“E”表示对已知事实的解释或对未知事实的预测；那么“E”表示从假说演绎出对已知事实的解释或对未知事实的预测。

从上述公式中可以看出，假说演绎推理与溯因推理关系非常密切。溯因推理是假说演绎推理的基础，假说演绎推理则是溯因推理的进一步发展。通过溯因推理，在已知的事实（E）和科学原理（如果H，那么E）的前提下推断出结论（H），接下来怎样确证这个假说（H）的可靠性呢？这就需要从假说H出发，演绎已知的事实或预测未知的事实，从而使H（假说）得到确证为科学假说。所以溯因推理是提出假说的推理方法，假说演绎推理则是验证假说的方法。

假说演绎推理前提与结论之间的联系是或然的，前提真，结论不必然真。

应用假说演绎推理进行论证应注意：由假说演绎给出对未知事实的预测被证实得越多，结论的可靠性就越大，由假说演绎给出对已知事实的解释或对未知事实的预测，如果与被观察的实验结果不相符合甚至相反，则结论（假说）的可靠性就会降低甚至被推翻。

六、抽象思维与具体思维

1. 抽象思维

一切思维活动都是受“问题”的诱导而引发的。问题的直观表现是一种现象或矛盾，要解决问题，必须抓住问题的核心，就是产生问题的本质因素及问题的根本所在。一般呈现在人们面前的问题性质、规律，乃至客观事物的形象，是凭直观无法觉察的，因而必须通过知识经验和理论思维去揭示和把握才能就事物的本质和内部联系对象作出统一的说明；要使人们的创造活动有的放矢，这就要进行科学抽象。

（1）科学抽象

所谓科学抽象是指人们运用理论思维规律和思维方法，对所获得的科技信息资料（现象及针对现象所收集的相关资料）进行整理、加工制作，从而抽取出事物的性质和规律，以及构思尚待创造的新事物的形象的一种科学方法，这一理论思维过程叫做科学抽象。

科学抽象是任何科学研究都要运用的一种创新艺术。人们在获取大量丰富和可靠的感性经验材料之后，接着就要对材料进行加工，即通过一系列抽象过程，用哲学方法、逻辑方法和数学方法等，对之消化和综合概括，从感性认识向理性认识发展，以实现创造目的。

（2）科学抽象的意义

如果科学认识停留在对自然界以及其他事物，完成现象的罗列和描述上，停留在若干特殊规律的概括和陈述上，就不能说它深刻地、正确地、完全地反映了自然，也无法抓住创造目的的核心目标。正如列宁所指出的："认识是人对自然界的反映，但是这并不是简单的、直接的、完全的反映，而是一系列的抽象过程，即概念、规律等的构成、形成过程，这些概念和规律等（思维、科学'逻辑观念'）有条件地近似地把握着永恒运动着的和发展着的自然界的普遍规律性。"

过去曾经有一部分自然科学家认为经验方法是自然科学唯一正确方法。然而，随着科学认识的深入整理和解释经验材料变得日渐重要，暴露了经验方法的局限性；事实证明经验基础与理论思维的结合才是自然科学最好的方法。具体地说，科学抽象有以下重要意义。

① 科学抽象通过对现象进行分析和鉴别、排除假相、确定真相，撇开事物外部的非本质的联系，可将事物内部的本质联系暴露出来，使人们的知识本质化。

科学研究之必要就在于本质有别于现象，是因为它隐蔽于事物内部，一般不会直观地呈现出来；而且，在事物中还存在歪曲地反映本质的现象（即假象），用经验方法是难以排出假相的。例如太阳朝起暮落，就造成了太阳围绕地球转的假相，致使托勒密提出的"地心说"长期占有理论的主导地位，候鸟迁徙同样被人误以为四季交替的结果给人以误导。

② 人们对事物的认识是不断深化的过程，科学抽象通过区分基础的东西和派生的东西，由表及里把决定事物性质隐蔽的基础揭示出来，使人们的知识层次化。

自然界的事物是复杂的，具有众多的属性和关系。它们反映在经验认识时，并不能自在地显现出哪些是基础的东西，哪些是派生出来的；也就是说更深层次的事物性质没有科学抽象是无法揭示出来的。例如金属是导电的，可是必须深入研究金属的分子结构，才能揭示出其导电的机理。一般的产品创造创新也是如此，一台洗衣机直观的品质，就是把衣服能洗得干净，可是要想洗衣机洗衣的效果更好，则必须认识到洗衣过程的本质规律，并通过改进影响本质过程的相关因素才能不断地提高洗衣机的质量。

③ 科学抽象撇开次要过程、次要干扰因素和无关内容，把事物的自然状态（即具体而复杂的表象形态）变成纯粹形态，将其主要发展过程在思想中显现出来，予以精细的研究，从而把握事物的基本规律，使人们的知识真实化。

例如自然界普遍存在的瞬时变化率：自由落体或圆周运动物体的瞬时速度，电流在时间 T 时的变化率等。这些问题分属不同领域，有着不同内容，但是通过科学抽象，撇开它们的具体内容，得到纯粹的量的关系：即函数 $Y=f(x)$ 的导数。

（3）科学抽象的进程与步骤

① 科学抽象的进程。科学抽象的一般进程是按照人类对客观事物认识的发展规律进行的。人们对客观事物认识规律是从个别到一般、再从一般到个别，即从“感性上的具体”上升到“抽象的规定”，再由“抽象的规定”上升到“思维中的具体”。

第一阶段，从感性上的具体“上升到”抽象的规定。

“具体—抽象”，是就认识的内容而言的。在不同的阶段，人们对事物的认识内容或深度和广度不同。科学抽象进程中的第一阶段，人们对事物的认识是“感性上的具体”，是指感性上的存在。人们可以感触到事物的外形、外部联系和一些直观现象，并把它作为一个整体加以“统摄”，并在人的头脑中形成对某些事物或现象的完整表象。

感性上的具体，只是一种对事物的表面认识，有生动、形象完整的外观和直感；而缺乏对事物性质和规律的了解。例如眼见一支白鹤，我们脑中的印象只是洁白的羽毛、朱红的冠顶、修长的双腿、飞翔的雄姿和高亢的鸣叫声，而对鹤的习性、属性等并不了解。

所谓“抽象的规定”，是指人们对研究对象个别属性、特性的认识，或称作在认识中的反映形式。“抽象”的含义是指非感性的存在，是人们不能感触到的内容。任何一种事物或现象都具有多方面的本质属性。人们在研究或创造活动中，主要是用科学分析法，在思维中把研究对象整体分解为各个部分除掉偶然的、次要的、非本质的，概括并抽取出研究对象的某一或某些方面的本质属性，并加以规定，形成对研究对象各方面本质属性的概念。对研究对象某一方面或某些方面本质属性的了解，就称作一个或一些抽象的规定。

对科技信息资料加工，达到“抽象的规定”的认识阶段是“感性上的具体”的发展，这种发展，已不那么生动、形象、具体……似乎更远离客观事物。然而，它却是人们对研究对象用理论思维对本质属性的认识，即由现象深入到本质，也更深入更正确地反映了研究对象的性质和规律。例如从感性上觉察到的光只有明亮、强弱、刺眼、有不同颜色……如果人们通过光的折射，反射三棱镜分解等的实验研究，就会发现光是直线传播的，具有粒子的特性、波动的特性和多种颜色组成的等本质属性。

很明显“抽象的规定”特点，在于它属于理性认识层次，是对研究对象本质属性的认识，而且认识也更加深刻和全面。

第二阶段:从抽象的规定“上升为思维中的具体”。

“思维中的具体”又称为思维具体，是指在思维中从整体上揭示和把握研究对象的根本性质和根本规律。“思维中的具体”是研究事物对象各方面“抽象规定性”的综合，是多样性的高度有机统一体。对所研究的事物要达到全面的、深刻的和从整体上的根本认识，必须运用综合方法，在思维中对研究对象各个方面的本质属性的认识进行概括，以形成对事物从总体上有一个统一和根本的认识。

较之“抽象的规定”“思维中的具体”对研究对象本质的认识发生了质的飞跃。在内容上比“抽象的规定”对事物单方面或局部的本质属性的认识则更具体了。“思维中的具体”不是向“感性上的具体”的回复，而是高度综合地揭示和把握事物的本质性和根本规律，即把它当作一个“精神的具体”显现出来。这种“精神的具体”是对研究对象进行综合和高度的科学抽象之后，在思维中形成的，只有通过理论思维才能把握，因而又把它称作抽象中的具体。例如，人们用综合方法，对光的各种“抽象的规定”的认识进行综合和概括，结果发现光是微粒性和波动性的统一，即波粒二象性，从而从整体上揭示和把握了光的根本性质和根本规律。

思维中的具体表现出以下特点：

首先，从内容上“思维中的具体”高于“感性上的具体”，也比“抽象的规定”之局部认识更具体。

其次，“思维中的具体”是多种规定性的高度综合。只有达到“思维中的具体”对具体的研究对象的认识，才能真正与客观实际相符合，但这并不意味着人类认识的终结。

再次，思维中的“具体”之所以“具体”是因为它是多种规定的综合，因而也是多样性的统一，更生动、更形象、更具体地反映了事物的真理性，因而对研究对象的认识的内部和程度也更多更深入。

最后，“思维中的具体”是抽象的高级成果。从形式上看是主观的和抽象的，从内容上看，是更客观、更具体的，是主观形式和客观内容的有机统一。

综上所述，通过科学分析实现从“感性上的具体”上升到“抽象的规定”，再运用综合法实现从“抽象的规定”上升到“思维中的具体”，这就是科学抽象的一般过程。可以把它简要的概括为“具体—抽象—具体”，每一步都包含着自身的否定，因而也是否定之否定的上升过程。在这过程中，“抽象的规定”是对“感性上的具体”的否定，它离开了“具体”；而“抽象的规定”是通向“思维中的具体”的中间环节，也含有自身否定，“思维中的具体”是对“抽象的规定”的否定，从“规定”达到新的“具体”，这就构成了对事物认识的螺旋或上升的过程。

② 科学抽象的步骤。科学抽象的步骤，是一个复杂的理论思维问题，也是创造活动中的具体方法问题。其具体步骤是：

第一步，核实材料和鉴别材料。通过多途径获得科技信息与经验资料，难免“良莠不齐”。因而在进行科学抽象时候，首先对材料要进行核实，鉴别和必要的考证，不但要去伪存真；而且要“舍末求本”，只有在掌握了充分的、必要的和可靠的材料基础上，才能透过事物的现象，概括和抽取出研究对象的本质。如果材料“以假乱真”，结论也将“漏洞百出”。“西风起，北雁南飞”，显然事逢其时，却非其质。

第二步，选择材料。积累的材料过程中，还有本质材料和非质材料、典型材料和非典型材料之分。在材料鉴别真伪之后，还要对材料进行选择，排除次要的和无关的材料，选取出对反映研究对象的规律具有本质作用和对所说明的问题具有典型性的材料，以突出主要的和关键的因素。这一过程，就是选择科技创新材料的过程，工作中需要注意“去粗取精”。

第三步，揭示事物之间横向联系和发展过程之间纵向联系。注意横向比较以揭示研究对象的相关关系和发展过程各个阶段的“历史”联系及发展趋势，也就是说进行科学抽象时，不能孤立地、静止地和片面地去看问题；还要从事物之间的纵横关系和发展过程，去考察分析、研究，全方位、多角度去认识研究对象，揭示出它的性质和规律性。

第四步，揭示事物的本质和内部联系。在抽象过程中，要透过现象研究“对象”的性质和规律，并在头脑中构思出新的科学和新的事物形象，为创造做好准备。

2. 具体思维

具体思维是指一种综合事物的多种本质和规律为统一整体的高级思维，即把思维活动中通过抽象所得的事物的统一规律综合起来，成为统一的、整体的规律。

例如，一个具体的人有许多方面的特征：有自然属性，如性格、年龄、相貌、体质等；有社会属性，如职业、政治思想、道德、品质、修养等。这些属性不是孤立的，而且相关联系的（但是有些联系又不一定是必然的），一个具体人是这些所有特征的整体，认识一个人是这样，认识其他事物也是这样。

七、分析思维与综合思维

分析思维与综合思维是形式逻辑和辩证逻辑思维共同研究的方法。在形式逻辑思维中只是作为处理一般经验材料的方法进行探讨，矛盾分析思维法则是辩证逻辑思维中研究的重要问题。

1. 分析思维

（1）分析思维概述

科学分析就是人们在思维活动中，把研究对象由统一整体分解为各个组成部分、各个方面或独立特征的要素，并对它的各个组成部分或各种要素分别进行研究，揭示出它们的属性和本质，也即从未知追溯至已知的思维方法和研究方法，简称分析，也称分析思维或分析方法。

任何一个客观事物都是由各个部分或各种要素组成的复杂的有机整体，同时任何事物都构成一个独立系统，它们通过自身的运动、变化和发展过程中所表现出来的各种各样的现象表现出来的。同时，任何一个客观事物或现象又与其他事物或现象处于相互联系之中。对于呈现在人们面前复杂的、有机整体的自然事物或现象，仅凭直观是无法认识它们的各种特殊属性和本质的，也更无法认识它们的根本属性和规律。因此，为了从总体上揭示和把握研究对象的性质及其规律性，首先必须了解复杂事物的各个部分或各种要素的性质和特点，也就是分析各种矛盾及矛盾的各个方面的特殊性。

运用分析的思维方法研究事物，必须把被考察的事物的各个组成部分或组成要素在思维过程中暂时的从总体中抽取出来，抛开无关紧要的因素和相关影响，以对各部分或要素的单独作用进行深入的研究。

分析的任务就是对事物的各个部分或要素进行研究，了解研究对象的属性和本质，并使人们对事物有比较清晰的认识，为进一步把握揭示事物总体的性质与规律奠定基础。分析的初期目标是要考察研究对象的各组成部分或要素，在运动变化中的各自的地位，所起的作用以它们之间的相关联系与制约关系，为进一步寻求判断事物的各种属性的基础"情报资源"提供前提条件。

（2）科学分析方法的基本特点

分析方法的基本特点有以下两点：

第一，暂时的分割，孤立地进行研究，变整体为部分、变复杂为简单、化难为易，加深对事物的理解和掌握。

第二，深入事物或现象的内部了解和掌握各个细节，揭示内部的各个方面，各个因素的本质。

我们以细胞的研究考察为例：在科学家分别考察了细胞单个化学反应环节之后，再从细胞的能量转换，物质转换和信息转换方面，作进一步分析。细胞是一个在任何给定时间内，在常温（有一个不变的温度）、常压（各部分压力相同）进行等温化学反应的体系。细胞之所以有别于许多无机物在高温、高压条件下才能进行反应的惯例，却能在常态下得以反应呢？人们发现，在细胞能量转换中，一种叫做分子换能器的腺三磷（ATP）的酶复合体起着关键的主导作用。在它的作用下，可以把细胞呼吸过程中释放的能量转化为 ATP 的键能。ATP 是细胞代谢中的一种重要物质，在它不断分解和合成的过程中把从外界得来的自由能储存起来，并在需要时再释放，直接为生命活动而做功。ATP 的作用有如“发电厂”。显然，ATP 循环和与其相关的呼吸代谢是细胞能量更替的中心环节。这一环节在细胞的等温、等压化学反应过程中起着关键作用。细胞中的等温化学反应过程决定了细胞必须是一个开放体系（由外界吸收能量）。这一体系的能量、物质交换活动是在 DNA 的信息控制下实现自我调节完成的。通过对细胞的分析，人们不但揭示了细胞中能量转换的机理，也掌握了细胞生命活动的作用本质。这是分析方法在科研中的实际运用，大到一辆汽车乃至宇宙间的生态平衡，也都有异曲同工之妙处。

（3）科学分析的类型

从不同的角度看分析的种类，有多种形式，其侧重点也各不相同，具体说来有以下几种分类方法。

第一种，从分析要达到目的来看，可分为定性分析与定量分析。定性分析是择取对象的某种特定性质，确定对象的某种特征，使之与其他事物区别开来，也可以说定性分析主要解决有没有的问题。定量分析则是为了确定对象各种要素，成分的数量、规模、大小、速度等。也就是说定量分析要解决的是有多少的问题。

第二种，从分析方向来看，可分为单向分析、双向分析及矛盾分析。单向分析，即分析事物的影响和作用，研究单向因果联系。双向分析，即不仅分析单向因果联系，而且分析作为结果的现象是否反过来对于原因产生作用，是研究双向因果联系。矛盾分析，则是专门研究具有对立统一关系的事物，对其矛盾着的各个方面加以对比，以便把握对立双方的性质，数量和相互关系。

第三种，从分析的客观对象来看，可分为要素分析和结构分析。要素分析即分析构成对象整体的各个要素成分或方面。结构分析主要是分析各要素间的关系，如因果关系、互动关系、反馈关系等，是把握构成对象的基本手段。

（4）科学分析要领

现实的世界中所有的事物都是动态的，处于不断变化之中，世界是动态有序的，整体—层次进化与自我超越是永恒的主题。事物的进化从根本上取决于内部的自组织的力量，即一个远离平衡态系统，都有使自身趋向日益复杂的结构和秩序的能力（原动力）。自主性是以复杂性为前提，而复杂性就意味着和环境之间的多种多样的极其丰富的联系，也就是相互依赖的关系。层次之间的影响又引出更高层次的变化。因此，可以说事物在一个层次性与连续的整体中互为整体，各个整体一方面独立自由、自我依存；另一方面又相互影响、互相联系，在事物的发展与联系中矛盾是普遍的，一切事物在矛盾中发展，又在新层次上统一。因此，抓住矛盾将成为科学分析中的根本。

① 科学分析主要是对事物进行矛盾分析。问题的实质就是矛盾。对所研究的客观事物和现象的性质，也是由它的内部矛盾所决定的；只有把研究对象的内部矛盾分析清楚了，才能够真正地了解和把握研究对象的性质和规律。因此，科学分析最重要也是最根本的方法就是矛盾分析法；通过观察和分析各种事物的矛盾运动，找出解决矛盾的方法。

② 科学分析要对事物进行有针对性的矛盾分析。事物内部存在的矛盾也是多种多样的，不同性质的矛盾，应采用不同的方法去解决。在对研究对象进行全面系统分析时，既要分析研究对象矛盾加剧的普遍性，又要分析矛盾的特殊性；既要分析主要矛盾和次要矛盾，又要分析主要矛盾的主要方面和次要方面；既要分析矛盾的统一性，又要分析矛盾的对抗性；还要分析研究对象的因果关系、质量关系、肯定与否定、必然性和偶然性。通过矛盾分析，才能了解和解决现象与本质、主观与客观、认识和实践的矛盾，揭示出研究对象的性质和规律。

③ 科学分析的主要途径。科学分析的主要途径有两条。

第一条途径，分析实验。分析实验方法是把研究对象的各个组成部分或各种因素从整体上分解出来，单独地加以实验、观察和积累资料。分析实验要以理论思维分析为指导才能有效地进行，否则，盲目的进行分析实验，效果就会很差，甚至产生无用的结果。

第二条途径，抽象的理论思维分析。它是在思维中，把研究对象的整体分解为各个组成部分，单独地加以分析研究，以掌握各个组成部分的性质和规律性。思维中的分析是以实验为基础的、并受分析实验制约，通过分析实验，为思维中的分析提供经验材料和科学事实。

综上所述，在探索自然奥秘过程中，往往是理论思维与实验同时运用，对研究事物进行分析研究。一般情况下采取先行理论分析，并根据分析的结果进行有针对性的实验研究取得理论的验证，释疑和补充或提供具体数据的技术。如果在理论分析无法深入时，则对主要矛盾点和关键问题先行实验，通过实验支持引导理论的深入分析。

（5）分析方法的创新作用与局限性

首先，分析方法可以弥补归纳法的不足。

归纳法在自然科学研究中有很重要的作用，并为演绎法提供推理的大前提。但是归纳法由于忽视了特性、差异性和非直观性，因而结论有或然性。同时用归纳法还不能从大量的感性材料和科学事实中概括出研究对象的性质和规律，这一切必须借助于分析法。

其次，分析方法可以摆脱“假象”和无关因素的影响。

分析方法着眼于研究对象内部的各个细节，因此有助于分辩真相和“假象”，以及哪些是无关的因素，从而可以摆脱假象和无关因素的影响。使用分析方法可以透过事物的现象去研究其组成部分的结构、特点和属性，掌握它们的相互关系及作用方式，进一步认识研究对象的性质与规律。

最后，运用分析方法有利于科学上的发现和技术上的发明。

分析方法着眼于事物内部的细节，采用理论分析与实验相结的方法，有利于获得科学研究成果和发现技术上的问题，进而开展技术创新。例如德国化学家本生就通过在无色的火焰上撒了钠盐、铜盐……使火焰变成了黄色绿色等现象，并在实验基础上进行理论分析发明了分光镜和创立了光谱化学分析方法。

应当指出，分析方法主要着眼于局部的研究和分割孤立的考察，容易忽视事物间的有机联系，因此，在工作中必须对此问题予以充分注意。

2．综合方法

（1）概述

综合一词有多种解释。从创造性思维角度出发，综合可以被理解为是一种以问题为中心的按一定的规律和模式有序地组织材料和整合材料的思维方法。

综合方法就是在分析的基础上，通过科学的概括或总结，在思维中把研究对象的各个组成部分或各种要素，再组合成有机整体。它是从整体上揭示和把握事物性质和根本规律的科学思维方法和研究方法，从已知引导到未知、从局部引导到全局。

综合思维是通过对所得到的与某个问题、任务、计划相关的全部认识加以比较、分析、组合、归纳、类比，从总体上、宏观上透视找出各要素、各部分、各层次之间的内在联系，按一定的方式和要求予以整合，使之形成整体性、系统性的认识。

综合的任务和目的在于它不是局部创新的叠加，而是对局部创新的扬弃，是从有机整体上揭示和把握研究对象的根本性质和根本规律，变局部的合理性为总体或全局的合理性，以解决生产实践、科学实验或人们日常生活中所提出的急需解决的问题。

对于复杂的事物对象，综合思维还必须注意到综合的多元性、层次性和复杂性，综合是一个复杂的历史过程，也是一个不断更新的过程。

（2）综合的作用

第一，综合是科学领域贯穿始终的基本思维方式或方法。

随着科学的发展，每个学科领域都形成自身完备的系统，系统的内部的各个组成部分（分支）是彼此联系、相互制约的，具有历史性、现实性和未来发展的内在联系。随着横断科学的发展，一个学科领域或一个学科又与多个学科领域产生更为广泛的联系，而构成更大的系统。因此，对这些学科（如天文学、生态学、物理学等）的研究必须具有系统综合的观点为指导，用综合的方法解决问题。

第二，综合是对多种思维结果的扬弃。

在创造活动中，广泛运用发散思维、类比思维、直觉、想象等思维形式和方法进行创造性思考，思考过程多半是以具体问题为诱导，所产生的思想观念往往是局部的、分立的、“就事论事”的，由于缺少系统的全局的指导，因而可能是不完全的、不精确的，是针对特殊矛盾而产生的，有时彼此是相互对立的，这一切都必须以整体观念用综合方法去粗取精、去伪存真进行合理的有机合成。

第三，综合方法本身就是创造。

用综合方法常常可以导致科学上的重要发现和技术上的重大发明。在人们对自然、科学技术认识的不断扩散和深化过程中，当感性的经验及对某一自然事物或现象的某些方面的理论、知识积累到一定程度，就会由于问题的诱导、触发灵感，通观全局进行综合工作，可以导致重大的科学发现和技术发明，建立普遍的理论或提出重要的科学假说。“地心说”是错误的，而“日新说”却是产生于对“地心说”认识的飞跃，万有引力定律、力学定律也都产生于经验与理论认识的综合。就产品与技术创新过程，也同样是针对部分要素产生的问题进行有针对性的思维，最后从整体观念综合的结果。因此，可以认为综合思维过程就是创造必不可少的重要过程。

第四，运用综合方法有助于克服分析方法的局限性。

分析方法是对局部认识，而非最终的目的，它是探索自然奥秘过程中所采取的一种手段和环节，是为综合做准备的；综合则是对分析结果进一步的理性认识，是在分析基础上的科学组合和扬弃。

第五，运用综合方法弥补演绎法的不足。

演绎法在从一般推理导出个别事物的属性时，无法反映具体事物属性的多样性。综合是在分析研究具体实践而积累起来丰富而真实经验材料的基础上进行的，它得出的一般性结论能够反映出研究对象的多样性本质，因而，所得出的一般性结论比较全面，也更可靠，从而弥补了演绎法的不足之处。

（3）分析与综合的辩证关系

分析综合是对立统一，既区别又相联系，不可分割的。

分析与综合的区别是：分析是理论思维把研究对象分解为各个部分并加以研究的方法，它是化整体为部分，化整体为单元，由未知追溯到已知；而综合则是理论思维变部分为有机联系的统一整体，化单元为整体，由已知引导到未知。分析与综合又是统一的，相互联系、相互依存的，两者有着不可分割的切实联系。主要表现在以下几个方面：

首先，分析是综合的基础。要使研究的结果能够正确地反映事物多样性的统一，就必须以客观事物多样性的统一为基础。人们研究事物，一般是先分析后综合，这就是说，正确的综合必须是先分析研究对象多样性同内部各个方面的本质及各种因素的特点，而后进行综合。问题是一种表象，而问题的实质是事物内部的矛盾；解决矛盾，才是解决问题的根本。矛盾是由事物内部各个方面本质和特点在事物内部各个部分相互联系与作用的内因，因而只有了解事物内部的联系进行周密的分析，才能使问题的“面貌”明晰地呈现出来，才能做综合工作。全面的了解整体的特性与规律，从而达到解决问题的目的。从以上分析可看出，分析是综合的基础，没有分析也就没有综合的前提。例如光的微粒说和波动说，在科学领域引起长期的争论。在此期间，科学家运用分析方法，掌握了光的各方面的属性，获得了大量经验材料，在此基础上，才能对光的各种属性进行高度综合，上升到思维中的具体。这时，科学家才能从整体上、从内部联系揭示和把握光的波粒二象性的本质。恩格斯精辟地指出：“思维既把相互联系的要素联合为一个统一体，同样也把意识的对象分解为它们的要素。没有分析就没有综合。”上述论断也反映了分析是综合的基础这一辩证关系。

其次，综合是分析的完善和发展。分析本身不是科学研究的最终目的，而只是认识事物的一种手段，分析本身也有一定的局限性。因此，对事物或现象的研究和认识，还必须进一步深入，通过综合，以便揭示出研究对象最根本的性质和规律。比如化学是以分析为主要形式的，分解与化合是化学运动的基本形式，是矛盾的运动。如果只有分解而没有化合，也就不会有化学运动形式的存在。

最后，分析与综合矛盾双方在一定条件下，可以相互转化。分析与综合在统一认识过程中，各自行使与这一总的认识过程一定阶段相适应的职能。在认识过程前期，分析是矛盾的主要方面；在认识过程的后期，当对研究对象的分析已达到一定程度，对研究各个方面的本质有了充分的认识，积累了一定的经验和科学事实之后，分析便转化为综合而成为主要矛盾。当综合得到一般原理、结论，并以此去分析未知的客观事物或现象，则分析又转化为主要矛盾方面，而综合又降为次要矛盾。这种螺旋式的循环往复，使人们对客观事物的认识不断地扩大和加深。

在自然科学中，人们对客观事物的认识，就是一个不断分析和不断综合的辩证发展过程，可以概括为：分析—综合—再综合……不断深化的发展程式。

综上所述，分析与综合是对立统一关系，是相辅相成的两种思维和研究方法。只有从对立统一关系去认识分析方法，才能深刻理解把两者结合起来的重要意义。

第四节　多向思维

思维是脑对客观事物的间接的和概括的反映，思维也是人类高级智慧的本能。客观的存在与主观能动性的发挥，才构成思维的现实结果。被动的思维只能停留在对客观认识的常识水平，而主动的思维不仅能理智的审视客观世界的存在，甚至超越现实而成为遐想和幻想。创造的源泉来自思维，灵活的思维是取得丰硕创造成果最为根本的基础和前提。

人类长期的研究与实践已经积累了许多关于思维的宝贵经验与思维模式，然而辩证的分析，思维方式的格式化，也在某种程度上束缚了思维的能力性的发挥。倡导灵活的思维，使思维无限的发挥自己的潜能，才能为创造活动提供更为广阔的空间。思维的灵活性包括起点的灵活性、过程的灵活性、概括—迁移能力、组合分析能力和灵活总结能力，而这一切都要有一个灵活的起点。

思维的灵活起点首先表现为多向性，也就是说，对一个问题要从多个思维角度、多方向展开思路，以寻求多种多样的思路、方法和结论。一个好的创造者，必须思路开阔、思如涌泉。

思维起点灵活还表现为好的应变能力。思维方式多种多样，面对复杂的问题、偶发事件或意外情况，应能有的放矢、选准思维方式和方向，循着恰当的思维方向，提出新设想、新结构、新观点和新方法。

思维还应具有变通性。所谓变通性，就是面对问题或事件，要能因时因事采取恰当的应对措施，调整思维方向，从纵向、横向、发散、联想……多方向寻求出路，以相似、组合、求异……多种方法解决问题。

具体说来多方向思维主要有以下一些典型形式。

一、发散思维与收敛思维

发散思维与收敛思维概念，最早是美国心理学家吉尔福特（J·P·Guilford）从创造能力的角度，按照思维进程的方向，根据创造者在创造过程中表现出来的思维形式而提出来的。严格说来，发散思维与收敛思维两个概念的内涵，主要包括思维形式和思维方向两个层面，而在具体思维过程中还需借助于其他所有的思维方式进行思考，来寻求思维的结果。因此，可以说发散思维与收敛思维是以其思维形式实现各种思维形式与方法的综合思维。

1. 发散思维

发散思维（Divergent Thinking，又可译作辐射思维）是指在解决问题时，不拘一格地以仅有的信息为起点，突破已知领域和规范约束，充分发挥探索性和想象力，朝着各个方向去探寻各种不同的解决问题途径和答案的思维方式，如图 2-2 所示。

（1）发散思维的特点

发散思维作为创造性思维的主导方式之一，具有以下特点：

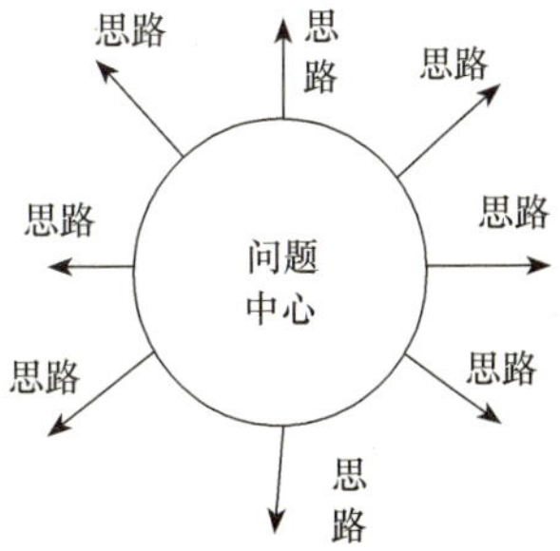

图 2-2 发散思维

第一，流畅性。发散思维，在思维表达上很少阻滞，对刺激也能很流畅的做出反应，扩散量也较强。

第二，变通性。也即发散的灵活性，它反映了创造主体转移思维方向的能力，思维方向的转移是思维对象质的转移，也易于促进创造主体进入创造性思维的灵感境界从而创造出新的思维形式和适应点。变通性越强，创造性可能越大。

第三，广泛性。广泛性是发散思维方法的根本特征，具有双重涵义：一方面，广泛性反映创造主体的经验知识和所处的环境，可以使思维的触觉不受时间和空间的限制，朝多种多样的方向（多结构、多机制、多功能、多信息、多方向……）探索。另一方面，广泛性也为思维对象本质转移，拓展了空间和提供了更多的机会，更好地完成解决问题的目的。

第四，独立性。独立性增大创造灵感产生的机会和产生独特想法的可能性。

爱迪生在发明灯泡时碰到最大的难题是灯丝材料问题，既无经验可以借鉴，也无理论可以指导；他尽可能地运用发散思维，共试用了1600余种耐热材料，6000多种植物纤维，连头发丝也未放过；最后终于找到了比较实用的材料，成就了发明的结果，也提高了灯泡的寿命和实用价值。事实说明，多方探索是解决问题必不可少的思维方式，探索方向越广、范围越大、成功的可能性也越高。

（2）发散思维的运用

应用发散思维，尽可能把研究现象或问题相关的所有因素和可能的解决方案都找出来，以便从“问题领域”把握问题的性质和规律，探索未知的世界；并通过新信息、新认识与观念的重新组合，找出尽可能多的相关因素和解决方案，寻求最佳结果。

发散思维不强调事物之间的相互关系，不受理论与传统经验的约束，也不寻求答案的唯一性。在某种程度上讲，发散思维过程相似于有“引导点”的直觉思维。

一切创造活动都是有目的的活动。采用发散思维方式，可以拓展思维时间和空间；但是绝非漫无目的的遐想，正如图2-2中所示，发散思维是以“问题中心”为起点进行发散思维的。运用发散思维需要做好如下几方面工作。

① 明确思维的起始点——问题中心。面对问题，创造主体的头脑中总要对研究的事物或现象有一个最初始的判断，并表明对它的态度。所谓明确思维的“起始点”就是针对所研究的问题、现象或创造目的做出初步定性判断，明确进行发散思维的宗旨和基本态度。通俗地讲，就是尽可能简捷的表述要干什么，形成问题的中心，就是发散思维的起始点。

例如，美国有一座有上百年历史的自由女神铜像，翻新后，现场留下2000吨废料，废料既不能就地焚化，也不能就地深埋，清理运输到垃圾场，运费又十分昂贵。正当许多人一筹莫展之时，一个叫塔斯克的人，自告奋勇地承包了这场苦差事。他运用发散思维，对废料进行分类利用，把废铜皮铸成纪念币、用废铝做成纪念尺、把水泥碑块做成纪念小石碑……一文不值、难以处理的垃圾竟成为含义深远、品种繁多、内容丰富的纪念品，一举身价百倍，既或还有要清除的残剩垃圾，也是微乎其微了。

上述事实无疑是利用发散思维的典型事例。如果深入分析我们就会发现清除垃圾→有效利用→纪念性产品三个递进的思维起点，这一实质的抽象过程，当然也是运用了发散思维。有了思维起点，也就使得发散思维有方向可循而不是费力的“海阔天空”。

② 不断地变换思维角度。思维角度受主客观两种因素影响。从客观的角度分析，事物之间都有其系统性的内在联系，每一思维角度联系一条思维主线；从主观角度看，不同的创造主体有不同的社会理念和科学修养，因对同一事物也有不同的认识，从而形成的不同的思维角度，而且随着时空条件的变化，思维角度也会随之改变。

当我们对事物做出基本判断，明确主体的基本态度，便会把这个判断拓展到整个事物和思维的各个方面。然而，客观世界是没有“纯而又纯”的事物，也就不可能有“纯而又纯”的思维。因此，对于某种事物、现象或问题的思考能够从“肯定”“否定”“待定”多种视觉进行思考，就会避免偏差和狭隘，从而有效地拓展思维，发现更好的解决问题的方法和发现人所未知的新东西。前例中，如何有效利用和生产什么样的纪念产品，都应用了变角度思维方式。

③ 采用多种思维方法。严格地说发散思维，只能说是典型的思维方式。在运用发散思维时可以尽量采用行之有效的思维方法，如直觉思维、想象思维与逻辑思维等，以提高思维的效果和效率。

④ 产生尽可能多的想法及尽可能不同的想法。发散思维不仅有广阔的思维空间，也有多种思维角度。主客观的条件和差异，从特性、规律、功能等因素出发尽可能寻求和产生尽可能多的想法和不同类的想法。以便于比较、分析产生好的、更多的创造结果。

中国古代有一个传说，柳下惠与盗跖（窃贼）兄弟，同时见到一罐蜂蜜，柳下惠以道德标准经验知识，想到的是可以养老，以颐养天年；而盗跖出于职业习惯认为蜂蜜可以粘门栓，认为用蜂蜜可以起润滑作用，以减少开门的响声。二者从不同的思维角度，有不同的思维结论，而两种结论也是客观和现实的；由此可见发散思维使之产生尽可能多的想法以及不同的想法是可能的。

⑤ 试着想出与众不同的主意。独创性是创造性思维的基本出发点之一，有创见的人往往提一些与众不同的见解和主意。用独创的方式思考尽管有很大的困难，但是，并非可望而不可即。主要的办法是注意掌握相关信息，特别是科学技术前沿信息，这样一是可有的放矢明确思维取向，二是有判断的标准，不仅帮助决定取舍，也可及时调整思维角度。以争取最理想的结果。

⑥ 集思广益与别人讨论，博采众长、诱导新思路提出新见解。发散思维的结果，并不是都是有价值的，其中有些结果还可能有错误。然而这一切并不能影响我们的发散思维，正与误、价值大与小都是比较、判断的结果。只有充分发挥发散思维的作用并对其结果作审慎地分析、判断，就会为创造活动开辟更好的途径。

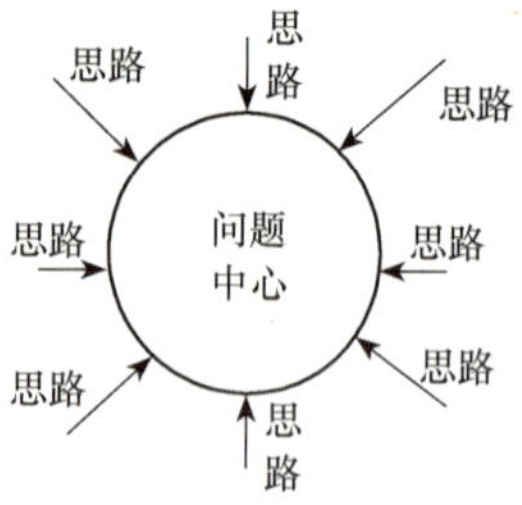

图 2-3 收敛思维

2. 收敛思维

收敛思维（Convergent Thinking，又译作辐集思维、聚合思维）是指在解决问题的过程中，能尽可能利用已有的理论知识和经验，把众多的信息和解题的可能性逐步引导到条理化的逻辑系列中去，从接收的信息中产生逻辑的结论思维方式。收敛思维如图 2-3 所示。

（1）收敛思维的特点

① 集中性。发散思维的思考方向是以问题为原点，分散的指标向四面八方，那么收敛思维则是把发散思维的结果，以相反的方向向问题中心集中，从众多方案中选择一个（或几个）比较合理的方案。通过评价选择的优化过程，向最优或次优方向发展以获得一个满意的结果。

② 连续性。发散思维的思维过程是跳跃或有间断性，思维角度也在不断地变化；而收敛思维的结果或要素之间是相关的，具有目的性和层次性，受因果链的支配，因而是一个连续过程。

③ 求实性。求实性反映了两个方面的问题，其一是目的与功能的统一性，收敛的最终的目标，是达到创造的目的并通过功能性体现出来，是客观的和现实的；其二是可行性，寻求的结果，必须是在客观条件下能够实现的结果，对在发散思维中得到的结果，比照规划进行必要的筛选和扬弃。

④ 逻辑性。收敛思维实际上是一种按照逻辑程序进行思考的方法，离不开逻辑思维常有的分析、综合、抽象、判断、概括、推理、归纳、演绎等思维形式，是一种有条理、有范围的思维，具有明显的方向性、判断性、稳定性和服从性。

（2）收敛思维的运用

① 选择恰当的收敛时机。发散思维是开放性的，无明显的止境，属一果多因的思维结果。寻求的影响因素太多，会增加比较的难度；如果影响因素太少，又影响决策的效果，因而必须选择恰当的收敛时机。例如洗衣机的发明与革新。问题的中心机理是使脏物与衣料“分离”，利用发散思维可以得到：搓（手搓、洗衣板搓）、刷、用棒槌打、漂洗、冲洗（压力水）、化学分离、振动分离……在此基础上进行收敛思维。对各种洗涤方法进行分析和综合，结合现有技术条件（权衡技术可行性、经济性、功能性……）寻找可行方案。经过比较、优化，寻求满意的结果。

② 把握收敛思维的度。收敛思维过程要根据现实情况，恰当而可行，尺度太宽，难免结果良莠不齐增加了最后决策的难度；过严，又可能把有发展前景的方案舍弃，而失去了良好的创造机会。例如一些实战坦克都备有两个油箱和油路迅速切换

装置。从表面分析是一种冗余，设计既浪费了工时、原料，也增加了操作难度。但是，审慎思维就会发现这种冗余方案是应实战需求切实可行的；试想，如果只有一个油箱，被子弹击穿漏油或切换不及时而使空气进入油路都会造成发动机熄火，在战场上其后果是不堪设想的。

③ 善于积累和运用知识与经验。知识与经验是收敛思维的基础，是建立设想与中心问题联系的桥梁。只有经过知识理论的充分调整，才能形成切实可形的方案，并为实施提供更大的可靠性。

（3）收敛思维与发散思维的区别与联系

收敛思维与发散思维的区别与联系。体现在以下几个方面：

首先，思维指向相反。收敛思维是集中，由四面八方指向问题中心；发散思维是拓展，是由问题中心指向四面八方。

其次，收敛思维是一种求同思维，要集中各种想法的精华，达到对问题系统全面的考察，认识事物的规律与特性。为寻求最有实际应用价值的结果，而对多种想法和相关因素进行梳理、筛选、分析、综合、统一认识、指向目标，而发散思维是一种求异思维，尽可能在广泛的领域中探索，拓展思维空间，寻求尽量多的不同的预选方案和解题方法。

再次，收敛思维是一种逻辑思维，发展方向是线性的，其结果具有必然性；发散思维为非逻辑思维，是间断的、跳跃的思维，其结果有或然性。

最后，收敛思维与发散思维是一种辩证关系。没有发散思维的多方搜索、广泛收集的结果，收敛思维就没有加工对象，收敛思维也就无从谈起；反之，没有收敛思维的理性思考、精心归纳、判断，发散思维的结果也不可能形成有意义的创造和发现，众多设想也将“付诸东流”。只有两者交替作用形成辩证的统一结果，创造结果才能圆满。

二、正向思维

正向思维是指按照常规思路或者遵守时间发展的自然过程，或者以事物的惯常特征与一般趋势为依据而进行的思维方式。以原因入手抽象，正向思维一般按照一定的逻辑规律思考，从分析原因入手，通过分析与综合、抽象与概括……从抽象到具体，经过逻辑推理由分散到集中而得出结论，思维过程一般是线性的。

值得说明的是，一提到常规思维（正向思维）人们就会与非创造性思维联系起来，忽视了其在创造中的基础作用。殊不知创造活动，大多数是从正向思维入手的，思维过程中的疑难障碍构成了诱发灵感的触点，使潜能发挥创造作用。只要人们能树立开放性的主导思想，就可以突破思维的障碍，使常规思维与创造性思维有机地结合起来，发挥正向思维的创造作用。

思维方式与科学技术发展是一致的。现代科学技术革命使分析思维走向整体思维。正向思维也同样要遵循整体性原则进行具体运作，在思维过程中应注意以下问题。

首先，任何客观事物都有其历史发展的自然过程，并经受过实践的考验，因此其演进过程也是有规律的。在思维过程充分注意事物的发展规律，寻求突破点，就能取得较好的思维结果。例如前面提到的洗衣机例证。用外力破坏脏物与衣物的粘结力、附着力，是洗衣服的本质特性。最原始的洗衣方法，就是使用肥皂（或其他碱性物质）和外力（搓、揉、漂……）的结合作用，肥皂在于溶解脏物或降低其粘结力，而达到节省外力的作用。最原始的洗衣机搅动棒（图 2-4）是支承在水箱的轴上，通过人力转动曲柄，使搅动棒代替手或棒打击的揉搓打击功能来洗衣，从而节省了人力，提高了劳动效率，而洗衣的根本特性与规律并没有本质的改变。现代洗衣机种类数不胜数，如机械波轮型、滚筒型、微波振动、等粒子去污……。力作用分解污物没有重大突破，至于一切自动控制则只是辅助功能。事实可以看出从事物发展的自然过程创新仍然是行之有效的思维方式。

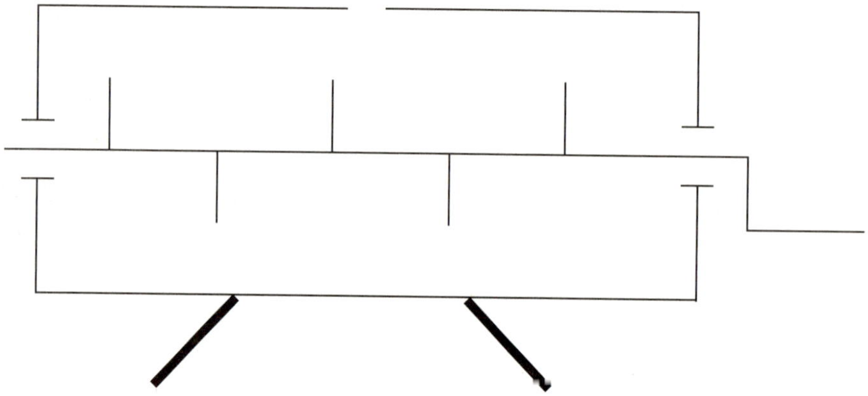

图 2-4　最原始的洗衣机

其次，从系统思维角度进行正向思维，充分注意部分之间的层次性与相关性从原来的以主要矛盾为方向的思考原则改变为以系统性为主线的思考原则。

再次，在思维过程进行综合性思考，重视主要因素的作用，并强调各种因素的相互联系和相互作用。

最后，从系统与整体性角度对事物进行思考，所有系统在整体上说都是非线性的;在思维过程充分注意有序与无序、确定性与随机性的统一。

正向发散思维并不表现为一种超稳态的情形和循规蹈矩地递进。在思维过程中，也能灵活机动的抓住机遇，通过演绎、联想……顺势而发、深入到问题的实质中去，或是向前拓展思维覆盖面，也可以获得解决问题的良好途径。

例如在第一次世界大战中，机枪与大炮的出现，造成了大量伤亡。一个法国工兵正在厨房值班，当德军炮击时，士兵急中生智，将铁锅扣在头上，而避免了头部受伤。一次平常的事件，却成了亚得里安将军的思维起点，并发散开来。铁锅→铁帽子→钢盔，为什么不能将铁锅改成铁帽子呢？一次发散思维促进了钢盔的“诞生”，大大减少了士兵的伤亡。钢盔也一直延续使用到今天。

我国古代的谚语“月晕而风”“础润而雨”“朝霞不出门”“晚霞行千里”“鱼鳞天，不雨也风颠”也都体现为正向思维，如果深入展开谚语，必将揭开许多“气象”理论的面纱，为准确的天气预报打下良好的基础和提供现实的情报。

三、逆向思维

有这样一个题目：有两支香，粗细、长短各不相同，但它们完全燃烧完毕的时间都是一小时。现在除了火柴以外没有任何工具，请测出半小时和四十五分钟。

上述问题的解决方案是：用火柴同时点燃两支香，一支香点燃一头，另一支香点燃两头；当点燃两头的一支香燃烧尽时，将另一支香的另一头点燃。这样，第一支香燃烧尽时，时间为半个小时；第二支香燃烧尽时，时间为四十五分钟。

在习惯的思维里，香是从一个方向点燃并燃烧的，而使香从两个方向点燃并燃烧，需要的不仅仅是突破思维习惯，更需要变换思维角度。而逆向思维就是一种典型的变角度思维。

逆向思维也叫反向思维，是一种创造性思维，它强调要从事物的反面或对立面来思考问题。逆向思维与正向思维相对应。正向思维是指人们运用过去的知识和经验，在已有理论指导下思考问题和解决问题的一种能力或方法。正向思维在人们日常思考和科学研究中起着巨大的作用。但是，由于人们受心理倾向、心理定势的影响，即在思考问题时，采取特定的思路一次，下一次采用同一种思路的可能性就越大。在一连串的思想中，一个个观念之间形成了联系，这种联系紧紧地建立起来，以至于它们的联结很难破坏，这样，就容易导致人们形成一种固定的思维模式，即习惯性思路或思维定势，如“守株待兔”的千古笑谈就是其中一例。

逆向思维则需要突破这种习惯性思路或思维定势。它是从事物常规的相反方面去探索思考问题和解决问题的一种思维方法。根据唯物辩证法的基本原理，事物都存在着正反两个对立面，所以人们在对待事物的时候就需要既看到正面也要看到反面，既看到前面又看到后面，既看到外面又看到里面。这就是逆向思维得以成立的基础。

人们的思维，在主流上正向思维，即凭借以往的经验、知识、理论（如演化理论）来分析和思考问题，这是人类文明得以源远流长和发扬光大的内在源泉，也是每一个体系得以逐步完善的根本所在。但是，其中的负效应也助长了人们思维定势或习惯思路的形成：知识越多，经验越丰富，思路也就越教条、越循规蹈矩。天才和聪明人正是心中藏着逆向思维才获得成功的。相反，一个知识或经验十分丰富的人，如果堵死了逆向思维的通道，遇到难题就只能一条思路走到底，最后陷入死胡同而不能自拔。由此可见，逆向思维对于开阔人们的思路是非常重要的。

1．逆向思维的基本形式

首先，在思维活动中，通过正视事物矛盾的对立认识和把握事物。事物都包含着对立的两方面，人们的认识和主观思维必须符合事物的实际，如果只注重一个方面而忽视了另一个方面，只看到矛盾的正面作用或正效应，而忽视了矛盾的反面作用或负效应，就会在实践中碰壁。只有看到事物矛盾着的两个方面，在事物对立着的两极中思维，才能全面而正确地反映事物、认识事物，在实践中取得成功。爱因斯坦正是有意寻求对立双方的同时存在和相互联结的情形，才能从对立事物中找到完美的统一，从表面上看来似乎不合逻辑的情况提出合乎逻辑的假说。

其次，在思维过程中，通过从事物矛盾的反面来思考，以达到认识事物、表达思想、进行发明创造和实现科学决策的目的。

事物都有正面和反面，相反的方面不仅相互排斥，而且可以互相联结，具有同一性。从事物的反面进行思考，比起从事物的正面进行思考来说，显得思考的角度更加广泛。认识事物不是只有一个角度，也不是只有两个角度，而是可以从多个侧面、多种不同的角度来揭示。各种事物、现象之间既有必然的联系，又有偶然的联系，一种原因可以产生多种结果，一个主攻方向上屡攻不克时，应研究背逆以往的分析、解决问题的途径，把问题的重点从一个方面转向另一个方面，从而打开一条新的思路。也就是说，思维在一个方面受阻时，就可以从相反的方向试试；反向思考如果不能解决问题，还可以再改换一下角度，另找几个侧面去试探。就如打仗一样，正面攻击敌人不利，就可以从后面或侧面发动进攻。

圆珠笔漏油问题的解决就充分显示了从事物的反面进行思考的巨大作用。早期生产的圆珠笔，由于笔珠磨损导致漏油而未得到广泛应用。为了解决这个问题，人们按照常规的思维方式进行思考，即从分析圆珠笔漏油的原因入手，来寻求解决问题的办法。漏油的主要原因是由于笔珠受磨损而蹦出，油墨就随之流出。因此，人们首先想到的解决办法就是增强圆珠笔的耐磨性。于是按照这个思路，人们在增强圆珠笔的耐磨性的研究上投入了大量的精力，甚至有人想用耐磨性极强的宝石和不锈钢作笔珠，经过反复试验，这种思路又引发了新的问题，由于笔芯头部内侧与笔珠接触的部分被磨损，仍然可以使笔珠蹦出，也能导致油墨流出，漏油的问题还是没有解决。正当人们对漏油问题一筹莫展之时，日本发明家中田鹰三郎打破了思维常规，运用逆向思维解决了圆珠笔漏油问题。他认为不管使用什么材料作笔珠，圆珠笔都会在写到两万多字的时候开始漏油，那么，解决问题的关键便不是选取什么材料作笔珠，而如果控制圆珠笔的油墨量，使所装的油墨量在漏油前已经用完，不就可以解决漏油的问题了吗？于是他便改变圆珠笔的油墨量，使所装的油墨量只能写到一万五千字左右便用完了，漏油的问题迎刃而解。从这个例子里，我们不难体会到逆向思维的巨大作用。

在社会生活中，从反面来思考，有时是通过利用人们的逆向心理来实现的，逆向心理即抗拒心理，也叫心理抵抗，是指人们对某种行为、思想或宣传采取方向相反的态度，或仍保持原来的状态。有人认为，逆向思维与逆反心理无关，其实这种说法有些欠考虑，因为逆反心理正好为逆向思维提供了社会心理基础。三国时诸葛亮玩“空城计”，也正是在一筹莫展之际，充分利用了司马懿的逆反心理而获得成功的。司马懿以为诸葛亮向来用兵谨慎，怎么会在此设一空城呢？想来必有伏兵，赶快撤退，恰好中了诸葛亮的计策，过后司马懿追悔莫及。

最后，凡做一件事情都从反面想想，可以弥补只从正面思考的不足。

在分析问题、进行决策时，逆向思维的作用不可低估，人们常用“凡事预则立，不预则废”的古训来提醒自己，这里的“预”，也包括着把事情反过来想一想。二战结束之后，有一个英国人和一个美国人同时到一个岛上去推销鞋。他们到了该岛之后，发现该岛上的人全都赤着脚，根本就不穿鞋。于是英国人向总部发回电报：该岛上的人根本不穿鞋，没有销售市场。而美国人则相反，报告总部说，该岛上目前还没有人穿鞋，极具市场潜力。后来，美国公司免费赠送给该岛居民许多鞋子，并且教会他们如何穿用，让岛上居民逐渐体会到穿鞋的好处，从而占有了整个鞋业市场，大大赚了一笔。

由此可见，在商业竞争中，谁能从反方向来思考一下问题，谁就可能抓住商机。日本的丰田第一任老板田章一郎说：我这个人如果说取得了一点成功的话，是因为我对什么问题都倒过来思考。倒过来思考，才能不断提出新问题，比别人想得更深、更全面，找出更多的“第二正确答案”。对于一个濒临破产的企业，如果能找出第二种正确答案，就能起死回生，卷土重来。一个优秀的企业家往往能突破单一的思维定势，找出第二个正确答案，使企业在竞争中立于不败之地。

在体育比赛中更是如此，正如奥斯本所说，最好莫过于提出这样的问题：我们的竞争对手为了超过我们会做什么？1981年世界杯之前，中国女排为了迎战世界强敌前苏联队，主教练袁伟民专门从全国男排冠军队——江苏男排调来三名主力队员，模仿前苏联队的打法给中国女排作陪练，从技战术等方面加强自己队伍。终于在该年度的世界杯赛中战胜了前苏联队，第一次夺得了世界冠军。众多的球队在比赛之前，都是把对手的比赛录像拿过来反复研究，包括球队惯用阵型、打法乃至每个队员都进行分析，从而制定出克敌制胜的奇招。

美国微软公司的总裁比尔·盖茨在开始创业之时，只是一个大二学生，既无资金，也无厂房。当时，大型计算机几乎控制着整个计算机行业，而小型机也只是刚刚占有一席之地，微机还是个人可望而不可即的奢侈品。比尔和他的同事另辟蹊径，把注意力放在个人计算机系统的开发上，开发出个人计算机不可缺少的操作系统——DOS，使个人计算机的使用上了一个新台阶。而后，他又大胆地逆向思维对DOS不加密，占领市场，当个人计算机普及之时，他利用独有的市场条件，提出了与个人计算机捆绑销售的策略，获取了巨大的财富。

总之，逆向思维告诉我们，在优越感中要警惕危机的因素，而在危机中又要看到优越的所在；在顺利的环境中要看到逆境的存在，在逆境中要看到顺利的可能；在成功中看到有失败的部分，在失败中更要看到成功的基因；富裕和贫乏，团结和分裂，前进与倒退等等都是相互渗透、相互依存、相互交融的。

2. 逆向思维的类型及应用

逆向思维可以划分为思维逻辑逆向、因果关系逆向、结构逆向、序列逆向、状态逆向、原理逆向、功能逆向、方法逆向、优缺点逆向、无用有用逆向等几种类型。

（1）思维逻辑逆向

所谓思维逻辑逆推，就是指从要解决问题的结果出发，从结果推向解决问题的方法。邓小平理论中的很多论断就是这种逆向思维。

1978年10月开始，在中国大地上展开了一场关于真理标准问题的讨论。这场全党全国范围的大讨论，冲破了“两个凡是”的教条主义禁锢，推动了全国性马克思主义思想解放的运动，也为邓小平理论的创立提供了条件。在研读小平理论时，我们不难发现小平理论的许多方面论断都体现着逆向思维的特点。

首先，“三个有利于”标准体现着典型的逆向思维。

1992年春，邓小平同志在南巡谈话中，精辟地分析国际国内形势，科学地总结了十一届三中全会以来党的基本实践和经验，明确地回答了经常困扰和束缚我们思想的许多重大认识问题。并且郑重告诫全党全国人民：判断是非的标准，应该主要看是否有利于发展社会主义生产力，是否有利于增强社会主义国家的综合国力，是否有利于提高人民群众的生活水平。这“三个有利于”后来被写进十四大报告和中国共产党党章总纲，成为判断各方面工作是非得失的根本标准。

从这里我们不难发现这样一个模式：

图 2-5 逆向思维模式

从图 2-5 我们可以清楚地看到这“三个有利于”标准体现着典型的逆向思维。因为一个社会主义国家的目标便是发展生产力、增强综合国力、提高人民群众的生活水平。所以，我们可以从这个目标出发，逆向推出我们应该采取的路线、方针和政策，然后再按照已经确定的路线、方针和政策去实现我们的目标。

其次，逆向思维在邓小平理论中是以总的目标为前提的，是决不可以理解为实用主义的。

邓小平理论中有许多很风趣的论断，在认识中我们争论最多的就是“黑猫白猫，抓住耗子便是好猫”的论断。“猫论”是典型的逆向思维观点，这是不言而喻的。但有人认为“猫论”中体现着实用主义的哲学思想，这是对“猫论”这一问题的曲解。

“猫论”这一问题的最早提出本身就是有明确目标的前提下完成的。在中原野战军挺进大别山的战斗中，“中野”血战南汝河，刘伯承元帅提出必须打过南汝河，并且以“猫论”举例。这里我们可以清楚地认识到“猫论”的首次提出便是在战胜敌人的总前提下的产物。

而在新的历史背景下，邓小平同志提出“猫论”和“三个有利于”都是在“一个中心两个基本点”不动摇的前提下提出的。因此，我们说在社会主义方向性的关键问题不动摇的前提下谈“猫论”本身就和实用主义不沾边。

归纳与演绎、抽象与具体等逻辑思维方法就属于思维逻辑逆向推理。

（2）结构逆向

结构逆向就是从已有事物的结构形式出发进行逆向思维。以通过结构位置的颠倒、置换等，使该事物产生新的性能。

例 1：风扇是通过风扇叶片表面的曲率作用空气而实现排风的，可以将室内污浊的空气排到室外，或通过空气流动，达到降温的目的。如果将风扇叶片沿轴向反向安装，则风扇就变成了引风机而将室外的新鲜空气引入室内。

例 2：汽车的发动机，过去一直按在汽车的前方（车头位置），这样可以缩短操纵机构的尺寸（变挡杆、油门、离合器、踏板）增加车头的重量，转向比较稳定（前轮附着力增加）但却增加了转向力。如果发动后置（车尾位置）操纵机构增长了操纵机构的尺寸，也增加了后轮的敷着力提高发动机效率，使操纵变得灵活省力。

（3）序位逆向

序位逆向是指顺序或方位相对事物原来状态逆向变动，以产生新的效果。

① 从时间顺序上进行逆向思维。海南省崖县的农民孙会照，1982 年开始养鸭，每只都养到 6～7 斤以上才出售，结果因鸭大而滞销，顾客嫌一次性花钱太多不想买。孙会照逆向经营，变大为小，把鸭养到 2～4 斤左右就上市，滞销变畅销。通常情况下，人们的思路是鸭养的越大越能赚钱，如果滞销了，只会怪顾客中吃鸭的人少了。而孙会照不仅细细琢磨顾客的心理，还来个逆向思维，巧妙地解决了这个问题。

后来，孙会照又从市场供需中得到启示，每年鸭上市，都集中在夏秋两个季节，这时鸭旺价贱，旺季一过，价格回升。能不能再进行逆向思考，反季节养鸭呢？于是，他通过大胆实践，饲养的鸭在淡季上市，从中获得较高的效益。

孙会照所使用的方法为时差反弹——与季节相进，推出产品。目前在北方比较流行的反季节蔬菜种植也是典型的顺序逆向。物以稀为贵，逆向经营反而得大利，这就是事物变化的辩证法。

② 从程序上进行逆向思维。某厂招收熟练技术工人的一般程序是：笔试、口试、操作考试，最终结果不尽如人意，一部分有创革新能力、技术熟练的人却因不能强记硬背不善言谈前两次考核已被淘汰出局。后来他们把考核程序倒置，把实践操作摆在首位，招收一批本领过硬的合格员工。

③ 反方向上进行逆向思维。所谓方向逆向就是通过改变事物的方向来解决问题。我国北宋大臣、史学家司马光在幼年时候砸碎水缸救人就是利用方向逆向，从逆方向思考获得成功的典型实例。

儿时的司马光，和许多同龄的孩子们一起玩耍。一次，一个孩子不慎跌进了盛满水的水缸里，眼看就要被水淹死。在场的孩子们都因为没办法救他，被急得手足无措，哇哇乱叫。只有小司马光沉着冷静地举起一块大石头砸向水缸。水缸被砸破了，缸里的水流了出来，跌进缸里的孩子得救了。为什么多数孩子急得手足无措呢？那是他们习惯于传统的正向思路：想把被淹的孩子从水里捞出来。孩子们没有那么大力气，也没有那么高个子，所以只是空着急。司马光的砸缸救人，就是从反方向考虑，实现了位置方向的逆向：不必让人躲开水，而是叫水躲开人，同样能够达到救人的目的。用这种方法救人，只要用石头把缸砸破就行了。工业设计中的液压泵与液压马达、吹风机与排气扇、空气压缩机与活塞泵、电磁原理等均属方向相反的逆向思维的实例。

火箭是向天上打的，前苏联工程师米海依尔却反其道而行之，于 1968 年研制成钻井火箭，不但每分钟进尺 10 米，耗能也减少了 2/3，效率提高 5～8 倍，重量却只有普通钻机的1/7，是十分有现实意义的科学发明。

④ 从位置（方位）进行逆向思维。所谓位置逆向就是通过改变事物中组成部分所处的位置来解决问题。日本在修筑大阪城时，解决从海岛搬运重量巨大的原材料——“巨石”的办法就是典型性的位置逆向。

在日本，有个著名的“巨石载船”故事。日本大正11年（即1522年），丰臣秀吉平定了战乱之后，准备修筑大阪城。为了把大阪修成一座固若金汤的名城，需要很多巨大的石头。经过调查，得知在日本西部的一个海岛上可以采到合格的石块。它每块有50张席子那么大，搬运很不方便。特别是装船东运时，一装船，就要把船压沉到水下，试了几次，都不能把这样的巨石运走。就在大家无计可施的时候，一个人站出来说：“看来用船载石是不可能了，那就用石载船吧！”大家按照他的说法，把巨石捆在船底，使石头完全淹没在水中，而船却有一部分露在水面之上，这样果然顺利地把石头运到了大阪。

为什么这样能使船正常地航行呢？大家知道，水作用于物体的浮力，等于该物体所排开的水的重量。石头在船上时，如果石头很重，船所排开的水不足以使其浮力与总重量达到平衡，船必然沉入水下。而石头在船下时，首先把大体积的石头全部淹没，产生了相当的浮力，而后船体再排开一部分水，又产生一定的浮力，这样，总浮力就可以和总重量平衡了。

巨石载船的妙计，就是打破传统思路，运用逆向思维的结果。

下面的设计压力容器密封盖位置的例子，也是属于位置逆向的典型实例。设计者将密封盖从罐体外侧移入内侧（图2-6），由于借助法兰的自身强度和罐内有压物质的压力，既可提高密封效果，又可大大缩小螺栓的结构尺寸，节省材料。

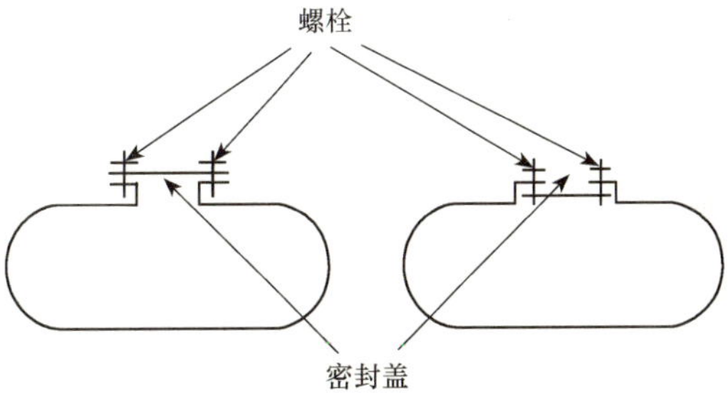

图2-6

（4）状态逆向

状态逆向是根据事物某一状态的反面来认识事物，从中找到解决问题的方法。

石油化工生产的副产品甲烷等气体是很好的燃料，可以供应民需，如果为气态远距离输送必须通过管道来完成，由于使用单体分散，造价将十分昂贵；采用逆向思维，将气体加压而变成液态装入罐中运送到用户，不仅方便灵活，而且降低了成本，不仅城市，乡村、市场、食品摊点都可以受惠。必要时煤气、天然气，均可以使用此法，不失为一项逆向思维的好成果。

用牛头刨床加工零件，使零件固定不动，刀具运动。受工作台和刀具行程限制只能加工一些小零件，加工效率也低。发明龙门刨床以后，与原来加工状态正好相反，零件运动而刀具不动（刀具定位旋转则转化为龙门铣），不仅增加了刀具运动速度而且工作台面积与行程都有大幅度增加，不仅工作效率提高了，而且可以加工的零件体积也扩大了。龙门刨床的发明也是状态逆向的成果。

（5）原理逆向

原理逆向是指从相反的方面或途径对原理及其运用进行思考的思维方法。

原理逆向的例证，在现代科学技术中可谓比比皆是，也大大地促进了科学技术的发展，如应用电磁原理的转换发明了电动机。

在日常生产中，这样的例子也很多，用于包装的塑料口杯（图 2-7）可以正压成形（吹塑），逆向思维也可以采用负压成形（真空吸塑）。改变加工原理后，使片材加热方便，变形也更加均匀。又如要把两个零件压装在一起，并要传递力或扭矩比如轴和齿轮的配合关系（过盈配合）。过去使用的方法是将齿轮加热，膨胀后，套在轴上，冷却后使其与轴紧配合在一起，加热方法势必使齿轮金相组织发生变化，也影响表面质量。采用逆向思维，用低温（－270℃以下）冷却轴，用轴收缩的原理装配，效果一样，齿轮质量却不受影响，也是工艺方法的逆向思维实现的创造成果。

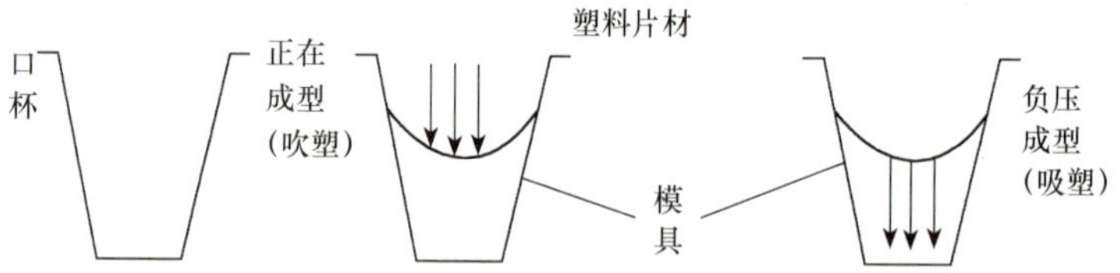

图 2-7　塑料口杯成型

（6）功能逆向

功能逆向是从原有事物功能上进行逆向思维以寻求解决问题，获得新的创造发明的思维方法。

前述例证中的排风扇改制成引风机，工业中的液压泵与液压马达都是功能逆向思维的实例，属于功能执行媒介方向逆向。如空气流动方向的转变、利用流水的动能或势能，推动水轮作动力加工米、面，已有一千多年的历史；随着科学技术的发展，以同样的原理进行发电，所得电能可以远距离输送，扩大了水利能源的利用范围，是科学发明的一项壮举。逆向思维，电能又可以带动水泵使水增加了势能用来灌溉，这也是功能逆向的一个例证。功能逆向的结果是能的转化和原理与过程的逆向转化。

（7）方法逆向

方法逆向是根据办事的惯常作法，从其反面来认识工作方法实质，从中找到新的工作方法。

传统的教学方法是在教室里，师生面对面的教学方式，受资源和条件的限制，只有少数人获得受教育的机会，想听知名教授和学者讲课，更是可望而不可即的事情。随着网络传输的普及，大型开放式网络课程即 MOOC（Massive Open Online Courses），有条件改面对面教学为远程教学，大大地拓展了教学空间，也使更多的人获得受教育的机会。由近距离教育到远程教学的方法转化，MOOC 可谓是“功在当代，利在千秋”。

传统商业规则是顾客去商店购买商品，商家为了提高市场竞争能力改用送货上门的方式，顾客可以在家中坐等；网络出现后，顾客借助网络还可以实现网上支付，这种电子商务方式无疑也是商业运作方法的逆向革新。

（8）性质逆向

客观事物都有其独立的特性，而事物特性对客观环境影响是不一样的；从事物性质的相反方向考虑，从中找出积极因素，用于解决实际问题，也是创造与创新过程不可缺少的一种思维方式。

生活中有很多性质相反的产品，同样起到了活跃市场，丰富人民生活的作用。甜瓜可以刺激人们的口感，增加了人体的含糖量，苦瓜则有去暑利尿的功能。香干（豆腐干）与臭豆腐同样受到人们的喜爱。受五香花生米的启发生产的怪味豆同样是一种利用性质逆向的产品创新。再比如在生产中将钢材加热到一定程度（规范）可以增加材料的韧性和均匀性，如果加热后的材料急剧变冷则材料变得坚硬也增加了强度，这就是利用金属冷热变化的热处理工艺。人们受到热处理的启发，扩展思维，进而又发明了冷处理工艺，使金属在超低温条件下发生相变，生产出优质的特种钢材。

（9）优缺点逆向

中国有句古话，叫做“有则改之，无则加勉”。就是说，有了缺点和错误，一定要想办法改正；即使没有缺点和错误，也要时刻提醒自己，不要犯类似的错误。因此，一提到“缺点”，人们就习惯地抱以否定的态度。有谁会喜欢缺点呢？优点与缺点都是事物明显的性质。然而优、缺点也是环境的产物，是矛盾的统一；也就是说事物的优、缺点也是相对的。采用逆向思维，创造合理的环境与条件，优、缺点也可以实现转化，变不利为有利，成为创造性的成果。

姆士·杨是新墨西哥州高原上经营果园的果农。每年他都把成箱的苹果以邮递的方式零售给顾客。有一年冬天，新墨西哥高原下了场罕见的大冰雹，一个个色彩鲜艳的大苹果被打得疤痕累累，詹姆士心疼极了。“是冒着会被退货的危险呢，还是干脆退还订金？”他越想越懊恼，歇斯底里地抓起受伤的苹果拼命地咬。忽然，他发觉这苹果比以往更甜更脆，汁多味美，但外表的确非常难看。“唉，多矛盾！好吃却不好看。他辗转反侧，夜不能寐。一天，他忽然产生了一个创意。第二天，他根据构想的方法，把苹果装好箱，并在每个箱子里附了一张纸条，上面写着：“这次寄奉的苹果，表皮上虽然有点受伤，但请不要介意，那是冰雹的伤痕，这是真正在高原上生产的证据呢！在高原因气温较低，因此苹果的肉质较平时结实，而且产生一种风味独特的果糖。”在好奇心驱使下，顾客莫不迫不及待地拿起苹果，想尝尝味道。“嗯，好极了！高原苹果的味道原来是这样！”顾客们交口称赞。

陷入绝望的詹姆士·杨所想出来的创意，不但挽救了他重大的危机，而且大量订单专为这种受伤的苹果而来。

追求完美，是人之常情。对于事物的缺陷，是否就该一概排斥呢？詹姆士·杨的成功给了我们一个特别的启示：巧用缺陷也是一个能助你走向成功的好方法。

优缺点逆向也称“缺点逆用”“巧用缺陷”，它的目的是要化弊为利。使用这一思维方法，首先要发现事物可利用的缺点。一般说来，发现事物的缺陷并不困难，要找可以利用的缺陷却不容易。因为缺陷多是人们在特定场合要排斥的，所以，人们往往习惯地认为在其他场合也应加以排斥而不考虑运用。在发现可利用的缺陷后，紧接着要分析缺陷，抽象出这种被认定为缺陷的现象后面所隐藏的可以利用的原理和特性。在一定科学原理的指导下，便可构思巧用缺陷或设想的方案了。

疫苗的本质是有毒的，人类充分利用这一缺点在人体中接种少量疫苗，并通过疫苗的刺激作用，使人体生成抗体，足以抵抗大量疫苗菌类的侵袭，起到了防疫的作用；这无疑是人类利用优、缺点逆向思维，造福人类的一项重大发明。

（10）无用、有用逆向

无用、有用逆向就是把无用之物变成有用之物，生活中有很多物品往往由于为它寻找到新的适用位置而获得新价值，也可以说是变废为宝。

战国时惠施有一次对庄子说：“别人送给我一个大葫芦种子，我种下后结出个百多斤重的大葫芦，用它盛水，重得拿都拿不动，剖开做瓢，又想不出该用它盛什么，实在是大极了，因为没什么用我就把它砸碎了。”庄子听了之后说：“其实每件事物都有它自己的用场，你认为它无用，是因为你没把它安排到合适的位置，假使有朝一日派上用场了，无用的就能变成有用的了。像你的大葫芦，如果让它浮在江湖之中，做个盛酒用的酒器不是很好吗？”

1859 年，只有 20 岁的美国药剂师切斯博罗在参观宾州新发现的油田时，遇到了一件值得思考的事，在油田里，石油工人们非常讨厌“杆蜡”，说杆蜡是油井抽油杆上的蜡垢，是一种毫无用处的废物，工人们必须经常清除这种废物，才能使抽油秆有效地工作。

切斯博罗想，杆蜡是和石油一起生成的矿物质，说不定在什么地方会有用的。于是便进一步问道：“这东西难道真的一点儿用处也没有吗了？”工人们告诉他说：“杆蜡对钻井或许是一无是处，但用它来治疗烫伤和割伤倒还有点用。”切斯博罗听了心里一动，他收集了一些杆蜡的样品带了回去。

他研究提炼、净化这些渣滓的方法。终于从这些石油渣滓中提炼出了一种油脂，并把它净化成半透明的膏状物。这膏状的油脂有什么用呢？因为他是个药剂师，自然往医药方面想得多一些。

有一次，他的手腕碰伤了，找来一盒药膏准备敷伤。可他打开药盒时，发现药膏变质了，上面有绿色的霉点。他向卖药的药房主管询问，主管说：“药膏是用动物油和植物油调制的，时间长了就要腐坏。”切斯博罗听了心中豁然开朗，连声说：“谢谢，非常感谢！”捂着手腕就往回跑。药房主管非常诧异，心想：药膏变霉不要求赔偿，还说谢谢，真是个怪人！

切斯博罗弄来了一些药物，开始用他制作的油膏做调制药膏的实验。第一个被试验的就是他自己。他把这种药膏涂在自己的手腕上，很快就养好了。为了完善这项发明，他还不只一次把自己割伤、刮伤、烫伤，看看这种药膏对不同伤口的作用如何。经过一些改进，效果也都不错。

1870 年，他完成了研究工作，建立了第一座制造这种油膏的工厂，并把油膏定名为“凡士林”。

现在，凡士林油膏行销 140 多个国家，消费者找出了上千种方法使用它。

四、侧向思维

侧向思维（Lateral Thinking）概念是由英国学者E·德波诺首次提出的。Lateral“有侧面的”“横向的”多种意思。从方位角度侧向比横向领域更为宽泛，我们将其称为侧向思维。

1. 侧向思维的涵义

侧向思维都是相对正向思维与逆向思维而言的。就方位而言，正向思维与逆向思维是垂直的，向纵深方向发展的，直线式的思维遵从逻辑思维规则，相当于收敛思维形式，而侧向思维则是多向的，向空间发展，向四面八方扩散的思维，属非逻辑的发散性的思维形式。但是侧向思维与发散思维也有一定的区别，因为侧向思维除了具有发散思维，向主导的观念、概念规则挑战的特性外，还把思维延伸到注意力的层次，是一种背离理性规则的探索各种可能性的思维。侧向思维，可以充分利用好奇、想象、机遇等。各种方式和机会，扩展思维，另辟蹊径。

2. 侧向思维的特点

（1）侧向寻找解决问题的方法

侧向思维在解决问题时，一般暂避开主导思维方向，而从侧向寻找解决问题的方法。

采用主导思维方向，容易被规范、形式限制，而使思维陷入唯一的确定途径，不仅阻碍了更新颖的思维方法和其他可供考虑的方案；甚至因为产生无法规避的障碍，而无果可收。如果事先挑选并规避了主导观念和方向，则可以去掉思维的羁绊，敞开思维，以寻求更好的方案。

自古以来，西瓜的瓜蔓都是趴在地上，长出来的西瓜也是躺卧在地上。中国有句古谚："瓜田不纳履，李下不整冠。"（出自汉朝古乐府）说明西瓜匍匐在地上的现实至少存在1800年了。长久的存在，使人们认定这是一种必然现象。

河北省新乐市邯邰镇是个产西瓜的地方。为了改善西瓜的质地和产量，镇政府组织科技人员和老瓜农成立了专题研究组。他们从黄瓜、丝瓜等都是在架子上开花结果的现实，联想到西瓜也有这种可能。并且想象，西瓜一旦爬上了架子，由于光照的均匀和空气的畅通，西瓜的质地和产量都将大幅度提高。就是根据这些基本设想，从1996年开始，他们进行了试验研究。

经过3年试种，他们积累了丰富经验，创造了奇特的业绩：①躺卧在地上的西瓜，在和地面接触的地方有一块颜色浅淡，这里面瓜瓤口感欠佳。而在架子结的西瓜处处都非常鲜美。引来许多瓜商千里迢迢前来订购；②爬架的西瓜种植密度高。平均亩产由原来的3000～3500公斤增加到5000公斤左右；③上市时间提前。按1999年的情况，爬架西瓜上市时间提前了20天，经济效益显著提高。

由于研究组的创造性工作，爬架西瓜种植面积年年扩大，群众受益不断提高，种植西瓜成了邯邰镇的支柱产业之一。

由于他们能冲破传统观念，源于和有关事务类比的联想，发现了新规律，创造了新办法。

（2）把迂回思维作为解题技巧

侧向思维在思维过程中注意思维角度范围的变化，把迂回（不是从正面）思维作为解题的技巧。

由于注意力，观察角度和范围的变化，思维更加宽阔，使解题方法的数量和质量都有明确的提高。在20世纪50年代，有一次外国记者问周恩来总理："中国银行有多少钱？"面对这一不友好的询问，若从正面无论怎样回答，都不会产生良好的效果。只见周总理坦然地笑笑说："中国银行嘛，共有拾捌元捌角捌分钱，人民币是中央人民政府发行的货币，具有极高的信誉。"在场的中外人士经过短暂的惊讶而反应过来之后，立即钦佩地报以热烈的掌声。因为当时流通的人民币共有十种面值，即：拾元、伍元、贰元、壹元；伍角、贰角、壹角；伍分、贰分、壹分，它们相加的总和正是"拾捌元捌角捌分钱"。外国记者本意是想让总理说中国银行里没多少钱，进而产生尴尬局面，但周总理改变思维方向运用侧向思维作出的巧妙回答，可谓语惊四座。这种出神入化的思维既无懈可击，又极大地维护了中国金融的威信。

（3）采用间接注意的策略

侧向思维在思维过程中采用间接注意的策略，使注意力不直接指向目标，而是通过目标与间接目标的有机联系，自然地达到解题目的。

整个程序可化解为：目标：A—F_a但是从A直接到F_a有阻碍。这时转而注意与A有联系的X，再寻求X与F_a的内在联系，由X—F_a，变成A—X—F_a。例如，在汉朝时有一个农民进城时不小心把一个摊贩卖的馓子（油炸的面食，细条相连扭成花样）碰撒在地上全都碎了。农民认赔，但在赔偿的数量上却起了争执：农民说只有50个，摊贩说起码有300个。争执不下，两人一同到京兆府打官司。京兆尹孙宝见馓子全碎了、无法复原，也就数不出数量来。农民因此尽量少说，小贩则尽量多估；如果估个数量，肯定双方各不服气，必然是个糊涂案；于是，他把数量与重量联系起来思考，孙宝叫人买了一个馓子，并把碎的馓子碎渣收集起来，分别称出重量，用馓子碎渣总重量与单个馓子的重量相除得出馓子的个数，作为赔偿依据；双方无话可说了，旁观者也赞不绝口。把追求馓子的数量转向为"比较馓子的重量"就是间接思维的方法。

（4）侧向思维是启发性的

侧向思维是不同于重视分析的传统的正向思维，不受整体性的各种要素属性、阶段性等各项约束，而是启发性思维，使用时可以跳出原来的固定范围，充分发挥自觉想象的作用。凭着客观现象的诱导，启发展开创造性思维，追求新颖的解题方法。

发明家莫尔斯在发明电报的过程中，遇到了一个极大的问题，即电报信号在长途传输过程中发生衰减现象。他一直陷在苦思冥想之中。一天，他坐驿车从纽约到巴尔的摩，一路上都在沉思他的问题，当驿车到达驿站时，车夫更换了马匹，又重新以极大的速度奔向前方。莫尔斯望着奔驰的骏马，望着飞快掠过的路面，眼睛一亮：驿站换马，解决了马在长途奔跑中力量衰减的问题，那么在电报的线路沿途设置放大站，不断放大信号，不就解决了电信在长途传播过程中的衰减问题吗？他经过实验，终于获得了成功，发明了电报。驿车换马与电报信号传输，原本毫不相干，但由于“驿站换马”这个诱因的刺激、启发，引导了莫尔斯向另外的方向去思考，侧向思维使发明家产生灵感，联想到电信传播，从而解决了问题。

从上例可知，侧向思维是从其他离得很远的事物中，通过联想，获得启示，从而产生新设想的一种创造性思维方法。

（5）侧向思维是跳跃性的外向性思维

侧向思维无需受常规的限制，不用一步步的推演程式，因而有助于发挥潜意识的作用，激发直觉、灵感的产生，随机的捕捉信息，得到新的认识。

“任意角等分仪”的发明，就是运用侧向思维法的结果。一开始，研究者感到需要简便地等分任意角时，并不知道这是一道著名的世界难题，即用圆规和直尺不能三等分已知角，当研究者知道这是一道著名的世界难题后，并没有退却，而是想尽各种办法，决心使这项研究继续下去。一天，研究者无意中打开扇子，突然受到启发，惊奇地发现，把几个等腰三角形连接起来就像一把扇子，而打开扇子就看到许多等分角，扇子的轴就是几个角的公共点，从而使研究者联想到等分角的办法。经过进一步研究发现，沿着等腰三角形底边上的高，开一条导向槽，用一枚大头针配合，公共顶点就可以沿槽任意移动，这样就可以任意等分角了。用此方法，就发明了非常精致简单而又经济实用的任意角等分仪。

（6）侧向思维不受固定目标的约束，可以从多方面寻求解题方案

侧向思维易于接受偶然性信息，建立新的思维模式。而这些信息一般不存在于事物的内部而来源扩展思维的寻找，并从看来不甚相关的信息中带来新的希望。

研究免疫力而获得诺贝尔奖的俄国生理学家梅契尼科夫，曾为机体同感染作斗争的机理问题绞尽脑汁。一天，他对海盘车的透明幼虫进行观察，还把几个蔷薇刺投进一堆幼虫中，那些幼虫马上把蔷薇包围起来吞食掉。他立刻联想到刺扎进手指时，白血球就把刺包围起来，把这个异物溶解掉。经进一步研究，于是产生了吞噬作用学说，从而揭示了高等动物身上的吞噬细胞，在炎症过程中起着保证机体的作用。

3．侧向思维的一般方式方法

（1）直接定向强方法

在改变思维方向的过程中，思考者可以根据以往的知识和经验或某一指导原则，以判断出解决某一问题的方法所在的方向，于是撇开其他方向，敏锐地直接选择这

一方向进行思考和研究的思维方法。这种典型的侧向思维方法被称为直接定向强方法。

这种方法可以用公式 A → X → F_a 来表示。其中 A 为已知材料，X 为新现象，F_a 为答案。由于新现象 X 与已知材料 A 之间有直接的联系，使思考者能够迅速地识别该新现象的模式，判定答案 F_a 直接蕴含在已知材料之中，从而瞄准这一方向寻求正确答案，而不必尝试用别的方法来解决问题。

东汉时期，句革县衙受理了这样一桩人命案：弟弟状告嫂子谋杀亲夫，要求偿命。而嫂子披麻戴孝泣不成声，疾呼喊冤。并且边说边哭“丈夫命苦！”说是丈夫醉酒后睡在床上，家中失火，丈夫没有跑出来，被烧死了。

原告则完全不理会这些陈词，一口咬定是嫂子害死了哥哥之后，故意纵火烧房子，以制造假象。原告被告各执一词，僵持不下。

按照当时衙门里的惯例，知县可以下令对被告施刑，逼她招供。但是审判此案的知县张举却没有这样做。他用了一个非常科学的办法，明断了这桩案件的真情。

张举叫差人弄来两头猪。杀死其中的一头，另一头还活着。把它们都放在猪圈里用柴火烧。烧完以后，拿来做比较。结果发现：那头活活被烧死的猪嘴里有灰，而事先杀死的那一头，嘴里没有灰。根据现象分析，活着的猪在被烧死之前还一口一口地吸着带烟的空气，而被杀死的那头猪没有这个过程。这样，张举就得到了判断死者是否被害的客观标准。根据这个标准再去验尸。发现死者嘴里没有灰。因此，张举断定被告是先害死了丈夫，而后再烧的房子。在事实面前，被告再也抵赖不了，承认了自己的杀夫之罪。其他官吏、差人，以及附近的老百姓，也都为张举创造了这样一个明断真情的办法而赞叹不已。

知县张举根据人和猪的共性，想到用猪做实验的模拟方法。从死猪和活猪被烧后的对比中，找到了它们之间的差异。断案使众人心服口服。特别是故事发生在近两千年前，他发明的这种断案新技术就显得更具创造性。

（2）无定向探试弱方法

对刚刚涉足的领域，人们往往在没有经验指导或缺乏足够专业知识的条件下，不得不在多种可能性之间进行反复的比较、分析、试错、修正，最后筛选出解题所需信息的思维方法。这种方法，被称为试错方法，也被称为无定向探试弱方法。

无定向探试弱方法，是与直接定向强方法相反的方法。可用公式 A → X → F_a → B、C、D……来表示。其中 X 为新现象，F_a 表示受阻，从已知材料 A 中得不到正确答案，只有跳出已知材料 A，才有可能借助与 A 不同的信息 B、C、D……不断探试选择，最后找到正确的答案。

无定向探试弱方法以尝试和易变为特征，思维效率不一定高，有时还要冒几分风险，但选择信息的回旋余地大，运用得当，常可有突破性的创造。

例如爱迪生和他的合作者在解决电灯灯丝问题时，是在试验了6000种不同的材料后，才找到了最恰当的钨丝。

又如：美国病毒学家科克斯博士，花了很多时间和精力去改进在组织培养中生长立克次体微生物的方法。他曾尝试加进各种提取液、维生素和激素，但都没有成效。有一天，在做试验准备时，用作组织培养的鸡胚胎组织不够了，他便使用了在以前由别人扔掉的蛋黄囊。以后，在检查这些培养物时，他又惊又喜地发现，在放进了蛋黄囊的那些试管中，产生了大量的有机体。次日，他又第一次将立克次体微生物直接注射到蛋黄囊中，就这样，科克斯发现了大量生长立克次体微生物的简便方法。

无定向探试弱方法常用于那些久久徘徊于创造者脑海中非常规、高难度的创造性课题。面对这类课题，许多常规的、定向的思维方法难以奏效，不得不把它转让给无定向探试弱方法去解决，通过不断的摸索，取得突破性的创造。

值得注意的是，无定向探试弱方法虽然是一种试探性的、自由度很高的思维方法，但使用该方法决不等于可以无根据地盲目冒险蛮干，否则将一事无成。

（3）趋势外推法

趋势外推法又称趋势外括法或趋势分析法，是一种属于探索型预测的思维方法，也是侧向思维的一种有效方法。

趋势外推法的前提是：过去发生的某一事件，如果没有特殊的障碍，在将来仍会继续发生，它是依据于事物从过去发展到现在再发展到未来的因果联系，认为人们只要认识了这种规律，就可以预见未来。正因为如此，在运用趋势外推法时，对于事物的未来环境并不作具体的规定，而是基于这样一种假说，即影响过去时期发展的主要因素和趋势，在推测时期中是基本不变的，或其变化的趋势和方向是可以认识的。因而未来仍将按从过去到现在的趋势发展下去，人们也就可以从现实的可能出发，从现在推向未来。

趋势外推法是以普遍联系为其理论根据的。根据普遍联系的观点，客观世界的事物都是相互联系，彼此影响的。从横向看，每一事物都处于普遍联系的链条中，都是普遍联系的一个环节，认识和把握其中一个环节，可以认识到其他的事物；从纵向看，每一事物都有其自身发展的历程，即都有过去、现在和将来的发展过程。可见，趋势外推法有两个方面：

趋势外推一般从横向联系来预测事物发展的趋势。著名历史小说《三国演义》里“孔明借东风”的故事就是一个生动的例证。曹操大军已到江边，迫使孙刘联合。由于敌强我弱，不能硬拼，只能智取。于是决定用火攻摧毁对方的船只。但火攻须借助风力，当时真是“万事俱备，只欠东风”。正在这关键时刻，孔明答应可以“借东风”。结果到进攻敌人那一天，果真刮起了东风，一举烧毁了曹操的船只。孔明为什么能“借东风”？因为他精通天文地理，能根据天气的变化趋势，预测到那一天具备刮东风的条件。正史的记载周瑜和诸葛亮的预测，才会让罗贯中写出借东风。

（4）寻求诱因法

寻求诱因方法往往是以某个偶然事件（信息）为媒介，它通过刺激大脑而产生联想，豁然开朗，迸发出创造性的新设想而解决问题。当一个问题百思不得其解时，诱发因素是极其重要的，所谓“一触即发”，就包含了诱因的媒触作用。

诗圣李白的诗人人皆知，百读不厌，他的许多绝句都是在饮酒时创作的。李白只要一喝酒，灵感就会迸发，因此有“李白斗酒诗百篇”之说。

以诺贝尔奖闻名于世的艾佛雷德·诺贝尔是一位杰出的化学家和语言学者。他的最大贡献是发明了“达纳炸药”，给世界工业的发展开拓出美好的前景。与此同时，也使诺贝尔家族发了大财，为以后设奖奠定了经济基础。

诺贝尔父亲的火药制造工厂由诺贝尔管理，他一边经营一边研究比火药威力更大的炸药。开始，他开发出硝化甘油液体炸药。尽管这种炸药有极大的爆炸力，但是受到冲击时极易爆炸，安全性很差。工厂接连发生几次爆炸事故，因此运输时要格外小心。

有一次，工厂把装着硝化甘油的油桶堆在海滩上以备装船。不知为什么，有一个桶底出现了漏洞，把“硝化甘油”漏到了海滩的沙子上。诺贝尔想，硝化甘油是炸药，那么，被硝化甘油浸湿的沙子会不会也是炸药呢？于是他悄悄地把带油的沙子带回去做试验。出人意料的是，这些被硝化甘油浸过的沙子不怕冲击和敲砸，但是在用火靠近时发生了爆炸。就这样，在油桶底漏油之后，偶然地发现了既不怕冲击又能够爆炸的物质。在这个基础上，又经过多次试验研究，最后在1867年发明了既有爆炸力又安全可靠的一种新炸药，这就是“达纳炸药”。

“达纳炸药”的发明虽然出于一个偶然机会，但正是这个诱因与诺贝尔富于想象力思维的有机结合，硝化甘油从桶底漏掉才成为发明“达纳炸药”的关键环节。

五、合向思维

1. 概述

所谓合向思维就是将研究对象各个构成要素的特点、机理、功能乃至设想汇集综合起来，形成整体优化新设想的一种创造性思维方法。

合向思维是相对于侧向思维、正向思维而存在的。它是对侧向思维获得的解题设想途径进行理性的符合逻辑的综合。侧向思维相对于正向思维，是一种非逻辑性的扩展思维从一维而走向多维。两种思维机理与风格虽在截然不同但两者是双向关联，互为补充的思维方法。而合向思维则是正向思维基础上综合修正或突破，也就是产生新的思维方向或突破原有的思维目标而向更高层次的发展。

合向思维与收敛思维同样包括了分析、综合、归纳、演绎、抽象等逻辑思维和理论思维形式，合向思维是在作判断推理过程进行综合运用。所不同的是合向思维的指向可能是原来的基点，但也可能指向发展、修正过的基点，实现超越和发展。也就是说通过侧向思维的发散过程形成的基础上形成基点与方向上的飞跃。在某种意义上说合向思维是最少约束的思维形式。

合向思维过程中考虑更具有现实性和创造性解决问题的功能。并使结果更具有实用性和创造性。

一个古老的寓言故事讲，有位神秘的智者，具有非常丰富的知识和洞悉事物的前因后果的能力。他答复任何问题从来不会答错。

有一个调皮的男孩对其他男孩子说："我想到了一个问题，一定可以难倒那个智者。我抓一只小鸟藏在手中，然后问他，这只小鸟是死的还是活的？如果他回答是活的，我就立刻将手里的小鸟捏死，丢到他脚边；如果他说小鸟是死的，我就放开手让小鸟飞走。不论他怎样回答，他都肯定是错。"

打定主意之后，这群男孩子跑去找到那位智者。调皮的男孩子立刻问他："聪明人啊，请你告诉我，我手上的小鸟是死的，还是活的？"

那位长者沉思了一下，回答说："亲爱的孩子，这个问题的答案就掌握在你手中。"

智者的回答看起来好像是一个两头堵的方法，而实际上却考虑了事物的一切可能，是一个典型的合向思维。

上述例证表明合向思维的结果产生了与思维主线不同的又一思维方向。

沈括在他的名著《梦溪笔谈》之中记录这样一个典型事例：

宋朝真宗年间（公元11世纪初），皇宫曾经被焚。皇帝急命大臣丁渭负责重建，限期完成。丁渭深知重建皇宫的工程浩大：一要从城外取来大量泥土做地基；二要从外地运来大批的建筑材料，最后还要把用剩下的废料污土运出城外。工作量惊人，时间又紧，无论是工程质量出问题，还是延误了工期，都是要杀头的。

怎样完成这个浩大的工程呢？他想，如果能统一筹划，在实施第一步工程的同时，为第二步工作做好准备；在进行第二步工作时，又为下一步工作打下基础。这样，各项工作互相补充、互相依存，就可以达到既快速又保证质量的目的了。于是，他制定了以下的统筹方案，进行建设。

一开工，丁渭就命令民工“借道铺基”，在城里通往城外的大道上取土，用来铺设皇宫的地基。土沿着大道运来，没几天就把地基铺好了。这时大道成了又宽又深的大深沟。

接下来，“开河引水”。就是把取土造成的大沟和城外的汴水河挖通，使原来的大道成了一条河，这条河和汴水河通着。于是，外地的大批建筑材料可以沿着这条河一直运到工地旁边，使取用材料极为方便。在这样的条件下，工程建设日夜不停，进展很快。

最后，在皇宫建成之后，丁渭命令:“断水填沟。”就是把汴水河与大沟截断，在排水之后，把一切废料、垃圾全部扔进大沟。很快，大沟又变成了一条新的大道。

丁谓的思维是跨越式侧向思维，思维的方向是在保留中心问题而从间接的、第二问题中心（时间问题）作为思维起点的;其结果也是完成了建筑皇宫的主题任务同时既满足了时间（问题的条件）要求，又取得辅助成果建成新的大道。

丁渭的这一套妙计创造了投入少、工期短、质量合格的工程建设奇迹。按现代的说法，就是创造性地应用“运筹学”的典范。一千年前，世界上还没有运筹学这门科学，当时我们的祖先运用这门学科的思想就已经很精悍了。

丁渭的这一成果，从科学理论应用角度看属于“运筹学”应用，而从思维角度看则是典型的合向思维方法应用。所谓合向思维就是将思考对象有关部分的功能或特点汇集组合起来，从而产生新设想的一种创造思考方法，又称合并思维法、组合法。

合向思维法是一种简单实用的创造性构思法，人们在发明创造中经常运用，在科学实践中取得了广泛的成果。美国画家海曼·利普曼是个粗心的人。他在工作室作画的时候常常丢掉橡皮。想用橡皮的时候又不知它掉到什么地方，或许被埋在纸堆里，也许被放在什么角落，添了不少麻烦。有时他用细绳把橡皮拴在铅笔后端。这样一来，只要手中握着铅笔，便不会把橡皮丢掉，什么时候都不用为找橡皮花工夫。

他的朋友威廉看到了拴着橡皮的铅笔。心想，何不索性把橡皮和铅笔融为一体，成为一件东西呢？经过几次试制、改进，生产出了带橡皮头的铅笔，它比把橡皮拴在笔上更方便。威廉为这件小发明申请了专利，并向生产这种铅笔的厂家收取了技术转让费。由于这种产品受到了广大消费者的认可，销量连年递增，威廉靠这项专利技术转让赚了大钱。

2. 合向思维的基本形式

合向思维在不同领域中的表现形式各不相同，在科学研究、调查决策活动、技术发明中常用的合向思维表现为下列形式。

（1）辏合显同法

合向思维在科学研究中的表现形式为“辏合显同”法。所谓，“辏合显同”法是通过把原来是杂乱的零散的材料聚合在一起，再从中抽象出一种显示它们本质的新特征的创造性思维活动和方法。

“辏”，原是指车轮聚集到中心上，后引申为聚集，“辏合显同”就是把所感知到的对象依据一定的标准“聚合”起来，显示出它们的共性和本质。

“辏合显同”在科学研究中是非常有用的。1742 年，德国数学家哥德巴赫写信给当时著名的数学家欧拉，提出了两个猜想。其一，任何一个大于 2 的偶数，均是两个素数之和；其二，任何一个大于 5 的奇数，均是三个素数之和。这就是著名的哥德巴赫猜想。从猜想形成的思维过程来看，主要是“辏合显同”的作用。我们以第一个猜想为例，“辏合显同”的步骤可表述为下面的过程：

4＝1＋3（两素数之和）

6＝3＋3（两素数之和）

8＝3＋5（两素数之和）

10＝5＋5（两素数之和）

12＝5＋7（两素数之和）

这样，通过对很多偶数的分解，“两素数之和”这个共性就显示出来了。

“辏合显同”法主要有以下几种类型：

第一种，审视法。这是“辏合显同”的先行方法，即对研究的对象用审视的眼光去分析，为能显同打下基础。世界上的事物尽管形形色色，各不相同，但只要我们对研究对象的形态、属性、结构、功能以及运动过程等进行抽象概括，就能找出同类事物的共同点，确定其共性。

第二种，综合法。即通过把原来是杂乱的零散的材料聚合在一起，并进行综合考察，分析研究，从而得出创造性效果的方法。比如，在 1935 年，有一个名叫雅各布的德国新闻记者，出版了一本小册子，书中详尽地描绘了希特勒德国军队的组织机构、参谋部的人员分布、160 多名部队指挥官的姓名和简历、各个军区的情况，甚至还谈到了最新成立的装甲师里的步兵小队。这些极端重要的军事秘密是怎样泄露出去的呢？希特勒勃然大怒，下令追查此事，德国情报机关设法将雅各布绑架到柏林，审讯他。雅各布说，他这本小册子里说的每一件事情都是德国公开的报纸上登过的，而且把证据都拿出来。原来，雅各布长期搜集德国报刊上发表的所有涉及军事情况的消息报道，做成卡片，进行细致的分析，就连丧葬讣告或结婚启事之类也不放过。日积月累，零星材料越来越多，雅各布再经过分析、比较、推断，综合成了一幅德国军队组织状况的清晰图画，而这幅图画与真实情况竟然相差无几。

第三种，集注法。即集中力量贯注于研究对象的思考方法。法国昆虫学家法布尔用毕生精力对昆虫世界进行观察，鲁迅称他是一个在科学上“肯下死功夫”的人。一次，他在路上行走，突然看见许多蚂蚁正在齐心协力搬运几只死苍蝇，立即抓住这个观察和研究蚂蚁生活习性的好机会。他不顾潮湿肮脏，趴在地上，用放大镜专心致志地一口气观察了 4 个小时。行人觉得他的行为乖僻，纷纷前来围观，说他是“呆子”和“怪人”。法布尔对此全不在意。为了观察雄性蚕蛾如何向雌蛾求偶，竟用了 3 年时间，他的观察正要取得结果，“新娘”不巧被一只螳螂吃掉了。法布尔很难过，但没有泄气，从头再来，又用了大约 3 年时间，终于获得了完整准确的观察资料。根据自己对 400 多种昆虫的猎食、营巢、生育、抚幼、搏斗等现象的研究，法布尔写出了十卷本巨著《昆虫记》，揭示了昆虫世界的种种规律。

在进行按“辏合显同”的思维活动时，必须对大量杂乱零散的材料进行“去粗取精、去伪存真、由此及彼、由表及里”的加工改造制作，即要选择材料、鉴别材料、联系材料和深化材料，只有这样，才能在异中显同，抓住事物的本质和规律。

（2）KJ 法

KJ 法是在调查、决策活动中常用的一种典型的合向思维方法。KJ 法是日本东京工大教授川喜多二郎在尼泊尔喜马拉雅山从事多年的探险所积累的经验的产物。1964 年提出来以后，作为一种新的思维方法，被广泛运用。KJ 是川喜多二郎英文名字的字头。

这种方法，首先将收集到的大量事实以及与课题有关的分散想法进行组合、归纳、整理，找出课题的全貌，从而发展成一种新的想法。

KJ 法的程序如图 2-8 所示。

这种方法，一般多用于全面考虑一个课题时使用，在使用这种思维方法时，往

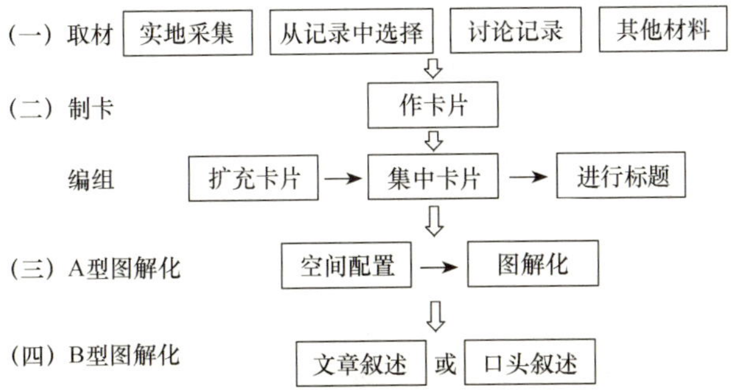

图 2-8　KJ 法程序

往要考虑的问题是较为复杂的。且参与的人员较多，尤其是有许多评价要参与其中时使用。KJ 法应用的范围很广，使用此方法可以使原来零乱的材料自然地编成整体，从细碎的情报中挖掘潜能，使用此方法可以使使用者养成重视收集零星材料的习惯，提高分析和综合问题的能力。

例如，对一个待解问题的方案进行评价，就可以采用该方法。一般在应用的时候采用如下步骤：

第一步，取材。即通过多种渠道，采取各种方式调查搜集与该课题相关的情况和材料。

第二步，制卡。参加评价的人员制作卡片，通过所掌握的材料，将自己的分析和结论写在卡片上，但作者在卡片不署名。卡片制作好以后，主持人将卡片收起来进行混合，再发给每个人；这时，要尽量使每个人拿到的不是自己的卡片。然后，主持人任意叫一个人读手中的卡片，读完后，问有没有与此相同的卡片，如果有，也读一遍，以加深印象，再将这些内容相同的卡片放在一起，重复这一过程，直到所有卡片都读完为止。这一过程结束后，对每一组卡片进行总结，确定一个标题。

第三步，A 型图解化。将这些分好组的卡片放在一张大白纸上，内容有联系的放在一起，然后再将各张卡片贴在纸上，按照评审方案的标准，划出各张卡片的范围。这样，通过空间配置和图解化，对方案的评价结论就基本上出来了。

第四步，B 型图解化。将卡片上的意思写成书面材料或者作口头叙述，得出对这个方案的评价结果，以确定该方案的去留。通过 KJ 法，一方面对方案进行评价，另一方面，在评价过程中使参加评价的人员培养了自己的思维能力。

（3）添加法

在技术发明中，合向思维往往是通过添加法实现的。

所谓添加法指在现有的事物上增加某种东西，从而产生新设想的一种思维方法。

它的基本内容就是，根据需要解决的问题，围绕中心词“添加”，提出一连串相关的设问，假如扩大、附加、增加会怎么样？能否增加频率、尺寸、强度？能否加倍、扩大若干倍？在这种发问中，能扩大人们探索的领域，开拓人们的视野，启发人们的思路，从而产生新的设想，取得创造发明的成功。下面两个例子就是典型的添加法成功的范例。

例一：

橡胶工厂大量使用的粘合剂通常装在一加仑的马口铁桶中出售，使用后便扔掉。“为什么不用更大的包装呢？”有位工人建议粘合剂装在 50 加仑的容器内，容器可反复使用。结果节省了大量马口铁。

例二：

从20世纪60年代初，木板装配式房屋在日本发明以来，它在各类住宅中所占比例不断扩大，到1987年已达到15%。据测算，到2000年将扩大到65%。

这种房屋的原始构思，起源于年轻的三泽千代治患病住院期间。那时，他刚从理工学院建筑专业毕业。仰卧在病床上，望着天花板，陷于冥想："柱子，房子里为什么非要柱子不可呢？还有梁，不也是多余的吗？""能不能建造出既没有柱子也没有大梁，结构简单的房子呢？只有墙壁难道就建不成房子吗？"

三泽出身于木材商家庭，自幼就拿着锯、斧、锤等工具制作各种实物。他的思路进一步深入，最后达到终点：如果用粘结剂把墙壁和墙壁粘合起来，就可以省去钉钉子等许多麻烦事。对！只要粘合一个长方体的箱子就可以成为住房。三泽把这种方法称为"木板粘合法"，这就是前所未有的装配式住宅的基本技术。

为使这项技术更加完备，并取得政府的认可，三泽回到母校，找他的导师和建筑专业实验室为他作鉴定。实验结果证明：用"木板粘合法"建造的住宅强度比一般木结构高3～5倍。原因是所使用的木板正反两面都贴有一层胶合板，大大地增加了木板的强度。

有了科学实验数据，三泽建造的新式住宅便为法律所认可。于是在1962年1月，他创建的"三泽木材装配式住宅公司"正式营业。

这种方法从表面看来似乎很单纯，但人的头脑往往会陷入经验主义而逐渐僵化，想不到使用这种单纯的思维方法。一旦使用这种方法，在任何一种事物上添加过去未曾想到过的机能或者加上新的事实，便有可能产生很多新的设想，取得意外的效果。

日常生活中有很多事情都是采用了添加法而取得成功的。如大家都知道牙膏的本来用途是为了清洁牙齿，它是一种涂在牙刷上、便于刷牙的清洁润滑剂。但防酸牙膏和以往的一般牙膏相比，已经加入了各种药物，使人们在每次刷牙时，自己的牙齿得到各种药物的治疗；对无口腔疾病的消费者来说，则起到了防治的作用。所以，防酸牙膏受到了人们的欢迎。上海防酸牙膏、广州洁银药物牙膏、安徽芳草药物牙膏、上海中华药物牙膏等等，这些新型药物牙膏的诞生，都是制造者采用了添加法而取得的结果。

香港有一家味精公司的老板，为了使味精的销售额上升，曾要求全体职工：每个人都必须在近期内提出一个以上的设想。因此，营业部、宣传部及制造部等各部门，纷纷开始设想各种花招，包括"附奖""赠送"等吸引人的广告，甚至改装味精的容器形状等等。这时，有个年轻女职员非常烦恼，因为规定的期限已经到了，她仍然没有一个好主意。这天她正在家里吃饭，和往常一样，她拿起装海苔香料的罐子，但因为受了潮，香料把洞口塞住了，倒不出来，于是，她就用牙签把洞口弄大些，问题立刻就解决了。就在这同一刻，她的灵感来了，她想到可以把味精的内盖洞口加大，如果人们不加注意，就觉得使用起来还像平常一样，这样无意之中就增加了味精的使用量。结果，“加大”这个巧妙的设想使她得到了老板的奖励。投放市场后，味精的销售额很快上升。

以上事例充分说明，使用添加法，无论在日常生活还是创造发明中，都会给你带来很多新的设想，帮助你取得成功。当然，在你使用时，关键要摆脱习惯性的思维方式。

合向思维看似简单，但是如能尽量把不同质的、意想不到的东西加以组合，这个想法便是前所未有的、崭新的了。合向思维的运用很广泛，不仅可以将物体与物体合并，创造出一系列新产品，也可以将某种科学技术同各种方法组合起来，从而形成一种新的解决问题的方法。例如，超声波是一种物理现象，它与洗涤工艺组合，便产生超声波洗涤器，用于洗涤钟表零件；它与探测技术组合，便产生鱼群探测器；与焊接技术组合，便产生超声波焊接技术……如果将某些科学技术同一种方法组合，如将不同领域的科学技术与导航方法组合，便形成了惯性导航、天文导航、地磁导航、无线电导航、红外线导航、卫星导航、程序控制导航等等。用合向思维进行创造发明的天地无限广阔。

第三章 问题及问题的发现能力提升

问题是个司空见惯的词汇，人们在日常生活、社会活动或工作中总会遇到这样或那样的问题。因此，也就必须不断的回答问题或解决问题。培根有句名言：如果你从肯定开始，必将以问题告终；如果从问题开始，则将以肯定结束。而贯穿这句名言因果关系的中间环节是一个复杂的思维过程。物理学家波普尔也有过英明的论断：科学始于问题。“问题”是触发思维的起点；而解决问题又是思维的成果。问题是智慧的迷宫，探索问题才能获得新知识，丰富智慧，发展潜能，走向成功。也可以说问题是思维的动力、目标，也是思维的产物，因为思维发现问题，界定问题。由于问题与思维有着难分难解的关系，因此我们研究思维和创造性解决矛盾的方式方法首先从问题开始。

第一节 问题概述

一、“问题”的定义

“问题”是个多义词。在现代汉语中问题一词的释义：①要求回答或解释的项目。②须要研究讨论并加以解决的矛盾疑难。③关键，重要之点。④事故或意外。在英文中 problem、query、question 三个词都有问题的含义，其中 problem 不仅是指简单的一般的问题以及待解决的习题（如几何题、测试题等）而且是指“难解之题”，“不可解之事物”和令人困惑的事。由 Problem 演变而来的 Problematical 一词还有“盖然性”“或然性”或“未定的”等含义。query 是正式用语，指关于某个特殊事情的特殊问题（如对某个规划某个项目提出几项问题）。它不仅表明提出问题的人的怀疑或反对倾向，也表示提问者意在提出问题以供（他人）考虑和解决。question 特指想发现某事物或想得到确切信息而加以询问，因而这类问题一般是待答复的问题（如请示、请教问题）。此外 question 还表示议题（争论点）和交付表决的问题等。

对于问题的理论范畴已引起人们重视、理解，也众说难定。从研究思维与创造的实用的角度我们做以下界定，以供思考之需：

① 问题就是矛盾和冲突。

② 问题就是疑难和困境。

③ 问题就是目标和追求之间的差距。

④ 问题就是人们面临一项工作任务，而又没有直接技术手段，去完成时所产生的境地，也就是问题。寻求完成工作的技术手段的过程，就是解决问题过程。

⑤ 问题表现为一种有目的、有组织，并为目的实施的紧张的过程。

⑥ 问题是给定信息，技术手段与目标状态之间有某些障碍需要加以克服的情境。

⑦ 当一个人有某种欲望或需求，自己又不知道通过哪些行为才能实现时就面临着一个问题。

⑧ 当我们面对某些客观（或自然）的现象，用现有理论无法解释或对现有理论产生疑问时，就遇到了问题。

⑨ 当人们的现实处境与所企求的目的之间遇到障碍，并感到无法通过已具有的经验或掌握的知识逾越障碍时，便出现了问题。

⑩ 佯悖谬和悖论都是问题。

……

以上引用的一些定义，是从心理学、逻辑学、认识论、信息论等多种学科理论出发概括的。有些具有普遍性，有些又是对特殊类型的问题做出的，有的过于简单、有的又过于狭窄，但基本反映了“问题”的涵义，也显示了问题的复杂性和多样性。如果从创造实践的角度去理解，上述“问题”定义涵盖的一个普遍性的特征便是解决上述定义的疑问，都是对创造能力的一种挑战，只有通过缜密的或者说通过创造性思维，才能取得令人满意的结果。

二、问题的特征

问题复杂、多样，但是有其共同的特性，深入了解问题的特性有助于对问题的涵义深入理解、判断和解决。问题的特征可以从宏观和微观两个方面来分析。宏观特征主要表现为普遍性、多样性和相关性；微观特征则表现为情境性和多维性。

1．普遍性

问题的普遍性是指问题的广泛性和持续性。一方面，问题不但数量多，而在自然与社会领域无处不在，不仅在认识和改造自然活动中普遍存在着大量的问题，在社会生活领域中政治、经济、生产、社会交往、工作、学习、婚姻、家庭乃至生老病死都有大量的问题与每个人息息相关；小至吃饭、穿衣，大至全人类的生存、发展涉及各个科学领域，如哲学问题、科学问题、艺术问题、经济问题、政治问题、环境问题等。另一方面，问题具备持续性。问题的存在是永远不间断的，随着社会的发展，问题也在不断的增多和深化。

2．多样性

问题的多样性是说问题的形式和类型的多样性。就时间领域有历史问题，现实问题和未来发展问题；就空间领域，有单领域问题和跨领域（交叉）问题，有内部问题也有外部问题；从组织角度，有结构问题也有关系问题；从功效角度，有功能问题和价值问题；从表述方式角度，有形式问题也有内容问题，有语言问题也有非语言问题；有描述性问题也有规范性问题；从重要性角度，有核心问题也有边缘性问题和枝节问题；从表现形式上，有抽象问题也有具体问题、现实问题，不仅有心理感受问题而且也有行为表现问题。就解题方式区分，有分析问题也有综合问题。更兼这些特征，在大多数问题中的表现是重叠并存的。综上所述可见问题的特征庞杂而多样，探讨这些特征，有助于理论研究，更主要的是针对问题的特征表现，可以采取不同的思维方式和与之相应的解题方法。因此在创造性解决问题时，必须对具体问题的表形特征，首先有一个明确的认识。

3．相关性

从宏观角度分析，现实中没有孤立的问题，问题与问题之间，借助一定客观存在的关系形成一个有层次、有结构，相互影响的问题系统。一个成熟的学科或科学部门，都有一个问题系统，一个学科群（更大的学科领域）有一个由多个问题系统构成的网络系统（大系统）。在问题系统内部，问题与问题之间表现为一定的结构形式（系统结构），相关问题作为一个系统单元与其他单元（问题），存在着相关性、层次性，相互影响和制约。这种结构关系，对问题的解决有明显的促进和作用，即为解题提供了有利条件；同时，也提高了解题的复杂性。这也就告诫我们不能孤立地看待问题和解决问题。

4．情境性

问题是在一定情境中产生的，是特定情境的一部分；问题的发现，理解和解决都与问题的情境密切相关。何谓“情境”和问题情境呢？前苏联心理学家鲁宾斯坦因认为：有两个或两个以上的可能性可供选择时，即形成情境。“如果情境与人们过去已经获得的经验不一致，而发生冲突时，就形成问题情境。”前苏联心理学家彼得罗夫斯基等也把“过去的活动手段和方式已经不够用情境叫做问题情境。”美国学者R·M·高登松把情境分为情境和问题情境。情境是指不用思考，完全靠习惯条件反射作用来解决的情况。问题情境则是指靠惯用方法不能解决，需要运用和发明新方法才能解决的情境。

综上所述可以看出，问题与情境是相关的，问题产生于问题情境。问题在于怎样理解“问题情境”的性质？怎样理解问题与问题请境之间的关系？就情境这一概念有两层涵义：一是事物呈现出来的样子（形状、神情、形势、趋势变化等），是事物客观的反映，真实存在于事物本身；二是认识主体（人）对事物样子或情况的感受（直觉、思维与认识）。二者紧密联系，情境才能有真实的反映。试想，一支在深山中戏耍的猛虎的样子尽管是客观真实的存在，但是如果永远不为人所知，猛虎戏耍的情境也就被永远的湮灭。情境是客观存在的，人的认识水平却因为以往的经验、知识水平、思维定势等多种原因产生认识的差异，因此情境与人的认识产生矛盾与冲突也是必然的。矛盾的产生原因即有心理成分、主观成分，也有方法论成分和客观成分。由情境发展到问题情境的认识过程，是一个心理转换过程；即由知觉到思维的转换过程，由自发的反映到自觉的认识过程。面对客观存在的情境，认识主体首先凭借自己的知识，经验和已掌握的方法对情境做出反应，进行初步的试探性的探索；并通过反馈的信息，判断认识是否正确、归属是否合适、是否有效，有没有其他方法可以使用。从感觉到意识，再从某些异常情况到进一步分析、探索。看到有了结果可能有三种情况：其一是问题情境消失，其原因可能是客观的，情境自然的变化，也可能是认识主体的正确判断。其二是产生了确实存在的，有完整结构的问题。此时则需要作深入的思维以寻求解决问题的方法和途径。其三则是做出了错误的判断。由此产生的“问题”可能是似是而非的问题（对客观情况的误断），也可能是主观因素产生的虚幻问题，而根本不是问题。应当说明的是无论哪种错误的判断都是认识不够所至，应尽量避免发生。

5. 多维性

每一个问题都有三个维度：心理学维度、思维学维度和语言学逻辑维度。问题的发展过程历经从心理上感受到问题、从认知（思维过程）上澄清问题、从语言上表述问题三个程序。

① 心理学维度。从心理学角度，问题表现为一系列心理活动和主观感受（如疑惑、急迫、冲动、紧张等）问题的心理起点是怀疑，主要心理表现是不一致感、不协调感和冲突感，这是一种心理预感。从审美心理上看，问题的出现意味着原有科学理论、观念或科学思维中包含着不美、不协调因素。消除这些因素或方面就成了有待探索的问题，也成为科学探索和创新的动机。问题对于个人表现为心理困惑或心理危机。重大的、基本问题不仅导致个人心理危机，还会引发群体、民族、阶级、

社会乃至人类的心理危机和信仰危机，如全球金融危机问题。从心理过程看，从问题的产生到问题的解决表现为从不协调—协调—新的不协调的发展过程，有时也表现为由低级的、局部的表象上的不协调，向高级的整体和本质的不协调发展的过程。

② 思维学维度。问题的思维学方面主要表现为给定状态（初始状态）和目标状态之间的差距。从思维活动角度看，每一个明确陈述出来的问题，都是有相对独立结构的，就问题与自我的关系而言，结构特征始终具有决定性的作用。虽然不同类型的问题的细部结构，可能会有所差异，但所有的问题在结构上都有三个基本成分：给定条件、目标、障碍。给定条件是已经存在并提供的一组信息，或关于问题现有条件的陈述，即问题的初始状态；它是已知的、客观的、现实的。目标是关于构成问题（预期）结论的描述，即问题要求的答案，目标状态或功效要求。目标状态是一种未来状态，从心理上说是一种期望、理想，从认知角度，是认知主体所追求的目标；目标状态有宏观与微观之分，有确定与不确定之分，也有可变与不可变之分，也可以有要求（必须达到）和期望之分（希望达到或争取达到）。障碍是影响达到目标的诸因素的总和。障碍的形成即有客观因素（如问题本身的复杂性、深奥性，技术手段的欠缺性和不适应性，信息不足等），也有主观方面的因素（如解题者对问题的认识水平、经验思维与解题能力不足等）。正确的解决方法通常都不是直接呈现或显而易见的，必须通过思维活动才能找到解决问题的办法，通过改造给定的初始状态达到目标状态。克服障碍的过程是一个理解与解构的过程，也是思维运演与行为操作的过程，还是一个决策与选择的过程。

③ 语言—逻辑维度。在逻辑学中，问题是指能够以疑问句来提问或表达的特定实体；逻辑学与语言有着不可分割的联系，没有语词和语句也就没有概念、判断和推理，从而也就不可能有人的思维活动。逻辑学注重问题与语言表达的关系，并力图对其作形式化的处理。关于语言—逻辑关系对问题的分类方式方法，国内外一些专家学者各有见的，我们不做深入的探讨。应当说明的是在实践思维与创造中的一些问题是比较直接地用分类方法表述的，如为什么问题、条件问题、思维与假设问题、析取问题等；更多出现的创造性涵义的问题，则必须经过认真分析，科学抽象寻找出构成选题创造障碍的本质问题，作简捷、精确的表述，以使问题情境一目了然，更好的引导创造性思维过程。

三、问题的作用

问题是创造性思维的先导，在社会科学与自然科学的研究和发展中都有重要的作用。波普尔对问题在科学认识中的作用曾明确地指出："应当把科学设想为从问题到问题的不断进步——从问题到愈来愈深刻的问题。"美国商界也流行着一句话："最好的赚钱方式是找出一个问题并解决它。"这些都是问题在科学发展中作用的有力佐证。发明家保尔·麦克里德更有一句至理名言："唯一愚蠢的问题是你不问问题。"可谓一矢中的阐明问题是特殊发明创造的关键。问题作用主要表现在以下几个方面。

1. 激发作用

问题之所以存在激发功能，在于它的刺激性和挑战性。问题，尤其是困难的、复杂的、新奇的、有趣的问题，既是对富有想象力的人的吸引，也是对人的精神意志、知识水平和技术方法能力的挑战和考验。问题未能解决，将对人形成一种压力，产生痛苦或失败的感觉，是对毅力的考验和锻炼；一旦问题得到解决，才产生一种征服感、控制感、喜悦感和成就感，使人感到生活的充实、责任和意义，也成为继续奋斗的动力。

问题的激发作用使它成为灵感的源泉。问题及其解决过程是某种意义上的激发信号，对人的思维物质不断刺激，迫使人不断深入的思考、感受、体验……问题也在不断的深化，促使灵感进一步涌现，因而问题的激发感受不断的产生，质量也在不断的提高。问题激发了我们的动机和兴趣、情感和灵感，也激发了我们的感知和记忆，促使我们去观察与注意、去实验与搜索、去思考与想象、去交流与沟通、去发明与创造、去操作与控制、去合作与竞争、去协调与超越，使我们在问题的激发中不断的提高个人的创新能力，同时也在塑造一个更优秀的自我。

2. 定向作用

问题从客观上指导或规定了认知和思维的大致方向和范围，也基本上给出了思维的形式、方法和视角。定向作用取决于问题的类型：对于单一、简单问题可以单视角地思考，而综合问题和复杂问题则必须进行多视角、全面透视分析决定取向。如果是外部问题可凭直觉和经验，进行逻辑分析或分解处理；而对内部问题，则应从输入、输出关系，系统结构相关性等处展开，凭借经验，逐步深入直至问题解决。显而易见，对于基础问题、理论问题、应用问题、中心问题、边缘问题……问题不同，思维形式与方法也各不相同。

3. 组织作用

问题是认识活动的源头、枢纽或组织中心。心理能量、心理资源都是按解决问题的需求来进行分配的。以问题为核心，研究对象理论观点、经验事实、研究途径、技术方法等诸多因素被合理地组织起来，为解决问题协调发挥作用。现代科学研究一个明显的特点，就是以问题为中心搜集信息、组织资料，并建立问题结构及问题之间的联系，也可以说一个问题就是一个组织中心。问题引导人们思考并不断的克服心理、情感、思维、各种束缚和障碍，不断的解决问题，向更高层次的问题挑战。相反，如果没有问题，思想就会陈旧、方法就会老化、真理就会泛化、思维也会迟钝，人类社会也会停滞。

4. 划界作用

问题的划界作用表现有多个方面，下面仅就常用的划界问题作简单介绍。

一方面，问题是不同学科的划界标准之一。探索问题是各个学科的共性。但不同的学科所探讨的问题并不完全相同，科学的独立至少要满足两个条件：第一，有足够多的人群共有一个独特的有限的问题领域；第二，人们对大多数有关的方法论有基本一致的看法。提出并有效解决独特的问题是一门科学获得独立的标志。人们通常按问题领域和范围把科学分为形式科学（逻辑与数字）、自然科学、社会科学、人文科学等。依据问题划域特征，也就使我们在解决问题时比较容易找到首先的方法。

另一方面，问题是划分科学研究类型，水平层次的标准。在一门科学内部研究的问题不同、研究类型、研究水平和研究层次也有相应的区别，两者密切相关；如基础研究不同于应用研究，宏观研究不同于微观研究，理论研究不同于技术研究；问题决定了研究的方法，方法得当，效果也就会更好。同一事物可能成为多个学科的研究对象，但他们要解决的问题肯定会有所不同。以思维科学为例，创造性思维所要研究的问题，肯定有别于批判性思维所要研究的问题。又比如汽车平顺性的研究，对于基础理论研究可能考虑不同受力状况下的模态分析等。而应用研究才同时要考虑到经济性、实用性，市场状况及路况等较多的问题。

第二节　问题的分类及主要特征

探讨问题分类是为了更好地理解问题、发现问题和解决问题。与问题的定义一样，问题分类，也有多种划分方法：如按问题结构分类、按问题根源分类、按问题属性分类、按问题特征分类、按时间分类（历史问题、现实问题和未来发展问题）等。为了加深对问题的理解，有助于选择解决的方法，我们对问题作如下分类。

一、闭合性问题与开放性问题

1. 闭合问题

如果一个问题只有唯一一个合理的答案或正确答案，该问题为闭合性问题。几位春游的旅伴（其中有近视眼戴眼镜的同伴）在野外野炊却发现忘记带火柴和打火机等引火工具，他们携带的物品有蔬菜、米、炊具、餐具、铁铲、帐篷、餐刀、画具等。存在的问题是用什么引火。答案是用近视镜的镜片作为聚光的透镜，引火问题是闭合性问题，也是日常生活中利用创造性思维解决问题的实例。对于闭合性问题，一般运用演绎思维和收敛性思维能比较有效地解决问题。

2. 开放性问题

如果一个问题的合理答案等于或大于二，该问题为开放性问题。开放性问题又可以分为两种：没有最优和最合理答案的问题，有最优和最合理答案的问题。一般的现实存在的问题大多数为开放性问题。对于开放性问题则需要运用发散性思维，尽可能地寻求并提出多种解决问题的方案，通过比较和优化，从中选择最优或次优方案，作为问题的答案。对于不同问题采用相应的思维方式也并非是绝对的，比如上例中用眼镜作透镜取火的解题方案就运用了开放性思维。

二、基本问题与非基本问题

1. 基本问题

基本问题是指某一个领域或学科中最普遍的现象，最基本的矛盾，最深刻的疑难一类的问题；如机械论中的“力学问题”，宇宙学中的“宇宙起源问题”等都是基本问题。一门成熟的科学的重要标志之一就是形成一个以基本问题为核心的问题系列或问题链。基本问题相对于其他问题有明显的独立特征。具体表现为：

首先，基本问题的产生。基本问题是学科中的基础和问题中心，对基本问题的结论不仅制约着对其他问题的解答，而且还会不断产生新思想、新结论、新方法、新问题，从而对本学科以及相邻学科的发展起着巨大的推动作用。

其次，基本问题的渗透性。有些基本问题表面上只与一个层面、一个领域相关，而实际上涉及其他层面和其他领域，产生系统的相关性，相互影响、相互制约。

再次，基本问题的扩展性。不仅从生产性和渗透性中明显地反映出基本问题扩展性的特征（纵向和横向扩展），而且基本问题具有持久的乃至永恒的魅力，能够极大的刺激和满足人们的好奇心和创造欲，因而人类历史的发展不断的回复和深化到基本问题上去，并不断以新的方式、新的角度，在新的条件和经验基础上，利用新的技术手段，予以新的解答。

最后，基本问题不容许有普遍认可的解决方式。普遍认可的解决，必须在大家都同意的前提或框架内才有可能；而客观上这种框架并不存在。因此基本问题虽然是最激动人心的问题，也是难有最终解决的问题。如哲学问题（老子与柏拉图提出的主要问题，至今仍然争论不休）、逻辑学基本问题和数学基本问题（如数学可靠性基础的问题，至今没有为各家所接受的解决方案）都是如此。即或在一个层次上解决了这个问题，还会在更深的层次上，以新的形式表现出来，然而这也是科学研究领域中为更多人瞩目的一个问题。基本问题的解答需要高度的创造精神、深刻的洞察力和高超的想象力，需要建立在经验共鸣基础上的直觉理解和跨域类比与核心类比，而逻辑思维工具在这里仅仅起着次要的作用。

2. 非基本问题

非基本问题是一个领域或学科中的低层次的问题或局部性的问题。它可能从基本问题派生或导出，也可能是运用归纳法从经验中提炼或概括出来的。非基本问题的解答要受基本问题的制约；同时，非基本问题的解决也会反作用基本问题，并促进基本问题的解决。解决非基本问题可以运用解决基本问题的方法，而且也可以使用演绎法、归纳法、域内类比法、系统方法等。

三、单域问题与跨域问题

1. 单域问题

单域问题是发生在一个领域内部，只涉及到一个系统、一个学科的问题。单域问题也有简单和复杂之分，有些问题解题难度也比较大。如生物学的基因问题，物理的原子结构问题等。但总的说来他们都是单质的（而不是多质的综合体）。单域问题具有高度的纯粹性、明晰性、确定性和完整性。单域问题一般处在领域的主体范围之内，以建立普遍的规律为宗旨，多采用单纯的演绎方法。

2. 跨域问题

跨域问题是涉及到多个（大于 2）领域，多个系统、多门学科的问题。跨域问题一般都是复杂的综合性问题，具有整体性、交叉性和横断性。比如天然自然与人工自然的生态平衡问题、战争胜败问题、环境污染问题、经济发展问题等都是跨域问题。跨域性问题的解决需要熟练灵活运用系统思维、辩证思维、次协调思维、信息方法等。解决这类问题，必须统筹兼顾全面考虑、相互协调、多方合作以达到整体的合理性与优化性。

四、科学问题与技术问题

1. 科学问题

这里的科学一词指广义的科学，因此我们研究的科学问题也就包括了自然科学、社会科学、人文科学等。什么是科学？科学的概念是很难定义的，不同时期有着不同的解释。从广义上讲，科学是指人们对客观世界的规律性认识，并利用客观的规律性，改造客观世界、造福人类。因此科学问题，也就是人们认识和改造客观世界中所涉及的所有问题，这也决定了科学问题所应具有的特征。

科学问题是特定时代在特定的知识背景下提出的关于科学认知和科学实践中需要解决而尚未解决的问题，它包括一定的求解目标和应答域。科学问题是特定时代的产物。时代所提供的知识背景决定着科学问题的内涵深度和解答途径。问题在不同的事实和经验背景下其内涵深度也是不同的，如针对遗传的奥妙这一古老的科学问题，19 世纪末思考的是“种质”问题（魏斯曼提出），20 世纪初讨论的是“基因”问题（摩尔根提出），20 世纪 50 年代则提出生物大分子 DNA 的结构问题（沃森和克里克提出）。背景知识还制约着解决问题的途径。对有些问题因受目前认识和经验水平的限制，其求解目标和应答域尚不明确，则这样的问题还不能称为科学问题。具体的科学问题是有预设的，也就是说研究活动是从有知开始的，科学问题及预设，是在一定背景知识下提出的，因而解决问题也是在背景域中收集材料、提出假说、建立理论、进行实验、验证的活动，解决问题也体现为背景知识的创造、修正或扩充。科学问题蕴涵着问题的指向、研究目标和求解的应答域。科学问题从形式上可以分解为三种主要类型：首先，“是什么”的问题要求对研究对象识别或判定。如原子是什么？遗传基因是什么？其次，“为什么”的问题，这类问题要求回答现象的原因或行为的目的，是一种寻求解释性的问题。如“为什么牛有四个胃？”最后，“怎么样”的问题。这类问题要求描述所研究对象或对象系统的状态或过程。是一种描述性问题，如太阳系的结构是怎么样的？一般把问题指向的研究对象称为“问题的指向”。第一类问题指向是自然界的某种可观察的实体或现象，第二类问题指向现象的原因，第三类问题指向对象系统的状态或过程。

问题通常以疑问句的形式来表述。科学问题不仅包含了问题的指向和与特定的疑问词相联系的义项，而且还包含了问题的“求解应答域”。应答域指在问题的论述中所确定的域限，并假定所提出的问题的解必定在这个域中，这也是一种问题的预测。上述相关内容，不难看出科学问题的预设不仅是知识背景的前提规范，也是指导、鉴定科学问题的客观标准。首先，预设尽管是一种猜测，但在实际科学探索中，却能起到定向和指导作用。预设的应答域可以排除许多因素，能对解决问题提供明确的方向；否则，若问题只有求解目标而没有应答域，其求解问题可能是一个无限定的全域，这样的问题就不能构成科学问题。其次，科学问题都以疑问句型构成的问题也有真实与虚假之分。区别真假问题，也取决预设的真实性。如果预设是真实的，则科学问题的提法才是正确的。例如“牛为什么有四个胃？”因为预设牛有四个胃是真实的，所以“牛为什么有四个胃？”这一科学命题也是真实的。反之，如果预设的提法是错误的或虚假的，科学命题也就不能成立。比如“如何制造一部永动机？”因为根据能量守恒定律“永动机”是不可能存在的，预设是虚假的，因此“如何制造一部永动机？”的命题也就不是科学问题。最后，预设也是判断科学问题与非科学问题的标准。划分科学问题与非科学问题是依据其预设状况，背景知识的性质来确定的，如果预设是科学知识，则是科学问题，预设是非科学知识，则问题也是非科学问题。比如“第二次世界大战是怎样爆发的？”尽管预设是真实的，但也不属于科学问题。

科学问题的解答没有机械的、固定的、普遍有效的规则，有的只是主动、活跃、持续的探索；甚至对同一个问题有不同的提法，多种不同的答案。但必须给予概括的、客观的、准确的和批判的解答。科学问题的答案可能是发现新的事实，提出新概念、建立新理论等，但其结论必须要求有普遍性、适应性、可检验性和可重复性。解决科学问题目的要求不尽相同，但都运用批判性思维、规范思维、抽象思维、严密的逻辑思维和精确的数学思维。

2．技术问题

技术问题所指的“技术”一词同样指广义的技术，因此我们研究的技术问题也就包括了如下几方面的内容。

① 物质性技术。物理（民用、电气、空间工程等）的技术、化学工程的技术、生物化学的技术、生物学的（农学、医学等）的技术。

② 社会性技术。心理学（教育、精神医学等）的技术、社会心理学（工业、商业、战争心理学等）的技术、社会及公共管理领域（政治学、法律学、城市规划等）的技术、经济学（管理科学、运筹学等）的技术、军事科学技术。

③ 概念性技术。计算机及信息科学领域中的普遍性技术（自动化理论、信息科

学、线性系统、控制论、优化理论等)。

各个领域中的问题等技术的多重性因素决定了给技术定义是很难的，但理解技术的涵义必须深刻的理解技术的本质，理解了技术的本质，才能对技术问题有更深刻的理解和认识。

研究技术的本质，首先必须明确技术的范畴，技术的基本范畴是活动过程，即制造和行为活动过程，技术过程只能是制造过程，即劳动过程。其次，还必须明确技术的目的;技术的目的是控制和掌握世界，基于上述理解可以认为技术的本质就是人类在利用自然，改造自然的劳动过程中所掌握的各种活动方式、手段和方法的总和。

技术系统是技术主体——人以及主体作用的对象，即技术客体—自然界等组成。可见技术是连接技术主体与客体的中间媒介，而技术问题就是主体作用客体的方式，手段和方法中存在的疑难。具体表现为做什么？怎么做的问题。主要表现为以下几方面的技术问题:第一方面，生产(实施)方法中的技术问题，如生产(加工)中工艺不合理问题，工艺缺陷问题，生产率低问题和生产工艺落后问题，乃至无系统工艺方法等。第二方面，工艺手段技术问题，如工具设备的设计、制造问题，使用问题以及操作手段、技巧问题。第三方面，组织管理中的技术问题，如计划问题、管理问题、原材料与产品流通中的技术问题。第四方面，其他相关领域中的类似技术问题。

科学与技术是密不可分的，科学与技术的联系发生在多方面及不同层次。

首先，科学是科学性技术产生与形成的基础，并为科学性技术的发展，不断的提供知识源泉，有些技术问题，直接转化为科学问题。

其次，经验技术(经验技术是以知识为基础的)中包含着科学因素，它的提炼与升华解决问题的综合结论是科学创造的源泉;科学也可以改进和提升经验技术，也为解决技术问题，提供了科学依据和指导。

再次，在某些层面科学问题与技术问题是彼此相关的。科学中存在着技术问题“做什么”“怎么做”，对这些问题的解决将推动科学发展或产生新的技术(如怎么样生产制作航天服的技术问题);在技术中也存在着科学问题“是什么”“为什么”，对这些的研究将形成技术科学。

复次，技术的需要(技术问题的解决)是科学发展的动力。

最后，技术也为科学研究及其进展提供了必要的手段及条件。

综上所述，科学问题与技术问题是息息相关的、互为依托的问题，随着科学技术的发展出现了“科学技术化”“科学技术一体化”的趋势，也为我们创造性解决问题提供了更广阔的空间。

五、社会问题与日常问题

1. 社会问题

解释社会问题，首先应了解社会的涵义。社会是指由一定经济基础和上层建筑构成的整体，也泛指由于共同物质条件而互相联系起来的人群。社会作为人群聚居，物质条件分享的一个庞大体系，结构复杂、层次繁多，需要研究的问题也是复杂的。社会科学作为科学的一个重要的知识体系，以研究社会现象为宗旨，形成了政治学、经济学、社会学、法学、教育学、管理学等。现代意义的社会科学从多侧面、多视角，对人类社会进行分门别类的研究，力图通过对人类社会的结构、机制、变迁、动因等层面的深入研究，把握社会本质和发展规律，更好地建设和管理社会。

从古至今，社会不断地发展进步是不可逆转的客观规律。先进的科学技术，先进的生产力发展，潜移默化中转变的生活方式，必然促使生产关系，上层建筑（政治、法律、管理、规划……）发生转变并与新的形式适应，这其中矛盾是永恒不断的，解决矛盾是必然的。矛盾中存在的问题——社会问题，也就在不断地发生—解决—发生……形成一个螺旋式持续发展的永恒规律，也就成了社会问题不断出现—解决的前提和根源。具体表现的社会问题主要有生产力与生产关系问题、政治问题、国家政府职能与司政问题、环境问题、资源问题……

上层建筑适应经济与社会发展的同时，又承担着促进和预测未来的职责，从而又形成了促进社会发展与预测未来发展的社会问题。因此，社会问题是一类领域广阔、不断出现、与时俱存的研究和有待解决的问题。相对于其他问题，社会问题有其明显的独立特征，在解决是不是问题中应当予以充分注意。

第一，社会问题研究与解决过程，以人为本是根本的前提条件。科学研究中主客体分明，具有较强的实证性。而社会科学的直接或间接研究对象具有主观自为性和个别性，其中充满复杂的随机因素的作用，不具备重复性；研究对象本身是由有意志、有目的、有学习和研究能力的人的活动构成的，涉及变量多、关系复杂、贯穿着人的主观因素和自觉目的，认识活动中的主客体界线（限）模糊。即使涉及自然也是用以再现社会关系与人类精神。因此，社会现象与社会问题具有人为性、异质性、不确定性、价值与事实的统一性、主客相关性等特点，形成社会问题的独有特色，在解决社会问题时必须考虑。

第二，从解决社会问题的角度，社会问题不同于自然科学的理性方法，较多地使用内省、想象、体验、直觉等非理性方法。尽管自然科学与社会科学研究方法可以相互补充，但是，它们在探究和解释世界的方式上存在着根本区别；思维能力与概念的使用也各不相同，并用不同的语言形式进行表达。社会世界的主体性、个别性、独特性、丰富性特征，要求认识主体具备把握意义世界的主观感悟能力，而这种能力的形成与个体生活经历与体验密切相关。社会问题的认识能力与认识活动因而带有明显的个体性与差异性特征，突现出独特性、意外性、复杂性和创造性。

第三，研究和解决社会问题的手段，通常采用调查（抽样调查、访谈调研）、试验、试点等方式，也总是随时间、地点、样本、具体现象、群体构成状况而改变，很难做到研究对象的简化和纯化，也不能使研究对象的属性重现；数学方法只是在少数范围（经济学、社会学等）有所应用，因而增加许多偶然性和不确定性，必须审慎对待。

第四，从研究和解社会问题的目的角度看，社会科学主要是在价值论框架下展开的，目的在于研究认识社会本质和发展规律，指导和改造社会的实践活动，排除阻碍社会发展的障碍，促进社会协调发展，提升社会生活质量和丰富人类精神世界，兼具工具理性与价值理性。研究和解决社会问题，应有助于营造一个促进经济与社会发展的和谐环境，更应注意探讨与人类生存、发展、幸福有关的价值与意义。

第五，真理性与价值性的统一是社会科学的基本特征，剖析真理性与价值性及其相互关系，是认识社会科学和解决实践问题的思想与理论基础。社会现象是事实与价值的对立统一研究，解决社会问题是科学认识活动与自觉价值评价活动的内在统一。作为一种认知活动，应体现出深究社会本来面目、追求真理的特征，符合社会科学的客观性与规律性。然而在社会科学研究活动中，认识者往往既是认知主体，又是被认知的客体，作为主体能认识客体和自己；作为客体他是人生意义的产生者、社会活动的参与者、自我认识的历史存在。社会问题多表现为真理性、价值性与艺术性的统一，属于社会意识形态，往往程度不同的地留有不同阶层、不同民族或既得利益者的烙印，难以毫无差别的、公证的为国家为人民服务，这是研究和解决社会问题的大忌，必须予以充分注意。

第六，社会问题，从属性上看往往具有隐含描述功能、解释与批判功能、预见功能、政治功能、管理功能、决策功能、咨询功能，影响广泛。因而，在解决问题时应慎重而符合客观真理标准；避免政治化、片面意识形态化、急功近利、墨守成规、简单化、泛化或利己主义。

2. 日常问题

日常问题包括我们平常碰到的一般工作问题，学习问题、生活问题、家庭问题、婚姻问题、人际关系问题、求职问题以及人生意义、价值和理想问题等等。日常生活看似平凡，但是，对于个人也都是一种挑战。日常问题和社会问题都是由人、人的活动的产物构成的，是人类社会生活内在的统一。在研究方法、手段、目的属性特征方面大同小异，只是在问题领域中表现为群体的关系。在研究与处理日常问题中，大多数情况下认知主体和客体的高度融合，呈现一体化趋势。因此，自主自为的思想与利益关系就显得更为突出。日常生活问题多以实用性、功利性、简单性、经济性、安全性为评价标准，由于存在着人为性、异质性、不确定性、价值与事实的统一性，主客相关性等诸多特点，因而也很难得到确定的、统一的、普遍认同的答案。解决日常问题也是在价值论框架下展开的，利己主义常常处于有利地位，因此就更需要剖析真理性与价值性的相互关系，以道德标准约束自我，公平、公正的处理日常问题。处理好日常问题也是对处理好其问题一项经验的积累和处理能力的锻炼。

最后应当说明的是：科学问题、社会问题乃至日常问题，在特征研究方法、手段等方面都存在着交叉关系，可以借鉴、移植，有些日常问题也可以提升为自然科学问题与社会科学问题。

六、常规问题与反常问题

科学背景知识体系本身是有层次结构的，但是，并非任何一个层次结构的任何一个问题都有相同的地位。一部分问题作为基本原理，处于整个知识体系的核心；一部分问题为辅助假说处于知识体系的外围；还有一部分问题作为前两者的推论处于知识体系的表面。由于涉及不同层次命题的科学问题在性质上不完全相同；因而，我们有时也针对科学研究的具体情况将科学问题分为两类：即常规问题和反常问题。

1．常规问题

常规问题是指可以在维持已有基本理论的框架内，在已有的范式、模式的前提下有待解决的疑难，并得以有效解决的问题。其特点在于通过调动已有的知识、包括基本原理及其应用方式以及仪器设备的操作方法来进行解决局部问题的尝试。常规问题的解决不与背景知识相冲突，只需要对已有知识体系的局部调整就能将原来的疑难化解。通过问题的解决将会使原有的理论更加精确、充实、完善和体系化。科学知识体系调整时所涉及到对理论的系统化表述问题，以及科学研究纲领遇到“反例”时要求在研究纲领的范围内来消化。反例所遇到的问题也都属于常规问题。例如天文学中海王星摄动问题，就是在牛顿力学理论范围内能够有效解决的问题。

2．反常问题

反常问题是在已有背景知识的理论框架内或在已有的范式、模式下，无法有效解决的问题。对反常问题，不可能在它出现时就将它的“反常性”辨认出来，只有通过所有解决问题的常规方式进行尝试都失败后，反常的特点才被暴露出来。反常问题与问题的区别是相对于背景知识而言的。对于一个问题是常规问题还是反常规问题的判断是很困难的，正如美国哲学家苏丹所说："有时一个问题只有当它被另外的理论解决了的时候，它可能看成是对于这一理论的反常。"因此，在一些问题成为疑难时解决问题的关键途径是否定原来的背景知识，也就是说对于反常问题自下而上地解决。解决往往是要拒斥已有知识体系中的基本原理；因此，常规的思维方法往往无济于事，而需要独辟蹊径、跨域类比，运用反常思维、横向思维、发散思维、反向思维，以打破僵局的方法。

七、良结构问题与不良结构问题

1. 良结构问题

良结构问题又称结构合理或结构完整的问题。这类问题都有明确的目标任务和范围，而且算子的运演也是合理的。通常的几何问题是良结构问题。认知心理学和数学领域经常提到的"书生和野人过河问题""河内塔问题"等也是良结构问题。由于良结构的已知初始情境、目标情境都是确定的，初始问题情境包括了达到目标所需要的所有成分；而且用来改变情境的操作也被规定，因此它原则上可根据已有的经验，运用比较确定的规律来解决。解决这类问题一般可借助类比思维寻找线索，选择解题方法、途径和切入点的帮助，但解题过程主要还是一个演绎思维过程。

2. 不良结构问题

不良结构问题，又称之为结构不合理的问题，即是指意义、目标或算子不明确的问题。不良结构问题最显著的特征是目标不确定和问题的已知条件不全。这种不良结构问题的性质特点，也就决定了在解决这类问题时，最终目标是有变化的；而且在解题过程中，算子也会随着目标的改变以及解题进展的变化而改变。

以创业规划为例，创业者要制定一份切实可行的创业计划，因为市场分析、产品选择、环境影响、原材料与资金来源、政策法规制约条件等因素都是多原因多结果的关系，而且这些因素又是影响创业计划的重要因素，因而，创业者事先都无法提出明确的要求。这就意味着解决"计划制定"问题，首先按良结构的解题程序——一般计划制定程序，根据调查掌握的信息，优化组合形成初步计划（可能是多个方案），然后由创业者、专家进行深入讨论，并对产品、技术等具体细节进一步明确，最后形成决策意见，完成最终执行（而且在执行中还要不断的修正）。因为计划（最终目标）是从计划空间到细节空间逐步得到满意而形成的，因而与良结构解决问题的过程是不同的。应当说明的是这种解题过程并不是说开始的目标是抽象的，最后的目标是具体的，而是说表明开始的目标与最终的目标，可能存在较大的差别。同样在制定计划中相关的计划要素也会随着完成计划的进程而有相应的改变（图 3-1）。

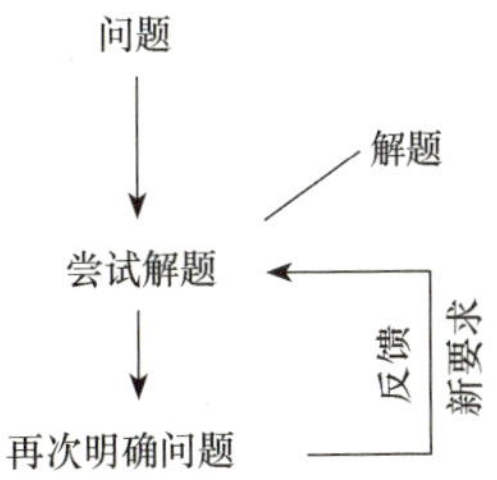

图 3-1

从上述两种问题的互相关系来看，不良结构问题在某一局部、某一环节以至某一阶段，其问题解决过程的结构可能是合理的。因此，不良结构问题中，包含、渗透着良结构问题。也可以说对不良结构问题可以采用分解的形式，形成若干个良结构或近似良结构问题，以良结构问题的解决问题的方式加以解决，以尽可能地降低不良结构问题的解决难度。这一点在系统思维方式阐述中将进一步予以说明。

八、经验问题、概念问题、佯谬和悖论

1．经验问题

经验问题是通过对问题的结构和关系的观察并运用经验规律回答或解决的问题。经验的一个重要来源是经验的直接概括，并表现出一种定律的形式，也有些经验规律是由理论规律“派生”出来的并在一定意义上成为检验理论规律的一种手段。

经验规律与理论规律的重要区别在于观察性与不可观察性，也可以说经验规律就是关于可观察现象的规律。判断经验问题的一个重要条件就是问题情境的可观察性或者称之为实际的可确证性。随着科学的发展，“可观察”的内容和方式也发生了很大的变化。在解决经验问题过程中一般沿用以下程序：

首先，用通常习惯的方式，直接用感官觉察事物的状态和实际测量，并在科学观察中加入一些数学方法和仪器设备作为观察的辅助手段，以更好的觉察事物的状态。

其次，对于“问题”的可观察现象，有些是通过实验所间接得到的，因此作为观察的前提是依据“问题”的特征，进行实验设计参与观察，使观察更切合客观实际。

最后，应当注意的是“可观察现象”与“不可观察现象”之间的界限是模糊的。我们知道，问题对象的观察依赖感性知觉、实际测量，有时也依赖实验与各种客体要素、事件和过程的相互作用来确定的。在观察过程中数学工具的应用，各种实验仪器及数据和标准的使用，就会带来“可观察”与“不可观察”的界限模糊性。比如电子显微镜相比较普通显微镜，观察某种东西还是感官直觉的感知吗？衍射实验

在氧化屏上显现的闪烁点或波形还算不算可观察的东西？对此物理学家是在非常广泛的意义上认识到可观察的东西？因此可以认为“可观察”与“不可观察”是从属于一个不断变化的历程中，它开始于直接观察并深入到复杂的、间接的观察方法。在解决经验问题时应充分注意，可观察的范围与界限。经验问题常用直觉思维、形象思维和抽象思维等思维方式。

2. 概念问题

概念问题涉及科学讨论争论中的疑难或科学理论结构与该领域的方法论前提的不协调等问题。概念问题可分为内部概念问题和外部概念问题：内部概念问题是指理论内部逻辑不一致或基本范畴含糊不清而形成的。外部概念问题是指由同一领域或不同领域的两个理论之间的矛盾，一个科学理论与有关科学共同体的方法论之间的冲突和一个理论同当时流行的世界观之间的冲突而造成的。

一般来说概念问题比经验问题更重要。因为科学理论的发展常起因于对概念的非难，科学史上一些重大争论都起源于概念上的不一致或矛盾。反常问题大多数也是概念问题，反常问题的解决往往也是要拒斥已有知识体系中的基本原理，并以新的解释性理论取代原有的解释性理论。例如，当时不知名的法国物理学家德布罗意经过对以往理论的研究，于1924年发表一篇阐述有关物质波的文章，提出一个令人难以理解问题。他认为在一个多世纪的研究中，在光学上，比起波动的研究方法来人们是否过于忽视了粒子性的方面，而在研究物质，粒子的理论上，是否发生了相似的情形，人们把粒子的图像想得太多，而过分忽视了波的图像呢？当时科学界普遍认为所有可能存在的波动都已被发现，德布罗意所谓的“物质波”既非机械波（声波等）又非电子波（光波、无线电波等），那会是什么呢？任何物体的运动都会产生物质波，为什么我们看不见呢？大家公开表示怀疑，同时也使德布罗意的想法遭到很多物理学家的冷遇。德布罗意的问题所以会受到冷遇；就是因为它公然违背了当时的背景知识基本原理。历来主张物质粒子就是粒子性的，那里会和波动发生关系？德布罗意却要改变人们的传统认识，结果引起科学上的一次革命的转变。

3. “佯谬”和“悖论”

概念问题往往隐藏在科学理论的深处，科学家常常通过“佯谬”和“悖论”来揭示概念问题的矛盾。

佯谬和悖论均译自paradox。佯谬有似非而是的含义，如果从一个理论中能推出它不能成立的结论，就构成一个佯谬。佯谬或者表现理论本身有缺陷，或者表明理论中蕴涵着未被人察觉的深刻内容。在经验科学中，著名的佯谬有麦克斯韦妖佯谬、薛定谔猫佯谬、量子佯谬、光电效应佯谬、引力佯谬、光速佯谬、光度佯谬等。佯谬问题，并非一定表明理论的缺陷，但却能揭示出其更丰富的内涵，对科学认识起到推动作用。光度佯谬即所谓奥尔勃斯佯谬的例子可以清楚地说明，正是为了消除这一佯谬才推动了天文学家们相继提出等级式结构模型、大爆炸宇宙模型等新的理论。

悖论，在古代西方主要是指与常识相违背的命题或推理。在现代逻辑中悖论通常是由肯定其真可以推出其假，而由肯定其假可以推出其真的一类命题；也就是说悖论是从某些公认为正确的背景知识中逻辑地推导出来两个相互矛盾的等价式，或者说从明显的可接受的前提通过明显可接受的推理得到一个明显不可接受的结论。著名的悖论有芝诺运动悖论、罗素的集合悖论、欧布利德的自我指称悖论、纽克姆抉择悖论等。

一个领域中的悖论，往往触及到该领域的根基。在经验科学中，把悖论视为一种带有根本性的反常问题。波普尔称经验科学的悖论为“经验之谜”并认为：“一个哲学家所能做的事情之一，也可以列入他的最高成熟的事情之一就是看出前人未曾看出的一个谜，一个问题，或一个悖论。”

悖论它不同于一般现实矛盾和现实问题。普通逻辑矛盾是由于逻辑错误或思想混乱所致，而悖论的思维过程是有问题的，它是从某些共识中、合乎逻辑的推导出来的。比如说谎者悖论它可以表述为：“这句话本身是谎话”。现在问上面这句话是真的，还是假的呢？如果它是真的，即表明“这句话本身是谎话”是真的它就是谎话，那么它就是假的。反之，如果这句话是假的，即“这句话本身是谎话”是假的，它就不是谎话那么它就是真的。

一般悖论可划分为三层四种：最普通的为具体理论悖论，它包括“系统思维悖论”和物理学中被人们称之为佯谬的悖论。较高层次的悖论为集合论型悖论，如罗素的集合论悖论，以及语义悖论，如说谎者悖论。最高层次为哲学悖论，如康德的二律背反悖论。

悖论由共识、逻辑推理和矛盾等价式三要素构成。悖论也是一种矛盾、一种问题，当然也是有待解决的。由于悖论的特殊性，其解决途径和方法也有其特殊性。依据上述悖论的构成要素，人们需要从以下情况中做出选择：第一，结论并非真的不可接受；第二，出发点或推理有不明显的缺陷。

解决悖论的主要途径有两种：第一种途径，认定结论（矛盾等价式）是荒谬的，把矛头指向共识和逻辑推导，从两方面解决问题，可以从共识或逻辑推导中任选其一找原因，也可以双管齐下两线寻求解题方法。有些人主张通过改变某些共识或修改某些前提来消除矛盾，也有人主张整个地抛弃共识。对于逻辑，有人主张部分的抛弃逻辑限制或者建立新的逻辑来消除悖论。从理论上讲抛弃逻辑也不失为一种消除悖论的方式，但实际上却是行不通的。第二种途径，承认或接受结论（矛盾等价式），认为它是一种特殊的真理，并不荒谬。这一途径导致宣布矛盾律并非普遍有效。也有人认为可以容忍悖论存在，但要限制它、囚禁它。悖论问题的深入讨论有多种观点，也涉及到许多逻辑知识和技术，本书不做进一步讨论。

第三节　发现问题的途径与方法

问题是发明创造的起点和本源，也是一种有深刻意义的认识和思维活动。问题是现实社会需求的反映，也是阻碍进步与发展的障碍。解决问题是人类的需求，也是展示人生本色的标志。就问题本身而言，有如智慧的迷宫、知识的宝藏；解决问题可以增加个人的知识积累和精神财富。发现问题是人们一切实践活动的积累，也是一种复杂的认识活动和思维活动。对每个人来说发现问题经历了一个由自发到自觉的转变过程，发现问题不仅需要有怀疑精神、创新精神和批判精神，也需要坚强的毅力、进取心和社会责任感；发现问题不仅要有丰富的实践经验和坚实的理论基础，也要有丰富的想象力、敏锐的洞察力，精细的分析力和顽强的探索力；发现问题不仅需要社会的推动，而且需要动机的激发；发现问题不仅需要了解发现问题的途径，而且需要掌握发现问题的方法。发现问题虽然没有固定的程序和算法，但也并非是完全随机的、纯粹偶然的活动。

一、发现问题的途径

1. 通过已有的理论（包括成功的理论）进行批判性考察，以发现其内部存在的问题

这一途径发现的问题可能有：一方面，理论内部的逻辑矛盾。如伽利略在亚里士多德的落体定律发现了逻辑矛盾，一些悖论和佯谬的发现，同样也起到了重要的推动作用。另一方面，这类问题的发现，不仅需要严密的逻辑推理，而且要对整个系统进行全面深入的剖析。理论内部结构的不对称性或结构上的不严谨。这类问题的发现可以导致对理论的修正和完善，其发现过程既要逻辑分析也要严谨的判断。

2. 对两个或以上的理论进行比较发现存在于它们之间的问题

这些理论之间是否矛盾？是否一致？是否归并？能否还原？能否融合？能否统一？这种途径可从三个方面加以考虑：首先，同一领域、同一系列，相继出现的理论关系问题。如开普勒的定律与牛顿力学关系问题，就有后者说明前者，前者为后者归并的问题。其次，同一领域，两个不同系列理论之间的关系问题。如相对论与量子力学的关系。量子力学中的矩阵力学与波动力学都属于同一学科相互竞争的理论。二者之间的矛盾，提出了量子力学形式体系的实质性解释的背景问题及两个理论系统的比较，评价问题。相对论与量子力学的关系引发了将两者结合起来的研究。最后，不同领域两个理论之间的关系问题。如微观粒子的量子理论与遗传基因的研究理论，使生物学与物理学找到了统一的基础——微观粒子的运动规律。生物技术主要是建立在对生命物质分子层次认识的基础上，DNA 现代生物技术是在确立了遗传物质 DNA 双螺旋结构基础上发展起来的。

3. 从理论与事实之间的关系中发现问题

理论与事实之间存在着理论解释事实和事实验证理论两种关系。理论不能有效的合理解释事实，可能产生三种情况：首先，理论有问题；其次，观察事实有问题；最后，以上两者均有问题。

当确定观察（直接或实验观察）事实无误，则必须修正理论、补充理论或研究新理论取而代之。经反复验证，理论没有问题，则必然会出现事实描述有问题，实验设计有问题，或观察理论有问题，观察技术有问题几种情况，据此应建立新的观察理论或观察技术。如奥斯特观察磁针偏转现象，经验证明现象确凿无误，从而导致电磁关系新理论观点的提出。

4. 在理论的应用中发现问题

科学理论研究与形成，其根本目的就在于认识自然规律，并用以利用自然、改造自然，促进社会的发展和生活水平的提高。

理论的应用由基础生产到高端科学研究具有很多类型和层次：有数学、逻辑、方法论在各门经验科学中的应用；有自然科学在技术领域中的应用；有科学技术在生产领域中的应用；有自然科学与社会科学，人文科学的相互应用等。一般来说，在理论的应用，在基本概念的展开过程中，原来隐而不现的狭隘、不精确性、不合理性和不恰当等方面的缺陷错误等会逐渐显露出来，为理论提出了新的发展方向。另一方面，实践会提出有待理论探讨的新问题，激发新的理论思考。在技术史上，我们会看到一种重大技术的诞生，往往产生许多相应的科学问题、技术问题、哲学问题、社会问题乃至道德问题，前面讲述的科学技术发展史相关内容就是有力的证明。

5. 在产品开发中发现问题

这里所说的“产品”是广义的产品定义，包括物质产品和社会科学领域的产品和人文科学领域的产品等。上面已阐述的在理论应用中发现问题，所涉及的是理论本身的问题。在产品开发中，还存在着许多理论与实践，内在与外在的联系问题和扩展问题。具体表现为以下几类技术性问题：首先，实验环境与条件向实践（生产、应用）环境条件转化问题。一般理论是通过实验观察、验证形成的，环境条件是严格设定的，理论应用于实践首先要面对的是生产、应用环境和条件，两者的差异（不完备、不精确、现场外来因素的干扰）便形成了多种问题。其次，理论概念表现为概括性、确定性，而在实际开发中却显示出同一理论的多向性应用。比如金属冶炼理论，用于冶炼、铸造，在实际生产中又可以变化多种冶炼工艺，在这些实践技术应用中，也将发现多种问题。再次，理论研究中的测量观察手段，无论从方法上、精度上、仪器装备上与实际开发应用也有明显的不同，也都会成为工艺流程中的实际技术问题。最后，产品开发中应用同一理论所需转化设备，装备等也是多种多样的。为了达到生产优化的目的，设备、工艺装备的设计，结构、原理也存在着多样性。这些都有实际的创新问题。

6. 从“创新”中发现问题

无论企业、事业乃至政府机关都同样面对着市场竞争的问题，只有永恒的发展才是在竞争中立于不败之地的根本和唯一正确的抉择。发展一个重要的策略是创新，我们借助经济领域的“创新”概念来阐述发现问题的途径。

第一，从产品创新中发现问题。这里的产品，我们扩大表述为一切实体组织，对外界服务的主导实务（包括机关团体的法规、章程的制定）。一切产品都是根据市场、社会的需求和形势而确定的，需求与形势与自身的条件总是存在着各种矛盾，解决这些矛盾，作出具体规划需要大量的调查、分析、决策，而新产品开发中每一项活动都面临着各种问题。

第二，技术创新。“产品”确定后，生产实施、技术措施便成了关键。工艺流程计划制定，关键技术创造，设备的选择，不仅要求先进、实用，更需要优选。每一个环节都可能是“问题”。

第三，材料（包括社会科学领域主导实务中所需材料）创新的主要问题是材料自身品质及与需求匹配的优化问题。

第四，管理创新问题：管理计划、组织、系统化及其实效问题。

第五，设备创新问题：包含设备的功能、结构、效率、性能的创新问题，有关创新问题在以后章节中将有进一步解读。

7. 从经验中概括出新问题

在科学的理论建构中，最关键的问题是经验规律与理论规律的过渡，善于区别这两类规律，又要把握它们的内在联系，发现并解决问题就是架筑两种规律之间桥梁，其转化过程可以表现为经验规律⟷问题⟷理论规律。

两种规律的分界在于规律的可观察性与不可观察性。经验来源于观察（包含必要的测量）和积累、比较概括和验证，通过观察（测量）反复的比较、概括，形成一种有效认识，这种认识，在不断的观察中接受检验，和进一步概括，并可以用来无误的解释观察的现象，表现出一种定律形式，便成为经验规律。初始观察、直觉的疑问，就是问题之所在。理论规律，演绎可观察经验规律（开放性）是通过对应规则来实现的，所谓对应规则其实质就是把理论规律不可观察词语转换成经验规律、可观察词语。对应词语转化过程是有其内在联系规则的，因此转化过程也是问题之所在（如果不实现转化理论规律，也就成为无人问津的假说）。比如万有引力、质量概念等，都是不可观察的概念。采用对应规则把天上物体的运动与苹果落到地上，这样毫无联系的事情一起思考，用万有引力定律成功的解释了苹果落地和行星运动规律。事实说明寻求对应事实问题，也是创造活动中的重要问题。同样研究气体分子的动能、分子运动等理论规律。分子是不可观察的，而用“气体的温度与它们的分子的平均动能成正比”规则把不可观察的分子动能与可测量的温度联系起来，使理论规律演绎出一个可观察的经验规律，也是解决“对应问题”的问题。相反，对经验规律抽象出共有的不可知因素，作为一种假说，陈述出来也是一种待研究的问题，一旦经过检验论证便可以形成理论规律。

8. 从日常生活中发现问题

有很多引发创造（科学创造、自然、社会、人文、科学、技术创新乃至艺术创意等）的问题是从日常生活中提炼出来的，这样的例证在科学发展历史中比比皆是。阿基米德在洗澡时发现了浮力定律；牛顿受落地苹果的启发，成就了万有引力定律；硝化甘油，由于油桶渗漏漏到沙子上这一平常事件，成就了诺贝尔发明“达纳炸药”的创举；也仅仅是培养皿中一次意外的污染，引导了弗来明的好奇和追迹思考发明了青霉素针剂，挽救了数不胜数的重危生命。事实证明生活中可以创造的问题随处可见，自然要使这些问题明朗化，却需要认真的观察和思考，否则大好的机遇也会白白溜掉。日本科学家早于弗来明发现青霉素现象，却因为没有认真思考而与一项划时代的发明失之交臂。在日常生活中发现问题，首先取决于认真观察、发现奇异现象，然后循迹思考、寻找现象特征及情境，最后通过抽象概括、明确问题属性。

9．从社会需求中发现问题

无论是组织、团体还是个人，人们的需求总是随着社会的发展，科学技术水平的进步而不断地增长、扩展和更新。这也是有史以来永恒的创造课题，而且对品质、款式、功能、舒适度、耐用度乃至外观美感都提出更高的要求，需求范围也在不断地扩大，包括物质产品、精神产品、生活环境、安全保证、信息传播及至社会规范……都为创造性问题提供了广阔的选择和施展的空间。

10．通过移植或综合寻求问题

随着横断科学、系统科学（也属横断科学类）技术结构群落与产业群落的兴起，科学门类，科学与技术的融合成为21世纪科学技术革命发展趋势。具体表现为：

第一，微观领域与宏观复杂领域的相互作用，微观领域的成果，将成为科学技术各部门的基础，并为科学技术发展开辟了道路。如物质结构的研究可能为新能源及其实现方式作出自己的贡献。

第二，宏观科学复杂系统领域的形成，系统间、学科间的广泛的相互联系。

第三，科学与技术的融合及科学与技术领域的交叉利用。

第四，科学技术建制（科学技术活动的社会组织形式及体制）逐渐向科技经济一体化的发展。

第五，生产技术方式从工业化向知识化转变。

第六，自然科学与人文社会科学的融合（规律性、规范性一致，理论观点相融，功能互补等）。移植综合包括横向、纵向和交叉综合移植等。

如从自然科学角度提出的空间问题、能源问题、生态问题、海洋问题，可以转化为社会科学问题；人口控制问题、城市规划问题也可转成为自然科学问题来研究。各种移植综合的实例更是不胜枚举。如最常见的汽车产品研究，就小学科范围涉及力学（机械力学、空气动力学等）、电学、电子学等；扩展为自然科学领域则涉及物理学、化学、生物学（人体结构、机能等）；作进一步拓展又涉及到社会领域中的社会学、心理学、城市规划等，每一个交叉点都存在着可供研究的创造性问题。从产品或功能创新角度，生物医学中的人造器官（血管、机械起波器等）、多功能手机中的影像技术（光学）和传输技术都是移植问题的充分体现。

11．从已知问题出发发现问题

任何问题都是系统中的一个分支（子系统）或节点，因而必然与系统的特征与功能产生纵横与层次上的相关性，形成内在联系，同时问题所在空间的环境因素也会与问题之间产生外在联系。这些都是以已知问题为源头寻找发现问题的线索，进而产生新的问题。基本问题不仅可以演绎出、衍生出本问题域中的低层次问题，也有可能涉及高层次问题，还可能产生交叉科学问题、横断科学问题和边缘科学问题。

“对一个问题的每一种解决都引出新的未解决的问题；原始的问题越是深刻，它的解决越是大胆，就越是这样。”从一个基本问题推演可以产生一系列问题。工程设计、产品创新等技术性问题同样遵从这一准则。其基本来源是：第一，对公认的合理性原则，提出挑战。第二，来自悖论的激发。第三，基本问题的理论、依据及相关条件的求索。第四，实现基本问题的“子系”问题的理论依据、实现的可能性及解决方式方法。第五，基本问题的扩展与相关的同类问题等。

12．通过怀疑、挑战而提出问题

19 世纪流行着一种“以太”学说，它是随着光的波动理论发展起来的。由于对光的本性知之甚少，人们套用机械波的概念，想象必然有一种能够传播光波的弹性物质，它的名字叫“以太”。当时认为光的传播介质是“以太”。由此产生了一个新的问题：地球以每秒 30 千米的速度绕太阳运动，就必须会遇到每秒 30 千米的“以太风”迎面吹来，同时，它也必须对光的传播产生影响。这个问题的产生，引起人们去探讨“以太风”存在与否。如果存在以太，则当地球穿过以太绕太阳公转时，在地球通过以太运动的方向测量的光速（当我们对光源运动时）应该大于在与运动垂直方向测量的光速（当我们不对光源运动时）。许多物理学家们相信“以太”的存在，把这种无处不在的“以太”看作绝对惯性系，用实验去验证“以太”的存在就成为许多科学家追求的目标。1905 年，爱因斯坦在抛弃以太、以光速不变原理和狭义相对性为基本假设的基础上建立了狭义相对论。狭义相对论认为空间和时间并不相互独立，而是一个统一的四维时空整体。在狭义相对论中，整个时空仍然是平直的、各向同性的和各点同性的。可以说爱因斯坦提出相对论的关键，就是敢于对公认的原则、规范提出怀疑、挑战，认为“以太”不存在。

13．通过信息资源感悟问题

现代社会信息传播方式广泛而快捷，书籍、杂志、通讯、会议、新闻媒体、网络等都有相关问题的信息，供人们去求索。

通观上述 13 种问题的来源，大致划分为三类，第一类是它人明确提出的问题（上级提出的，社会实体征询、待解的，普遍公认尚未解决的问题）；第二类是工作中面临的实际问题；第三类则是个人感悟的问题。

社会发展与现实总是有矛盾的，矛盾中也就蕴涵着数不完的各种问题。而发现问题至关重要的是人的主动性和深入的领悟与求索。没有悟性或有悟性的人不主动去领悟，人的眼里、脑子里也就永远不会有问题。问题使人上进，人生更加充实，问题使人更加睿智，能力也在不断地提高。没有问题的人是最平庸的人。正如发明家保尔·麦克里德所说：“唯一愚蠢的问题是你不问问题。”

二、发现问题的方法

发现问题、尤其是发现复杂而深奥的问题，没有标准方法，但有一些启发性、协助性的发现方法。了解这些方法，利用问题之间的隶属关系、同一关系、交叉关系、生成关系、相似关系、对立关系等有助于发现问题。比较典型的方法有如下几种：

1. 直觉认识法

从直觉中发现问题，作为一种方法提出似乎有些牵强，但是在实践活动中确实有这样的机遇，而且不容忽视。

1892 年 9 月，瑞利在英国《自然》杂志上发表的一篇短文中写道：

我用两种方法制得的氮气密度不一样。虽然这两个密度只相差千分之五，但是仍然超出了实验的误差范围。对此，我颇有怀疑。希望读者提供宝贵意见。

第一种方法：让空气通过烧得红热的装满铜屑的试管，氧与铜化合，剩下了氮。这种氮的密度为 1.2572 克 / 升，称为氮Ⅰ。

第二种方法：让氧、氮混合通过催化剂，生成水和氮气。这种氮的密度为 1. 2508 克 / 升，称为氮Ⅱ。

二者密度相差 0.0064 克 / 升。

请读者注意，这是在“空气中只有氧和氮”的观念下，提出来的矛盾！

面对这种矛盾，化学家拉姆赛推测说，氮Ⅰ比氮Ⅱ重的原因，是氮Ⅰ中含有某些比重较大的气体。氮Ⅰ是从空气中制取的，所以，空气中除了氧和氮之外，还有未知的气体。

为了证实这种推测，拉姆赛让氮Ⅰ通过赤热的镁屑，氮与镁生成氮化镁，氮耗尽后，剩下一种气体。它的体积是氮Ⅰ的 1/80，密度是氢的 20 倍。

后来根据光谱和其他实验得知，它是由氩、氦、氖等许多气体组成的混合气体。这就是大气中除氧和氮以外的气体的发现过程。化学家拉姆赛，正是根据瑞利提出的问题，经过实验最终取得新发现的。

从事细菌学研究的英国科学家弗莱明在 1928 年某天上班时，忽然发现在葡萄球菌的培养器皿中，有一小块如土碴一般的尘埃物，培养液受到破坏。通常的处理方法是，清除污染，重新培养。弗莱明则不然。他并不轻易放过这个现象，认真地加以观察，进而发现“土碴”周围的球菌不仅没有生长，而且变成一滴滴露水的样子，于是他反复思考这“土碴”为什么对球菌有特殊的抑制作用？“土碴”里面究竟含有什么东西？最后他终于从中分离出一种能抑制球菌生长的抗菌素——青霉素。后来根据这项发现，人们研制成一种新药——青霉素针剂，用于医学临床，对于球菌感染引起的疾病有特殊疗效。有人估计，青霉素的发现使全人类的平均寿命延长了10岁。要是有人对现在世界上三大疾病——心脏病、高血压和癌症发明某种特效药，人类平均寿命也不过延长10年。

两个例子说明，直觉中的疑问，可能就是问题之所在，忽略这些问题，也可能造成终生的遗憾。比如日本科学家古在由直，早在弗莱明之前发现这种现象，却轻易地弃之一旁，失去了大好的机会。

从直觉中直接发现问题（特别是一些日常工作中的问题）的几率还是很高的。有些虽然不能直接成为问题，但却是发现问题的重要线索，经过分析找出问题之所在也是发现问题的一种较好的方法。从直觉中发现问题的基础是有丰富的知识与经验的积累，随时保持问题意识和运用跟踪追踪的方法，最终确定问题。

2. 经验归纳法

经验归纳法在发现事实问题、经验问题、描述性问题是什么问题以及理论与事实的关系方面有重要作用。我们既可以通过经验现象进行观察、实验、比较、分析抽象、概括，逐渐地发现问题，也可以运用典型归纳法洞察问题的内在联系，发现问题的机理与矛盾所在，既可以运用同步求异法来寻找差异和区别，乃至对立与冲突，也可以运用求同法来寻找相似与统一。

3. 原理演绎法

原理演绎法在发现常规问题与理论内部的矛盾问题、理论系统之间的矛盾问题以及理论与事实之间的不一致问题等方面，起着重要作用。从基本问题到应用问题，从理论的发明建构到检验，从检验到调整、修正、发展这些过程，都离不开演绎法。

4. 类比移植法

类比移植法，就是根据已形成规律、理论、事实的一些事物或已解决的问题，发现相似、相近事物或现象中存在的可供研究的问题。通过类比移植法可以发现常规问题、域内或域外问题、应用问题与理论问题；也可以发现结构问题、边缘问题乃至中心问题和核心问题。比如人与计算机的类比领域，通过类比可以提出一系列可供研究的问题。如怎样使计算机像人一样思维？计算机能否模拟人的心理过程？计算机能否实现情感互动？

5. 反向提问法

反向提问法是针对原来的问题运用反向思维提出相反的问题。比如风扇对空气的作用问题，其反向问题则是空气对风扇的阻力问题，这恰好涉及到汽车为减少风阻的造型问题。

6．假设构想法

假设构想法是在虚拟条件下，构想在理想状态下或在可能世界中会出现什么情况，会发生什么问题。后文中提到的假想模型问题均属此类问题。

7．相关提问法

相关提问法是指从已有的问题或理论观点出发，根据问题的结构关系或理论的逻辑关系以及问题和发展过程提出其他问题。比如，根据模糊理论提出模糊数学问题、模糊理论在管理与工程设计优化中的应用问题等。

8．功能求索法

无论是公认的科学理论与成熟的应用技术，还是已有的具体事物，都是以满足人类改造自然、构建人工自然、改善人类生活品质的需求为存在的基础和前提。满足需求的根本要素是现实存在事物（科学的、技术的、产品的等）自身所具有的功能。随着科学与社会的发展对“新生事物的需求—功能”与日俱增，从对新事物功能需求中发现问题也就成为普遍直观的方法。

功能—需求来源于现实科学研究、生产与生活实践中存在的必然现象，为相关大多数人所共识，矛盾焦点突出，问题明显也易于发现。其具体方法是：首先，确定需求矛盾；其次，明确要求目标，确立需求功能；再次，解析功能本质（原理、技术、材料等），突出矛盾焦点；最后，确定问题实质。

应用功能求索法可以与上述其他方法有机结合起来，可以收到更为直观、有效的成果。

功能求索法不仅可以拓展、深化已有理论、技术的应用范畴，也可对发展新理论、新技术提供引导。

比如随着世界人口老龄化，居家养老已成为一个重要问题。目前，虽有辅助生活机器人问世，但仍需设定程序的预控，而无法愉悦老人的情感生活和主动发现需求与突发危机，并采取相应的处理方法。要实现上述功能，关键就是实现机器人人性化问题，也即对人脑功能的全模拟问题。

第四章　创业的基本问题概述

置身于全球经济一体化的多元时代，国家、民族想发展，就需要创新、创业。一个人要发展也要敢于创业，既要虚心向强者、权威学习，又要敢于向强者、权威挑战。过分注重老经验是特别容易栽跟头的。下面的例子，就正好说明了这个问题：

小男孩问爸爸："是不是做父亲的总比做儿子的知道得多？"

爸爸回答："当然啦！"

小男孩问："电灯是谁发明的？"

爸爸："是爱迪生。"

小男孩又问："那爱迪生的爸爸怎么没有发明电灯？"

爸爸……

立志于创业的朋友们，为了美好的明天，让我们一起走进这个创业的殿堂，一起去开拓美好的未来。

第一节　创业的概念、时代背景与社会条件分析

一、创业、创业投资的定义

从范围上讲，创业有广义、狭义之分。广义上的创业，泛指人类一切带有开拓意义的社会变革活动。因此，从广义上说，一切有益于国家、社会、人民利益的活动，都可以称之为创业。广义创业涉及的领域非常广阔，无论政治、经济、军事、文化艺术事业，只要人们从事的是前无古人的事业，都可称之为创业。诸葛亮在《前出师表》中所讲"先帝创业未半，而中道崩殂"，指的是创帝王之业；毛泽东领导中国人民进行新民主主义革命，建立了中华人民共和国，是在创立无产阶级大业；热心公益事业的人建立的公益性组织，建立扶贫和志愿者组织，是创立扶贫公益事业；

上述活动都可属于广义的创业。而从狭义上讲，创业就是社会上的个人或群体自己开展的以创造财富为目标的社会活动，开创属于自己的经济组织，获得经济上的收益。这种活动对于整个人类来讲，也许是有许多前人经验的，但对创业者本身来说，则是从未经历过的、从头开始的事业。在当今改革开放的背景下，一系列白手起家或身处困境开拓出新局面的企业领导者所做的工作都是狭义上的创业活动。

根据上述分析，我们可以给创业下一个明确的定义：创业是指社会上的个人或群体，为了改变现状，造福后人，依靠自己的力量创造财富或开拓新局面的艰苦奋斗过程。

在创业活动中，创业投资是一项必不可少重要工作。因此，有必要对创业投资的定义进行一些探讨。创业投资（Venture Capital，VC）的含义近于“谋取个人利益的大胆行动”（Daring Undertaking for Private Gain），有如下定义：

① 全美创业投资协会（NVCA）。创业投资是由专业投资者投入到新兴的、迅速发展的、有巨大竞争潜力的企业中的一种股权性资本。

② 英国创业投资协会（British Venture Capital Association，BCCA）。协会并没有公布创业投资的正式定义，但规定其成员为“积极活跃地管理资金，用于对英国未上市公司进行长期股权投资的机构”。

③ 欧洲投资银行。创业投资是为形成和建立专门从事某种新思想或新技术生产的小型公司而进行的股份形式承诺的投资。

④ 经济合作与发展组织（OECD）。有过三种不同的表述：创业投资是投资于以高科技和知识为基础，生产与经营技术密集型的创新产品或服务的投资；创业投资是专门购买在新思想和新技术方面独具特色的中小企业的股份，并促进这些中小企业的形成和创立的投资；创业投资是一种向极具发展潜力的新建企业或中小企业提供股权资本的投资行为。

⑤ 美国《企业管理百科全书》。对不能从股票市场、银行或与银行相似的传统融资渠道获得资本的工商企业的投资行为。

⑥ 林德（Rind）。如果一项投资行为具备以下特征，即可称为创业投资：创立新企业或挽救、扩展现有的企业；投资于高风险、高利润的地方；进行投资之前，有周密的分析研究和详尽的调查工作；使用各种不同投资工具于不同的投资活动之上；进行长期投资；直接参与所投资企业的经营，为其所参与的投资计划提供更多的附加值；努力使其资本利得最大化。

⑦ 成思危。创业投资是指把资金投向蕴藏着较大失败危险的高新技术开发领域，以期成功后取得高资本收益的一种商业投资行为。

⑧ 万志勇。创业投资是指投资于创业企业，并通过资本经营服务，培育和辅导创业企业成长，以期分享其高成长带来的长期资本增值。它包含三层含义：投资对象是创业企业，以区别于对非创业企业的投资；不仅提供资本金支持，而且提供特有的资本经营等增值服务，以区别于单纯的投资行为；在企业完成创业使命后即退出投资，以实现自身的资本增值，进行新一轮的创业投资，以区别于那种长期持有所投资企业股权，以获取股息红利为主要收益来源的普通资本形态。

⑨ 匡晓明。创业投资是由确定多数或不确定多数投资者以集合投资方式设立基金，委托专业性的创业投资管理机构管理和运用基金资产，主要对未上市创业企业提供权益性资本，并通过资本经营服务直接参与企业创业过程，以期获取企业创业成功后的高资本增值的一种特定类型的投资。

二、中国的当代创业发展回顾

改革开放后的三十几年，中国人掀起了四次创业高潮。

1. 第一次创业高潮，1979—1989 年，草根创业

在“文革”结束后，800 万知青返城，就业成为社会问题。机关单位安置有限，知青只能靠摆地摊，从事理发、修鞋、磨刀、修伞、修家具、卖小吃等行业维持生计，人们管这叫“练摊”。

为缓解就业压力，解决温饱问题。1979 年 2 月，中共中央、国务院批转了第一个有关发展个体经济的报告，允许“各地可根据市场需要，在取得有关业务主管部门同意后，批准一些有正式户口的闲散劳动力从事修理、服务和手工业者个体劳动”。

1980 年温州章华妹成为第一个拿到个体工商户营业执照的人，她以卖纽扣为生。

安徽人年广久靠卖瓜子致富，雇工从 12～105 人，震惊全国，人们怀疑“年广久是资本家复辟”，从而引发“个体户雇多少人才是剥削”的辩论。

个体经济对计划经济的冲击终于导致 1982 年的大整肃，温州发生“八大王事件”。

个体户的出现，激活了一个封闭已久的经济体对物质的渴望，王石、柳传志、任正非、张瑞敏，中国第一代企业家亦在这时“倒腾”出第一桶金，并借助时代的机遇，成就各自非凡的事业。

2. 第二次创业高潮，1992—1997 年，公务员下海潮

个体经济为人们打开新天地后，市场经济迅速席卷全国，发财致富日渐成为全民理想。

20 世纪 80 年代末 90 年代初，全国掀起一股全民经商潮，其中最为典型的是“国企员工下海”。1987 年现 SOHO 集团董事长潘石屹放弃石油部管道局“铁饭碗”，

揣 80 元钱南下广东。冯仑原是国家体改委下属研究所的干部，后被派往海南省筹建改革发展研究所，但到达海南不久，冯仑与潘石屹等四个同伴成立公司，做房地产生意。

1992 年初，中国改革开放总设计师邓小平南巡指出计划和市场都是经济手段，明确提出“三个有利于”标准。“南巡”进一步打破了人们的思想禁锢，激发人们跳出体制，投身市场经济之海的热情。人社部数据显示，1992 年，有 12 万公务员辞职下海，1000 多万公务员停薪留职。

这一代的创业者中，诞生了俞敏洪、郭广昌、王传福等后来的业界大佬，而他们所领导的企业，也逐渐成长为奠定中国经济竞争力的基石。

3．第三次创业高潮，1997—2000 年，互联网创业

经济体制的改变，让人们解决生存问题；而科技的发展，却改变生活方式。1997 年中国的互联网元年开启。

中国互联网络信息中心（CNNIC）曾在 1997 年 12 月 1 日发布第一次《中国互联网络发展状况统计报告》，报告指出全国共有上网计算机 29.9 万台，上网用户数 62 万。该中心自此后形成半年一次的报告发布机制。

1997 年，美国麻省理工学院的博士生张朝阳创办了爱特信 ITC 网站，次年 2 月，他在中国“克隆”雅虎，推出中文网页目录搜索的软件，名叫“搜狐”。

1997 年，26 岁的丁磊设想网民们应有自己的信箱，于是在广州创办网易公司，写出了第一个中文个人主页服务系统和免费邮箱系统。

1997 年，29 岁的软件工程师王志东领导的四通利方获得第一笔风投，该网站体育论坛因帖子《大连金州没有眼泪》而备受关注；次年，四通利方开办新闻频道，并收购北美网站华渊资讯网，网站更名为“新浪网”。

1998 年，马化腾成立了深圳市腾讯计算机系统有限公司；雅虎进军中国，成为 1998—1999 年连续两年网民网页首选。

1999 年，马云在经历两次创业失败后，确定要成立一家为中国中小企业服务的电子商务公司，域名为阿里巴巴。

1999 年，邢明把 1996 年从股市赚来的钱投资在 3 个网站项目上，其中一个叫“天涯社区”。

1999 年，22 岁的孙鹏与另外 4 位网友一起建立个人网站——红袖添香。“做文学网站，最初只是缘于梦想，终极目标也不是为了赚钱。”孙鹏曾表示。如今，这个纯文学网站，拥有完善的投稿系统、个人文集系统、媒体联络发表系统及原创书库。

尽管经历了2000年互联网泡沫的惨烈溃败，互联网时代的步伐并未减缓。百度、腾讯、阿里巴巴正是在这一时期迅速崛起，成为中国新兴经济的代表。而其所代表的互联网，将在未来以“颠覆一切”的形象，改变着整个中国的经济结构。

4. 第四次创业高潮，2014年至今，大众创业

2014年，中国经济进入“新常态”，一波新的创业浪潮也正在兴起。

深圳南山区华侨城创意园的柴火创客空间，因李克强总理的到访而为人所熟知，这被认为是点燃本轮创业潮的星火事件。

2013年，一些风投机构开始陆续投资创客项目。这轮“草根创业潮”的发生起因，主要源于中国经济处在转型期。

在政策环境方面，中央政府“三大施政清单”“简政放权”为创业潮提供制度保障和政策推力。同时，2014年3月《注册资本登记制度改革方案》出台，放松企业准入条件的管制，取消了“最低注册资本金”的限制。李克强总理的政府工作报告首度将“大众创业、万众创新”作为推动经济转型升级的双引擎之一。这轮创业潮涵盖社会各个阶层;年龄分布较广，85～90后创业者更多。

第二节 创业的基本特征、类型与观念

一、创业的基本特征与类型

1. 创业的基本特征

不论是广义创业还是狭义创业，都有一些共性的特征。笔者认为创业作为人类的社会行为，有以下几个基本特征：

① 社会性。创业是人类最基本的生存方式，是一切财富的源泉。由于人类的持续创业活动，才有社会的繁荣、国家的昌盛以及现实生活中享受到的物质文明和精神文明。创业活动源于社会需求，也适应于社会需求，因此一切创业活动必须按社会的准则与规律行事。

② 开拓性。从历史与社会角度，创业活动是持续的、永恒的;而对于创业者来说，所创之业则是从未经历过的，从头开始的事业。就目前而言，一种创业是人类空前未知的事业，在事业自身发展过程中，必须通过创业活动来取得成果。而其他运营的过程还是有其他行业可以借鉴的。另一类事业于人类已经有过尝试和体验，甚至有比较普遍的尝试，但对创业者仍是一件空前未知的事业，虽然可以借鉴模仿

学习前人（乃至国外）的经验和方法，但是必须从头做起，只有创造与创新才有突破与成功，开拓新的事业。

③ 自主性。创业从来就是一种独立自主的行为。创业者一般有身处逆境者，不满足现状者，锐意进取者和有志向有成功欲望者。未来的事业是自己选定的意愿，从创业伊始到整个创业过程，都需要独立自主自力更生，靠自己的能力去完成创业目标，实现当家做主的理想。

④ 功利性。创业是一项充满功利性的事业，是创造财富、积累财富的过程。创业的过程是一个艰苦奋斗耗费心血、体力，并承担风险的过程。无论创业者采取什么手段和方式创业，积累财富是创业的目标。财富的多少也是衡量创业业绩的重要标志。即使要完成其他的公益事业，在市场经济条件下也必须通过财富来达到目的。

2. 创业的基本类型

创业是带有普遍意义的人类行为，尤其是在经济领域，不同的时代，不同的领域，不同的个人和团体，都存在着创业活动，这就使创业活动表现为多种多样的类型。在此重点分析经济领域创业的基本类型。

从创业的时代背景看，创业可分为传统创业、现代创业两种类型。这两种类型的创业活动由于社会条件不同，所以在创业的水平、特点、手段上表现了极大的差异。

从创业的宏观环境看，创业有国内创业和海外创业两种类型。这两种创业类型反映了创业活动的广度。由于创业空间的反差，也就决定了它们在创业形式、内容及风格上的不同。

从创业的微观环境看，创业又有内部创业和外部创业两种类型。这两种创业类型反映了创业活动的深度。内部创业特指一个组织内部的一些集体的创业活动，外部创业特指一个独立的社会组织的创业活动。

从创业的模式看，创业则表现为独自创业、合伙创业、家族创业、集团创业等四种类型。这些类型反映了创业活动的本质、规模和利益关系。

从创业的发展阶段划分，创业又有初次创业、再创业、持续创业等三种类型。初次创业是指事业的草创时期的活动；再创业是在初次创业结束后，为达到原定目标而继续的创业活动；持续创业是在创业成功后，为巩固和扩大创业成果而不间断进行的创业活动。

从创业的动机看，创业则有自发创业、自主创业、自觉创业三种类型。自发创业通常是为环境所迫，争取生存的创业活动，具有很强的被动性；自主创业是为适应环境需要，争取发展的创业活动，具有更多的主动性；自觉创业往往是为改造环境，造福社会的创业活动，是人对客观世界能动性的反映。

二、创业的科学观念

经济领域的创业活动，应从转变观念开始。进入新千年，经济全球化、信息网络化、科技社会化以及知识资本化已成为社会发展的主旋律。著名的管理学家P·德鲁克认为：当今社会不是一场技术革命，也不是一场软件、速度的革命，而是观念上的革命。我国加入WTO同样是一场有深远历史意义的革命。

WTO的游戏规则无疑是完全的市场经济游戏规则，这就意味着我们必须履行与之相关的责任与义务，按照市场经济的游戏规则行事，不能回避，无法回避。创业是赢得生存，促进社会经济发展的最重要的经济活动方式。因此对创业和创业者来说，必须尽快熟悉和适应新的游戏规则，并在新的游戏规则下寻求发展。正如诺贝尔经济学奖获得者——罗伯特·索洛所指出的：一场新的经济竞争已经展开，未来会脱颖而出的赢家，将是能够抢先领悟新游戏规则的人。科学观念会直接影响到创业的行为和创业的成败。创业准备及创业过程中必须树立科学的观念，而观念创新在创业的各种创造与创新中具有先导性和规范性作用。

1. 创业的思想观

对许多人来说，迈向创业的第一步是思想观念上的转变，一个成功的创业者绝不能因循守旧，墨守成规，而应以宽阔的眼界来观察国内外的变化，以应变、善变的精神去创业。观念更新则财富无穷。

（1）自主意识

在市场配置资源的模式下，没有谁能给你铁饭碗，人们必须有自主择业、自主创业的观念。自主是建立在独立基础上的，不能依靠别人，才能摆脱别人的控制与影响，独立思考，依靠自己学识，智慧，辛勤的劳动，创造与创新创办自己的企业。自主也就带来了自由，可以在创业过程中寻找机会，发挥才干，发掘潜能，进一步促进自我完善。

自主意识要求创业者增强自主精神，锻炼、增强独立指挥能力，应变能力，充分发挥主观能动作用，搞好企业中的各项工作；但也要善于学习，听取他人意见，“兼听则明”，做出正确的抉择。

（2）竞争意识

竞争是市场经济的内在属性和固有规律，也是市场经济具有活力的源泉。人类生存的历史也是一部竞争的历史。随着市场经济体制的完善，经济全球化格局的形成，竞争的领域与程度也在不断地拓宽、加大。从单纯的产品竞争发展到理念与价值取向，决策与经营哲学，人才与技术储备，产品与市场拓展，服务与质量保证，资源与人文意识，公益与社会责任等多层次、全方位的整体实力竞争。这一切都是在公开、公平、公正透明的原则指导下进行的。创业与创业者如果缺乏竞争意识，无异于放弃自己的生存权利。竞争促使人们满怀希望，朝气蓬勃，意志旺盛，充分调动生理和体力的潜能，不断取得精神上和心理上的满足。竞争是企业赖以生存与发展的基础。

竞争会带来一些阵痛，但它也带给强者更多的还是希望。如果没有强烈的竞争意识，就没有前途。

（3）风险意识

创业与冒险在某种意义上是同义语，俗话说一份风险一份财富。任何新生事物都有其不确定性。创业也是一样，成就与风险共生。创业者是市场经济中风险和不确定性的承担者。一项研究表明：卓有成就的创业者“往往都是嗜好刺激的人”，许多成功者都有一个共同特点，喜欢冒险并勇于承担责任，善于发现潜在危机，并尽可能把风险减小到最低程度。敢于冒险是短期积累财富的秘诀之一。创业风险是不可避免的，高风险主要来自技术风险、市场风险与管理风险三个方面。但是在许多情况下风险是相对的。在多数情况下，风险中也蕴藏着潜在机会，采取正确的决策，从而控制和驾驭风险，便可以尽可能减少或避免风险损失，并获得成功风险收益。

（4）法律意识

法律意识是人们关于法的各种现象的感知、情绪和意志的总和。从内容上看，它包括人们对法律规范和法律行为的把握、评价和态度。从形式上看，它表现为人们对法律现象的理解和认知。

创业者应清醒地认为到市场经济本身也是法制经济。市场经济必须有一套科学的并能严格执行的法律法规。规范的企业与创业者都应充分重视法律的重要作用，并尽可能了解相关法律法规，以使自己的创业过程和企业合乎市场经济规律，合法经营，健康发展，减少不必要的权益纠纷，集中精力创业和生产经营；同时也可以运用法律手段，保护企业和企业经营中合法权益不受侵犯。如果缺乏法律意识，就会在激烈的市场竞争中被动挨打，无立足之地，甚而因违法而受到制裁。相关法律有民法、合同法、劳动法、企业法、公司法、税务法、担保法、证券法、环境保护法、消费者权益保护法、民事诉讼法等。

2. 创业的价值观

一般意义上讲，价值观是人们在社会生产和社会生活中对价值的总体看法。在一个人有限的生命中，都希望最大限度地实现自己的人生价值。人生的价值在于创造和奉献，最大限度地实现人生价值也必须依靠创造，而创业既是一个创造的过程，也是一个追求实现人生最大价值的过程。著名科学家爱因斯坦说过："一个人的社会价值首先取决于他的感情思想和行为对增进人类利益有多大作用。"实现人生最大价值的创业过程，实际上也是增进人类利益，为做出社会奉献的过程。创业者应该有强烈的社会责任感和历史使命感。随着国家与世界形势的发展，创业在价值观方面的认识也应该与时俱进，并在创业过程中得到具体的体现。创业过程是一个不断选择的过程，每次选择都是人生价值实现与增值的一次机会。每次选择都毫无例外地受到价值观的影响和支配。

王选教授走了，走得那样匆忙，那样无奈，无奈得未能完成最后一项创造计划。然而他却用自己的智慧改变了中国几千年的印刷技术，填补了一项又一项国内乃至世界科学史上的空白，并把科研成果转化成生产技术，创建了北大方正集团，开创了印刷技术高科技化的新纪元，为中华文化做出了卓越的贡献，也为企业创造了巨大的财富。王选老师在教学科研创业各方面都为增进人类利益做出无私的奉献和卓越的贡献，也实现了自己的人生最大价值，七十年的人生铸就了不朽的人生，为人民所怀念。

当今世界，在科技社会化、知识资本化的背景下，经济的发展比以往任何时代都更加依赖于知识的拓展和应用。资本形态就是知识资本，经济时代的竞争归根到底就是知识资本的竞争，谁控制了知识资本谁就控制了知识经济时代。知本型企业的特点是高智慧与前瞻性，与传统企业相比，具有物质成本投入较少，产品服务具有特异性，超前性，智能性，容易随环境变化而做出调整等诸多特点。因此对创业者来说，知本型企业相对容易，也降低了风险性。

在知识经济时代的竞争环境中，科技创新和知识产权具有十分重要的地位。改革开放以来，我国科学研究与科技企业都取得了长足的发展。然而科技论文数与发明专利数之比为 81∶1 也是不争的事实。这种情况，固然与科技政策、知识产权法规及市场机制尚不完善有关，但是也反映出科技管理工作的价值取向，科技工作的价值取向以及社会的价值取向。发明专利数量的相对不足使我国企业的创业者缺乏自主知识产权的竞争利器，影响企业竞争力的提高和国际竞争中的实力。

科学家的发现与技术专家的发明是基于科学意义上的技术创新。而创业家则是借助技术制造出新的产品获得经济利益，又为技术发明创造找到了应用市场，从而激励发明家持续创新活动。也就是说，创业家是在不断满足市场需求变化的过程中推动科学技术进步和科技发明发现的。

因此科学的价值观有助于创业者将实现人生最大价值与社会责任、社会奉献有机地结合起来，在创业中的不断选择，不断超越自我和完善自我，不断实现人生价值的增值和社会价值的创造。

3. 创业的发展观

创业是一个不断追求发展的过程，必然要受发展观的指导和规范。由于不同创业者在价值观上存在差异，也会出现发展观上的差异。创业发展观是创业者对发展的看法和态度。

可持续发展是一种科学、理性、主流的发展观，是人类20世纪最伟大的思想成果，也是21世纪的重要发展战略选择。可持续发展观是20世纪80年代酝酿形成的。美国国家科学院根据人类的资源消耗量废弃产量来衡量需要多少地球面积来维持目前的人类活动。研究结果表明，1961年只使用了30%的地球生物圈资源，80年代就已经开始透支地球生物圈资源了，到了1999年，这一指标上升到了120%，即人类实际上需要1.2个地球的资源来维持目前的人类社会活动。照此发展下去，人类生存环境将难以想象。

创业者在创业过程中不仅要切实追求自身的可持续发展，而且应该积极参与社会的可持续发展，自觉地在实现人生最大价值中促进整个社会的可持续发展。创业者追求可持续发展必须将其始终贯穿于创业的整个发展过程中。

在创业过程中追求可持续发展，创业者必须能持之以恒。荷兰遗传学家迪克为了避免用喷雾化学药剂的方法驱杀蚊虫，损害人体健康，破坏大气臭氧层及生态环境，历时13年，培育高科技植物——蚊净香草。在美国市场受到热烈欢迎，每株售价40美元，头一年中就销出10万株;并传入日本、澳大利亚、中国等国家，使其成为受益者。

在创业过程中，追求可持续发展，要求创业者能够承受住世俗的诱惑，不懈地探索和努力，并在不断选择中求得发展。袁隆平教授在育种过程中不仅几十年中持之以恒，也能不为名利所动，为世界人类生存条件的改善做出了卓越贡献。然而为了追求最大利益，不顾国家法规，恣意破坏人类资源环境的一些小煤矿小铁矿的开采创业者们的创业活动则应该慎检其行了。

科学的发展有助于创业者始终致力于健康发展，长远发展和可持续发展。既看到短期利益，更关注长期利益，使自己在创业过程的不断选择中避免急功近利，避免世俗诱惑，避免创业中低级错误所隐含的重大失策和损失。

4. 创业的资源观

创业的过程必须有相关的资源作保证，创业者必须尽可能拥有相关资源，并尽可能地整合和利用相关资源。因此，创业者应该树立科学的资源观。

创业资源包括知识资源、人力资源、物力资源（自然资源和人造资源）和组织资源等。人力资源既是一种可再生的生物性资源，是知识、智慧和经验的载体，也是一种在社会生活中占主导地位的能动资源；财力资源包括资金、权益等，物力资源中的人造资源包括建筑物、生产资源、科研仪器等；自然资源包括矿产资源、水资源、生物资源、旅游资源等；组织资源包括公共关系、社会信用、组织文化等。

在科技社会知识资本化的背景下，从人类对资源的认识和利用的角度认识知识经济不同于传统的工业经济和农业经济，尤其在资源利用上超越了传统经济。传统的农业经济是建立在大量使用土地资源及种植业和养殖业基础上；传统的工业经济建立在大量消耗不可再生的自然资源及大规模制造业、开采业基础上，因而不可能在满足人类日益增长的物质需求的同时实现可持续发展。与传统经济相比，知识经济则是建立在无穷无尽的、人类可不断创造的知识资源的基础上。知识经济不是单纯地依靠不可再生的自然资源，而是依靠知识资源，是一种与可持续发展相适应的经济形式。知识资源可以直接或间接地部分替代自然资源消耗，尤其是对不可再生自然资源的消耗和重复利用。

世界上最早一台计算机 ENIAC 重 28 吨，占地 170 平方米，使用 18800 个电子管和 5000 个继电器，耗电量惊人，成本极高，每秒钟只能做 5000 次运算。伴随着科学技术的发展，如今一台东芝笔记本电脑，重量只有 1 千克多，厚度不到 7.5 厘米，内置芯片功能强大，功耗已小到一个新的水平。60 年代一条横跨大西洋的电缆，采用金属电缆，主要材料用的是世界上稀缺的自然矿产资源，其容量也只能使 138 对电话同时通话。而作为光缆材料的二氧化硅则是地球上一种丰富的自然矿产资源。以上这些例证都依赖传输理论与技术的发展和科学技术的创新对减少能耗、提高功效起到的关键作用。

创业是与各类资源的占有和利用密不可分的。创业的成功与否不能以简单地以拥有资源的数量或规模来评价，而应以对其现有资源的合理选择和利用效率来衡量。对资源的整合及利用效率是决定竞争优势的关键。在充分利用知识资源的基础上，进行不断的科技创造与创新，同样的自然资源条件，可以产生不同的竞争效果。对于企业而言，尽管可能在资源方面处于劣势，但能有效提高资源利用率，同样可以在竞争中以弱胜强。对于一个创业者，在创业过程中，应充分分析，利用相关资源，做好资源的整合与平衡；通过整体大于部分之和的效果，通过平衡实现系统要求之间的协调，发挥整体优势。这种协调不仅要做好内部相关资源的整合和平衡，还要采取互惠互利的策略达到双赢，尽可能整合和利用相关的资源，为己所用。

按照可持续发展的要求，创业者在创业中，不但要充分考虑现有资源，还应当尽可能利用可循环资源，可再生资源。对自然资源的利用更应该尽可能发挥其最大利用价值。

比如“淡水”，这种看似平常又很廉价的资源，由于其广泛的用途已引起世界范围内的广泛重视。我国属于水资源严重缺乏的国家，无论从宏观上介入水资源的保护和综合开发，还是具体的水资源综合开发利用技术都有创业者可以一展身手的大好时机。比如“滴灌技术”及其设备的研究，水土保持，污水处理，水循环利用等。水资源保护及综合开发涉及面广，无论是具有自然科学、技术科学，还是具有人文社会科学知识背景的创业者都具有广阔的发展空间，都可以大有作为。

至于那些为追求高额利润而肆意污染水源的创业者和企业，则应得到的仍是当头棒喝；不停止，则必失败。

科学的资源观，有助于创业者把握社会发展趋势和市场变化脉搏，正确决策，充分整合和利用相关资源，不断提高资源利用率，创造并保持自己的竞争优势。

5. 创业的消费观

从一般意义上讲，创业的过程既是一个生产过程，也是一个消费过程。创业者连同其企业不论是个体还是群体都是消费者。人类物质文明和精神文明意识和程度不断的提高，人们的消费观也在不断地变化。特别是可持续发展战略提出以后，以可持续消费为特征的消费观已逐渐成为主流。作为面向未来的创业者和消费品的生产者，应当树立以可持续消费为特征的消费观，并自觉地贯彻于创业的过程以及自己的消费行为。

1992年6月在巴西里约热内卢召开的联合国环境与发展大会上，通过了具有里程碑意义的《21世纪议程》，这是一份关于人类人口、社会、经济与环境可持续发展的纲领性文件。《21世纪议程》明确提出：世界各国对于可持续消费都有共同的责任，但发达国家应该率先反思自己的消费模式，并应该率先实现可持续消费模式。正如消费相当于生产而言，在可持续发展框架内，可持续消费概念是相对于可持续生产而言的。所谓可持续消费，是指家庭、公司和公共部门，在购买产品和服务用于满足其对食物、住房、交通、休闲和通信等基本需求的同时，要最大限度地降低所购买产品和服务的生命周期全过程的环境损害。与可持续发展的要求相一致，可持续消费也强调代际公平。

按照可持续消费观，创业者在创业的消费过程中应尽可能选择绿色产品。所谓绿色产品，是力求在产品设计、生产、使用和废弃过程中，对生态环境负面影响最小的产品。作为绿色产品，在其产品设计过程中，必须考虑资源和能源的保护与合理利用；在其产品生产过程中，采用“清洁生产”及无废、少废技术工艺；在其产品使用过程中，必须有益于公众健康，不存在影响公众安全的隐患；在其产品废弃的过程中，应考虑废弃物便于回收处理和再生循环。对消费者来说，绿色产品的标识是环境标志，通过贴在产品或其包装上的规范标签，表明该产品不仅符合质量标准，而且在生产、使用和处理过程中符合特定的环境保护要求。环境标志告诉消费者，贴有环境标志的绿色产品与同类产品相比，具有低毒、少害以及节约资源（包括再生循环）等环境优势。从一般意义上讲，环境标志具有公正性和权威性，它能有效地帮助消费者挑选绿色产品，能有力地协助政府和集团采购者选择绿色产品，同时为绿色产品生产企业提供市场支持和保护，以激励更多的可持续生产过程及其绿色产品。可以说，实行环境标志就是对产品实行“从摇篮到坟墓”的全过程控制。

作为一名创业者必须面对国内、国际市场的挑战，以科学的消费观指导生产和消费，闯出国门，建功立业。

总之，科学的消费观有助于创业者成为理性的、成熟的、关注人类整体利益的消费者，科学的消费观也有助于创业者根据可持续消费的社会需求去自觉的创造和创业。

6. 创业的学习观

新千年，人类已进入知识社会的知识经济时代，创业者在创业过程中“发展需要创新，创新需要知识”，也就要树立科学的学习观。

“学无止境”是中华民族优良的学习传统和态度。从20世纪中期起，现代科学技术的发展可谓日新月异，边缘科学、交叉科学、高新技术……既高度分化又高度综合。伴随着人类知识的急剧增长，知识更新的周期明显缩短。随着信息网络化的发展，也为知识的产生传播和使用提供了前所未有的便利条件。系统地学习阶段固然重要，为适应科技发展的需要持续学习，不断地充实知识，更新知识，才能跟上时代的步伐，更好地生存与发展，学无止境意味着学习将伴随着人生的旅途。

集中时间系统学习，无疑是获得知识的有效途径，使人们的基本素质，素质理论，专业知识与能力得到普遍提高，为步入社会打下了良好的基础，而非系统的继续学习，则可以学习具有丰富的背景知识，学以致用。

对创业者来说，要实现人生的最大阶段必须创造和创新。创造与创新所需要的知识不是凝固的知识，而是发展中的知识和智慧。正如爱因斯坦所说："智慧并不产生学历，而是来自对知识终生不懈的追求。"这种追求直至人生的终结。

"干中学"是创业者在创业过程中学习新知识，提高自身素质和能力的重要方式。从人生的知识财富看，有些知识可以从书本上学到的。有些知识只能从理论与实践的互动中产生。无数成功创业者的切身体会表明"干中学"是十分有效的学习方法。

"学习型组织"是美国麻省理工学院管理学院管理学家彼得·圣吉提出的一种全新概念。就其本质而言学习的真正目的是掌握新的知识、拓展创造能力，而"学习型组织"是一个在其内部建立起完善的学习机制，将参与者与工作紧密结合具有持续创新能力，并能不断创造未来的组织，"学习型组织"有利于参与者的知识共享和知识更新，有利于参与者的相互沟通和工作协调，也有利于参与者对社会环境的适应和创新。此种组织相当于制度化的"专题"研讨会，在创业活动中不妨一试。

科学的学习观有助于创业者不断吸收新知识、接受新信息，不断调整自己的行为以适应社会环境的变化，不断提高自己的综合素质和创新能力。

第三节　创业动机分析

在人类的历史上，创业动机的差异是巨大的。心理学研究表明：需要产生动机，动机导致行为。人们的创业冲动是在各种需要的刺激下产生出来的。需要，是产生创业的直接原因。因此要分析创业的动因，就要首先探讨人类的需求。

一、人类的需要特征分析

需要是人的行为的动力基础和源泉，是人脑对生理和社会需求的反映（人们对社会生活中各类事物所提出的要求在大脑中的反映）。心理学家也把促成人们各种行为动机的欲望称为需要。

人类在社会生活中，早期从维持生存和延续后代，形成了最初的需要。人为了生存就要满足他的生理的需要。例如饿了就需要食物；冷了就需要衣服；累了就需要休息；为了传宗接代，就需要恋爱、婚姻。人为了生存和发展还必然产生社会需求。例如，通过劳动，创造财富，改善生存条件；通过人际交往，沟通信息，交流感情，相互协作。人的这些生理需求和社会需求反映在个体的头脑中，就形成了他的需要。随着人类社会生活的日益进步，为了提高物质文化水平，逐步形成了高级的物质需要和精神需要。人有生理需求和社会需求，即需要，就必然去追求、去争取、去努力。因此，正如一些心理学家所说："需要是积极性的源泉。""需要——这是被人感受到的一定的生活和发展条件的必要性。需要激发人的积极性。""需要是人的思想活动的基本动力。"

人类的需要有下列表现形式：

① 任何需要都有明确的对象。或者表现为追求某一种东西的意念，或者表现为避开某一事物、停止某一活动的意念。

② 一般的需要有周期性，周而复始。比较复杂的需要虽然没有周期性，但在条件适合时，也可多次重新出现。

③ 需要随社会历史的进步而不断发展。一般由低级到高级、简单到复杂、物质到精神、单一到多样。

人的需要又表现为以下特征：

① 目的性。人的需要不是空洞的，而是有目的、有对象的，而且也随着满足需要的对象的扩大而发展。人的需要的对象既包括物质的东西，如衣、食、住、行，也包括精神的东西，如信仰、文化、艺术、体育；既包括个人生活和活动，例如，个人日常的物质和精神方面的活动，也包括参与社会生活和活动以及这些活动的结果。例如，通过相互协作，带来物质成果，通过人际交往，沟通感情，带来愉悦和充实；既包括想要追求某一事物或开始某一活动的意念，也表现为想要避开某一事物或停止某一活动的意念，这些意念的产生都是根据个人需要及其变化决定的。各种需要彼此之间的区别，就在于需要对象的不同。但无论是物质需要、还是精神需要，都必须有一定的外部物质条件才能满足。例如，居住需要房子，出门要有交通工具，娱乐要有场所……

② 阶段性。人的需要是随着年龄、时期的不同而发展变化的。也就是说个体在发展的不同时期，需要的特点也不同。例如，婴幼儿主要是生理需要，即需要吃、喝、睡；少年时代开始发展到对知识、安全的需要；到青年时期又发展到对恋爱、婚姻的需要；到成年时，又发展到对名誉、地位、尊重的需要等。

③ 社会制约性。人不仅有先天的生理需要，而且在社会实践中，在接受人类文化教育过程中，发展出许多社会性需要。这些社会需要受时代、历史的影响，又受

阶级性的影响。在经济落后、生活水平低下时期，人们需要的是温饱；在经济发展、生活水平提高的时期，人们需要的不仅是丰裕的物质生活，同时也开始需要高雅的精神生活。具有不同的阶级属性的人需要也不一样，资产阶级需要的是不劳而获、坐享其成；工人阶级需要的是自由、民主、温饱和消灭剥削。由此可见，人的需要又具有社会性和历史与阶级的制约性。

④ 独特性。人与人之间的需要既有共同性，又有独特性。由于生理、遗传因素、环境因素、条件因素不同，每个人的需要都有自己的独特性。年龄不同的人、身体条件不同的人、社会地位不同的人、经济条件不同的人，都会在物质和精神方面有不同的需要。

需要在人的个性发展中起着重要作用，它是人的心理活动与行为的基本动力。

马克思主义认为，个体的需要是个体行为积极性和动力的源泉和基础。人有了物质方面和精神方面的需要，才会产生行动的积极性；正是个体的这种和那种需要，才促使人们、推动人们去从事这项或那项的活动，去完成这项或那项的任务。正如马克思在《德意志意识形态》一书中所说：人们“第一个历史活动就是生产这些需要的资料，即生产物质生活本身”。正是人的各种需要，去促使人们追求各种目标，并进行积极的活动，去实现这些目标，以满足需要。人对某一方面事物需要越强烈，他的积极性就越高，动力就越大。因此，需要总是带有动力性、积极性的，而且需要的水平也总是在不断提高的。

需要总是在不断地更新、不断地增加，需要又总是推动人们去不断地努力、不断地奋斗。

需要在人的个性心理中也起着重要作用。需要是人类认识过程的内部动力。为了满足需要，个人必须通过认识过程解决一定的问题，完成一定的任务。需要在人的个性心理活动中往往又以情绪表现出来。凡是能满足人需要的事物，则产生肯定的情绪；凡是不能够满足人需要的事物，则产生否定的情绪。情绪是反映了人的需要是否满足的标志，与人的需要毫无关系的事物，则不会引起人们的情绪和注意。需要对人的意志的形成和发展也起着积极的推动作用。个人物质和精神方面的需要、社会的需要，会促使人们去为了满足这种需要和适应这种需要坚持不懈地努力，并在这一过程中形成了自己的意志和决心。

二、从马斯洛五层次理论分析创业者创业动机

美国著名的社会心理学家、人格理论家和比较心理学家马斯洛提出了需要层次

理论，在该理论的五层次刚好是人类创业的五种基本动因。

马斯洛认为，人类的需要是分层次的，由低到高。它们是：生理的需要、安全的需要、社交的需要、尊重的需要、自我实现的需要。

生理上的需要是人们最原始、最基本的需要，如吃饭、穿衣、住宅、医疗等。若不满足，则有生命危险。这就是说，它是最强烈的不可避免的最底层需要，也是推动人们行动的强大动力。显然，这种生理需要具有自我和种族保护的意义，以饥渴为主，是人类个体为了生存而必不可少的需要。当一个人存在多种需要时，例如同时缺乏食物、安全和爱情，总是缺乏食物的饥饿需要占有最大的优势，这说明当一个人为生理需要所控制时，那么其他一切需要都被推到幕后。

安全的需要要求劳动安全、职业安全、生活稳定、希望免于灾难、希望未来有保障等，具体表现在：①物质上的：如操作安全、劳动保护和保健待遇等；②经济上的：如失业、意外事故、养老等；③心理上的：希望解除严酷监督的威胁、希望免受不公正待遇，工作有应付能力和信心。安全需要比生理需要较高一级，当生理需要得到满足以后就要保障这种需要。每一个在现实中生活的人，都会产生安全感的欲望、自由的欲望、防御实力的欲望。

社交的需要也叫归属与爱的需要，是指个人渴望得到家庭、团体、朋友、同事的关怀爱护、理解，是对友情、信任、温暖、爱情的需要。社交的需要比生理和安全需要更细微、更难捉摸。它包括：①社交欲。希望和同事保持友谊与忠诚的伙伴关系，希望得到互爱等；②归属感。希望有所归属，成为团体的一员，在个人有困难时能互相帮助，希望有熟识的友人能倾吐心里话、说说意见，甚至发发牢骚。而爱不单是指两性间的爱，而是广义的，体现在互相信任、深深理解和相互给予上，包括给予和接受爱。社交的需要与个人性格、经历、生活区域、民族、生活习惯、宗教信仰等都有关系，这种需要是难以察悟，无法度量的。

尊重的需要可分为自尊、他尊和权力欲三类，包括自我尊重、自我评价以及尊重别人。与自尊有关的，如自尊心、自信心，对独立、知识、成就、能力的需要等。尊重的需要也可以如此划分：①渴望实力、成就、适应性和面向世界的自信心，以及渴望独立与自由；②渴望名誉与声望。声望为来自别人的尊重、受人赏识、注意或欣赏。满足自我尊重的需要导致自信、价值与能力体验、力量及适应性增强等多方面的感觉，而阻挠这些需要将产生自卑感、虚弱感和无能感。基于这种需要，愿意把工作做得更好，希望受到别人重视，借以自我炫耀，指望有成长的机会、有出头的可能。显然，尊重的需要很少能够得到完全的满足，但基本上的满足就可产生推动力。这种需要一旦成为推动力，就将会令人具有持久的干劲。

自我实现的需要是最高等级的需要。满足这种需要就要求完成与自己能力相称的工作，最充分地发挥自己的潜在能力，成为所期望的人物。这是一种创造的需要。有自我实现需要的人，似乎在竭尽所能，使自己趋于完美。自我实现意味着充分地、活跃地、忘我地、集中全力、全神贯注地体验生活。成就感与成长欲不同，成就感追求一定的理想，往往废寝忘食地工作，把工作当是一种创作活动，希望为人们解决重大课题，从而完全实现自己的抱负。

在马斯洛看来，人类价值体系存在两类不同的需要，一类是沿生物谱系上升方向逐渐变弱的本能或冲动，称为低级需要和生理需要。一类是随生物进化而逐渐显现的潜能或需要，称为高级需要。人都潜藏着这五种不同层次的需要，但在不同的时期表现出来的各种需要的迫切程度是不同的。人的最迫切的需要才是激励人行动的主要原因和动力。人的需要是从外部得来的满足逐渐向内在得到的满足转化。

在高层次的需要充分出现之前，低层次的需要必须得到适当的满足。低层次的需要基本得到满足以后，它的激励作用就会降低，其优势地位将不再保持下去，高层次的需要会取代它成为推动行为的主要原因。有的需要一经满足，便不能成为激发人们行为的起因，于是被其他需要取而代之。

这五种需要不可能完全满足，越到上层，满足的百分比越少。任何一种需要并不因为下一个高层次需要的发展而告消失，各层次的需要相互依赖与重叠，高层次的需要发展后，低层次的需要仍然存在，只是对行为影响的比重减轻而已。高层次的需要比低层次的需要具有更大的价值。热情是由高层次的需要激发。人的最高需要即自我实现就是以最有效和最完整的方式表现他自己的潜力，惟此才能使人得到高峰体验。

人的五种基本需要在一般人身上往往是无意识的。对于个体来说，无意识的动机比有意识的动机更重要。对于有丰富经验的人，通过适当的技巧，可以把无意识的需要转变为有意识的需要。马斯洛还认为，在人自我实现的创造性过程中，产生出一种所谓的“高峰体验”的情感，这个时候是人处于最激荡人心的时刻，是人的存在的最高、最完美、最和谐的状态，这时的人具有一种欣喜若狂、如醉如痴、销魂的感觉。

根据马斯洛的需要五层次理论，创业者的创业动机可以概括为争取生存的需要、谋求发展的需要、获得独立的需要、赢得尊重的需要、实现自我价值的需要。

第四节 创业的环境与机遇

创业者在创业过程中，必须面对两个不确定的因素——环境与机会。环境是创业的舞台，任何创业活动既要受到环境的约束，又必须依靠环境的支持。机会对创业者具有最大的感召力，也是创业过程最佳的起步点。

对于每一个创业者，在创业过程中，都必须审时度势，对所处的环境和面临的机会，进行全面地了解、分析、判断、决策以选择最佳时期，迎接创业人生的挑战，争取最大的成功，实现人生的价值。

一、创业的环境分析

1. 创业环境

人与环境都是客观的自然。环境是人生必须面对的现实，遵循适者生存的原则，人依靠现实环境争取生存的权利与条件（社会职业、物质供应、精神需求……）也在生存中认识环境、改变观念、完善自我、形成了改造自然的能力和主观意识。

环境具有客观的、复杂的、变化的本质特征，随着社会的发展，人类的生存环境也在不断地变化或恶化。当人的生存条件受到威胁或人的思想观点发生变化，不满足于现实的生存环境时，人对环境的反动思想与行动便适时而生，这便是创业的动因，创业活动也就成为改变人类生存环境不可或缺的重要手段。环境变迁与人类争取生存的权利是构筑创业者的摇篮。

客观环境与人相互交融构成了现实社会的主体，环境是人生存发展的依托，人是环境不断变化的动力。在人与环境的辩证统一关系中，环境始终处于主导地位。创业环境是针对创业者与创业活动中的一种特定环境。所谓创业环境就是使开展创业活动的范围和领域，是创业者所处的境遇和必须面对的客观现实，是创业者创业思想形成、创业活动开展以及创业成果产生影响和直接作用的各种因素和条件的总和。

创业环境以创业主体划分，可分为内部环境与外部环境；按环境的属性可分为自然环境与社会环境。自然环境是指创业者面对的地理、资源、气候、人力资源等自然状况；自然环境是创业者开展创业活动的宏观背景，自然环境是只能合理利用而不可改变的环境因素，对创业活动的成败有着十分重要的影响。资源是创业基础和生命线，合理选择和利用资源可以为创业打下坚实的基础。

2. 创业环境对创业者和创业活动的作用

创业环境对创业者和创业活动的主导或指导作用表现为：

（1）创业环境是培养创业者的摇篮

正所谓“时势造英雄”，时势就是变化着的创业环境。在不断发展变化的社会环境与自然环境中，适者生存并非是消极地适应等待和接受赐予，而是以自身能力承担社会责任来换取生存条件，在积极的生存活动中，也培养和提高了个人素质，改革思想和创新能力。当人们的生存受到压迫或威胁时，受到环境刺激、诱导或激励，一些有识之士便萌发了改变现状，创新立业的动机愿望与行动。

改革开放的年代，环境变化的机率频繁，也为创业者的产生和创业活动的开展提供了更为广阔的空间和机遇。

（2）创业环境是创业活动的依托与活动范围

创业是针对创业环境而产生的活动，因而也是具体的、现实的。每个创业活动依托现实环境，都有一个明确的方向和目标。在哪个行业里创业，创什么样的业，都要从实际出发，受环境与条件的支配，不能随心所欲。创业环境在客观领域规定创业的性质和活动范围。

依托作用的另一个表现是创业环境的基地作用。在市场经济时代，创业活动的发展空间也更为广阔。为参与激烈的竞争形势选择一个较佳的立足点来展开经营活动是非常必要的。相似的创业环境可能不止一个，根据客观环境与自身环境的具体条件比较、优化，选择最佳创业环境，筑就创业的根基，必将增加创业成功的机会。

（3）创业环境是创业活动的基本条件和资源的保证

创业环境与创业目标是相辅相成的。经过优化组合确定的创业环境便成了创业的“根据地”和物质条件的“大后方”，以保证创业活动的起步和正常开展。创业环境是一种客观存在，创业者应理性分析选择创业的自然环境和社会环境，以尽可能多地为创业提供资源供应，诸如为创业的启动提供资金项目资源、技术保证、信息；为创业的生产活动提供劳动力、动力、生产资料（设备、原材料、厂地……）；为创业企业的产业提供物流服务（储运等）和市场；还要为创业者及雇员提供生活服务（如医疗、教育、商业、治安、消防、物业管理等）。良好的创业环境和条件将会推动创业活动的进程。严格地说创业环境的优劣决定了创业活动的成败。

（4）创业环境对创造与创新的激励与推动作用

创业活动是在不满足于现实生存环境而引发的，因此创业活动的本身就是创新。创业可划分为产品型创业、商业型创业、服务型创业和知本型（科技）创业等几大类。无论哪种形式，如果具备了前所未有的独创型项目都可使创业活动具有强大的优势和必胜的把握。

创业环境的本身是一个动态系统，具有较大的不确定性（除少数自然资源环境）。创业环境始终处于不断地发展和变化过程中，使创业者不断面临新的情况，解决新的问题。这就是决定了创业是一项不断变革和创新的活动，只有不断创新，才能使创业活动持续不断地发展。

（5）创业环境的精神推动作用

人类历史是创业的历史，人是历史的主宰，也是历史的根本动力。创业者最基本的素质是时代观念与进取精神，而创业者的精神与创业环境密切相关。在特定的社会条件下，党和政府的各项方针政策的制定，以及国家各项法律法规制度、体制的建立，各种道德、观念、思想的形成，及其他一些规约都有利于创业发展，良好环境推动了创业活动的发展，同时也为创业提供了规范和创业依据。

二、创业机遇

1. 机会

机会是人们在社会活动中所遇到能促进事业发展的客观现象，是人们取得成功的关键因素。

创业机会是指人们在创业过程中遇到的各种有利于创业活动开展和获得成功的良好机会。

机会，从直观理解往往表现为最有利于事业发展的一个短暂阶段，然而机会的真实内涵是客观存在的或在运动中形成的，是不以人们的意志为转移的，有其自身规律性；机会也同样具有相关性和针对性，对没有需求的人，事物、对象自然熟视无睹，一场春雨对农民来说是播种的好机会，而对经过多天准备、等待春游的旅游者则会唉声叹气、自认倒霉。

掌握机会的表现形式在于发现机会和利用机会。机会有多种表现形式：社会机会，是由社会的大气候所形成的，也比较具体，改革开放后的形势和各项方针、政策给创业者带来大好机会，这种机会对每一个社会成员来均等的；个别机会则是针对某一社会活动的个别主体或某一段特定时间、特定期望呈现的良好机遇。表面的机会易于发现，潜在的机会需要挖掘，常规的机会可以通过归纳、分析做出预见和判断，偶然机会则具有突发性、意外性，稍纵即逝必须及时发现和把握；首要机会可能会对创业活动起着决定性作用，产生重大影响，必须充分利用，次要机会虽然对创业活动也有积极影响和推动作用，但却不能带来根本性变化；因此在机会到来时，既不能兼容并蓄、不分主次，也不能有机会不用，放任自流，正确的态度是分清轻重缓急、充分利用主要机会，对其他机会则应见机行事、合理选择。

现实的机会必然认真地识别和利用，机不可失；未来的机会则表现为环境变化、社会的法则、一种倾向和趋势，随着时间的推移，未来就会转变为现实。如果能高瞻远瞩、预测未来，则可抢占先机，成为时代的头雁而独领风骚。预见虽难，但这却是优秀的企业家和创业者应具备的品质。

识别机会的目的在于探索机会的活动规律，成功地把握机会。事物的特征是其内在规律的反映。“机会”的特征突出表现在隐蔽性、偶然性、易逝性和时代性四个方面。

机会是一种无形的事物，只能凭感觉意识它的存在，并通过进一步的认识分析来了解机会的真实意义所在。由于这种隐蔽的特点，就更应注意机会的捕捉，以赢得先机。

偶然性是在人们无法预见的形势下出现，然而按事物的客观规律，偶然也是客观事物内在的必然表现。如果人们平时多注意学识与经验的积累，随时注意客观事物的发展，认真对待每一个偶然现象，进行必要的分析，可能一个重大的机会就会展现在你的面前。X射线、青霉素的发现都可以为此做出佐证。

易逝性是机会最显著的一个特征，尽管有些机会（如一些社会机会）能在较长一段时间内保持相对稳定，大部分机会则“稍纵即逝”，且“一去不返”。机会是一个非常态的，不确定的时间表现形式，出现频繁。抓不住的机会便轻易流逝，这就要求创业者保持清醒的头脑，随时注意，毫不迟疑，占得先机。

机会具有鲜明的时代性，与时代的进程与发展密切相联。时代性是指机会带有的社会的、民族的、时期的色彩。政治制度与结构的影响，民族的风格，时代的作用，都对机会产生作用，也是创业者必须予以重视的问题。时代是机会土壤，改革开放、知本经济、新农村建设等都会培养出大量的机会。创业者应该充分利用好时代、好机会，掀起创业的新高潮。

机会是一种无形的事物，是客观存在的或在运动中形成的不以人的主观意志为转移的。然而机会也是与社会行为和人思维期望相应相随的。因此机会会在期望中形成，会在挑战人生中显现，会在兴趣的源泉中迸发，会在成功与失败中积累，也会在才智中诞生。

当人有某种期望，就要为此做出设想和计划。当客观条件与主观的构思一致时，机会也就展现出来了。而一个近期出游的计划，一个晴朗的天气就是最好的机会。不难看出，对于勇于行动和勤于思维的人，机会随时都可能出现。没有行动就不会有机会到来。

2. 机会对创业的意义

机会对创业具有更为重要的意义。“机不可失，失不再来”，抓住机会就能够创造人生，改变命运，创造辉煌。

（1）机会是创业的动力

创业本身是一项风险性很大的社会性活动。在顺境的人不愿涉险，就是身处逆境的人也存在着等待的惰性，期望时来运转。不肯接受命运的挑战，中国人的保守思想更为创业活动带来了重重阻力。可是当在普通的社会机会基础上，一旦有偶然的机会显示出美好的前景，就会激发有识之士的创业希望，走上创业的征程。

（2）机会是创业的关键

机会往往是人生与事业的转折点，创业过程中都会出现几个难点，创业者会在难点处付出最多的心血，也为偶然潜在的机会创造了展现的条件。抓住机会则可以产生“柳暗花明”的效果，为成功提供了机会，也坚定了成功的信心。

（3）机会为创业指明了方向

有志的创业者首选是自己的特长、兴趣和最有利的条件和主观愿望。然而这一切都必须与客观环境相适应。否则就会使创业者走向迷茫和停滞。有机会出现，将对创业起到疏与导的作用。顺其自然，按机会指引的方向，创业将出现转机，走向成功。

三、创业机遇的把握

机遇就是事物发展的有利时机和境遇，是机会与环境的统一。机会与环境是辩证的统一，无机会不可成其环境；无环境不可成其机会。环境是有形的必然因素，以渐进的量变方式推动机遇的出现。机会是偶然性因素，以飞跃的质变方式促使机遇的产生。环境与机会相互结合，其同作用，才造成事业发展的各种机遇。

机遇是宏观的环境和长期的机会，具备环境与机会的基本性质与特征，是创业活动得以发展的客观因素。把握机遇是创业者走向成功的根本问题。认识和把握机遇即是一个理论问题，观念问题也是一个实践问题和方法问题。这一切都需要在创业过程中通过实际行动做出选择。

1. 充分准备，直面机会的挑战

机会是机遇爆发点，也是创业的起点。把握机遇，关键是抓住各种有利的机会。机会是客观存在的，偶然中包含着必然。现实发展中总是隐含着各种各样的机会，创业者只有积极准备，细心观察，认真思考，总会抓住所需的机会。寻求可行的机会一般有三个步骤：等待、发现、选择。

① 等待机会。机会有各种形式，除去社会机会有相对的稳定性外，其他任何机会都具有随机性、偶然性、隐蔽性、易逝性等特点。积极的等待是寻求机会的易法良方。等待不但需要耐心，还要克服消极的态度。所谓积极的等待首先要积蓄个人的知识能力，对展现在眼前的社会现实进行认真观察分析，掌握局势的发展和变化，蓄势待发。其次是客观的估计自己（能力、水平、条件），寻找差距，完善自我。

② 发现机会。机会是通过直觉分析、判断确定的。这就要求创业者具备敏锐的观察力，系统全面的分析能力和判断能力。透过现象看清本质，找到适合自身发展的机会。发现机会要做到看清时局：了解社会发展，形势变化；全面搜集和捕捉信息，通过信息处理，掌握相关系统；留心偶然事件与现象，细致分析捕捉机会。

③ 选择机会。当机会出现以后，可能是一个也可能是多个。对机会既不能盲目乐观，也不能“一概持怀疑态度”。这时仅需要进行科学的分析和选择。机会选择时应注意粗中取精，去伪存真，也应考虑到客观实际与自身条件。首先对机会的背景、条件进行分析，分清主次，影响面大小，有利因素与不利因素。还要与自身内部环境进行对比分析，全面衡量。再对所掌握的资料进行优化处理（建议采用简单性优化原则）最终确定机会可利用价值，并做出正确抉择。

在选择机会时，涉及多方面理论专业知识问题，即包括方法问题，也包含思想道德、社会责任、思想观念等问题。必要时可以聘请专家分析辩证予以确定。

2. 适应形势发展、服从环境要求

环境是创业活动的根基，把握创业机遇必须适应经济的发展，使自己的思想观念和行为准则服从不断发展的环境要求，为创业活动的创造更为有利的发展空间。同时也必须认识到适应创业环境，也不能消极地为环境所束缚或支配，而是要顺应经济发展的形势，遵循客观规律积极主动的创业环境施加影响和改造作用。为了充分发挥创业活动的主观能动性应当充分合理地利用创业环境。

（1）充分认识创业环境

创业环境是一个不稳定系统，始终处于动态的变化之中，难以辨析，难以把握，却又不断的展现出发展良机。创业者不但要对创业环境进行深入的科学的理论分析，还应在创业活动的实践中不断探索，深入探索体会创业环境的性质特点及其发展变化规律，正确认识创业环境本质特性，从而把握良好的创业机遇。

（2）灵活的适应创业环境

创业者的真实目的就是通过创业活动求得和创造更好的生存条件。创业环境是客观事实，首先，任何创业活动必须按客观规律主动适应环境，以争取生存的基本权力；同时也要敢于向传统观念挑战，积极主动改造旧的不利于发展的环境和条件，大胆创新达到在新的环境下的和谐统一，还应充分注意环境的变化带来的客观影响随时协调创业进程。

值得关注的是创业本身就是一种创新活动，创业活动过程也是创新进取的过程；在创新中推进创业大局，使创业活动与新形势下的创业环境协调统一。

（3）合理的利用创业环境

创业环境是客观存在的，有其自身的特点和发展规律，这一切对创业者来说都是无法回避的事实。环境存在的价值就在于人们对它的利用。创业者对于创业环境有利的条件和机会，可以充分利用以谋求事业的发展。对于创业活动有约束的条件（如法规、政策）则应按规范执行。对于不利于创业的条件（非法定约束范围的）可以另谋其他条件代替，但绝不允许违反科学和法规的破坏行动。

就是对有利的条件也应遵循持续发展、合理利用的原则，不能为利益驱使，破坏创业环境。尊重环境、保护环境、优化环境是创业者和创业活动中必须提倡的基本原则。

3．积极主动，抢占创业先机

机遇，时代的机遇。展示了发展空间和时机，改革开放以来，特别是十六大以来的各项方针政策，为中国人民的创业事业提供了最为有利的发展机遇。一大批创业精英创造了时代与生命的辉煌，但是也有许多人因为自己的犹豫不决，优柔寡断，错失良机，使创业局面陷于被动，不得不自干平庸。新千年的到来，中国乃至世界已步入知识经济时代。新的机遇向深度与广度发展，一波高过一波。机不可失，时不再来，要把握机会应遵循以下几个原则：

（1）兵贵神速，刻不容缓

商场如战场，把握机遇是一切机会的争夺战，讲究兵贵神速，刻不容缓。机会稍纵即逝，价值也在逐渐损失。有些机遇是无法准备好再干的，而是先干进来再准备。这样虽然有风险，困难重重，但是却可以抓住最佳的创业机会，以快打慢，出奇制胜。此种情况也应当注意判断，必须准确，切不可盲目从事。

（2）当仁不让，捷足先登

商品经济时代，竞争是时代的生存之道，机遇是有识者的专利。谁占得先机谁就可以赢得主动，切不可瞻前顾后，顾面子，怕议论。应当信奉“先下手为强，后下手遭殃”的信条。在创业中把握机遇的问题上，只要不违背社会道德和法律，就应当当仁不让。

（3）抓住机遇，敢担风险

创业活动本身就是利益与风险并存的事业。创业机遇是充满风险的。风险越大，机遇的价值含量就越高。如果不想舍去原来稳定的工作，舒适的生活，不菲的收入，就无法迈开创业的脚步。如果不做好随时准备承担风险的准备，就不能占得先机，如果不承担高风险就不会获得高收益。创业者就应当有不怕失败，勇于进取的勇气。

（4）高瞻远瞩，弃旧图新

弃旧图新是指当机遇来临时，要树立远大的理想和舍弃过去拥抱未来的决心和勇气。

创业的一个重要目的就是不满足于现状，打破现状，争取更美好的生存空间。对于生存陷于绝地，必须另辟新境的创业者，“弃旧图新”是形势的必然。而对于生活安定，优裕的人，要抓住机遇走创业道路，则需要有足够的勇气。留恋过去，优柔寡断，担心失败，留有余地，兼职创业，一心二用，四平八稳，回避风险，都会顾此失彼，错过创业的机遇。俗话说“旧的不去，新的不来”。弃旧图新是一种崇高的革命思想，创业者最大的勇气在于敢于革自己的命。“不入虎穴，焉得虎子”，创业者必须敢于牺牲过去，义无反顾地投入到创业的洪流中去，才能抓住机遇，创造更美好的明天。

（5）科学分析，抢占先机，贵在行动

创业不是赌博，创业者不是冒险家，而是探险家。一切创业机遇都是客观的现实。有其自身的发展规律。掌握客观发展规律的人就可以尽得先机。社会与自然的发展规律有其自身的科学性，因此也就可以通过科学的理论、方法和周密的思维进行分析和判断，从中发现创业的机会，并在充分的环境分析基础上与机会有机地结合起来，从而赢得机遇。前四条标准都必须建立在科学分析的基础上，这样才能做到无准备的准备。科学的取舍与决断，抓住机遇，占领创业的制高点。抓住机遇，贵在行动。行动迟缓或是没有行动，就会错失良机。

（6）运筹帷幄，扬长避短

抢占机遇犹如冲锋陷阵，这一切都要知己知彼。创业环境有社会环境和自身环境，两者有机的融合，才能扩大创业的空间。社会环境是相对变化的，但也有其相对的稳定性。自身环境对于一个创业者来说可以通过分析了如指掌。机会不能消极等待，而要充分做好赢得机遇的准备，这就要求对现在的社会环境资源条件和自身条件有个全面地分析了解。抓住有利因素，扬长避短。一旦机会到来，顺势而为地把握机遇，保质保量地充分利用有利因素，克服不利因素，加快创业的步伐，争取创业的早日成功。早做筹划也可以避免“兵贵神速”而对自己估计不足的风险。也可尽可能避免先行起步、边干边准备造成的过程失控局面。

（7）成功改造创业环境

创业的过程就是改造环境的过程，改变环境的同时也改变了创业者的命运。

在创业过程中对环境的服从是环境发展的内在要求，而改造环境则是人类创业活动不可忘记的使命。改造环境就是创业者按照自己的意志设想和方式方法，通过创业活动创造出一个适于人类也适于自己生存发展的环境。它是人类创业活动中最高境界，也是对环境具有深层意义上的服从。

四、创业者需要做好的工作

创业是一项豪迈的事业，要成为一名成功的创业者，立志创业的青年人就要做好如下工作：

（1）要更新就业观念

改革开放以来，随着社会主义市场经济体制的建立和发展，人们的就业观念发生了很大变化，人们头脑中的“统包统分”和“所有制界限”等传统思想受到很大冲击，并逐渐淡化，自谋职业，竞争就业的观念正在逐步确立。但由于长期计划经济的影响形成的惯性，旧的传统就业观念仍为不少人所固守。主要表现为：一是等、靠、要的依赖思想。认为上了大学就是国家的人，就应该由国家管，等着国家给自己分配工作、安排职业，而不是积极主动地去自谋职业；二是“国家身份思想”。认为只有到国家的单位工作才是真正就业，到其他非公有制单位都不算正式工作，仍抱着“先国有，后集体，死活不去干个体”的老皇历不放；三是“铁饭碗”思想。认为国家安置，签订劳动合同比较保险，才算就业，自谋职业没有保证，不算就业。这种就业观念严重地影响了国家就业制度的改革和人力资源的合理配置，造成了大学毕业生的相对过剩和结构性失业的不合理现象。在校大学生和广大的下岗失业人员要改变就业观念，就要树立正确的就业思想。使自己认识到，创业是最理想的职业，也是最可靠的就业。创业不但能实现创业者的自我就业，还能为社会提供更多的工作岗位，实现创业者的人生价值，从而鼓舞他们以崭新的精神风貌走向创业的天地，为社会主义现代化建设建功立业。

（2）提高创业技能

现代的创业越来越难，这是现代创业人的普遍感受。改革开放初期，只要你敢干敢闯，就能发财，没有文化，也能成功。现在的情况大不一样。一方面市场发育成熟，趋向饱和，造成销售困难，创业者人数激增，竞争加剧，造成利润均分；另一方面，随着创业领域的扩展和科技含量的深化，大批高智商高学历的知识分子“下海”，对创业者素质和能力的要求越来越高，也使广大创业者面临巨大的挑战。创业者已无法仅凭着胆子大就可以赤手空拳打天下了。大多数创业者，随着事业的发展，感到力不从心。他们迫切需要专门的创业知识为自己“充电”。对于有志于自主创业的大学生、研究生来说，将来同样会遇到这样的问题。他们虽然具有先进的科学文化和专业知识，但这只能解决创业活动中的一个环节或某个局部问题，并不能满足整个创业过程的实际的需要。为了保证能在未来的创业活动中旗开得胜，他们非常需要用完整的创业知识武装自己。

（3）在创业实践中遵守市场经济规范

目前，创业活动已成为我国社会的普遍现象。各种创业活动的蓬勃发展，组成了中国特色社会主义建设的一道美丽风景。但不容忽视的是，在人们创业实践中，仍然存在着大量的不规范行为，严重地影响着创业者的形象和声誉。比如有的制假贩假、偷税漏税，发不义之财；有的投机取巧、违章经营，靠侥幸成功；有的利用关系，贿赂政府官员，进行不公平竞争。当代社会中的许多创业活动仍处于自发状态；不懂创业规律，就摸着石头过河；没有正当手段，就会不择手段；没有科学方法，就用投机手法。所以，要使创业活动走上正轨，创业者就要在创业实践中遵守游戏规则，使创业活动走上理性化、科学化、规范化、法制化的道路，朝着健康有序的方向发展。

要做好上述工作，就要了解相关的创业学知识。创业学是一门综合多种学科知识的新兴的应用社会科学。作为一门全新意义的科学，是在20世纪60年代从美国最先兴起的。创业学是指导创业实践的学说，是建立在人类创业理论多方面展开和创业经验得到系统总结基础上的科学。由于它的出现较晚，人们对它还需要有一个认识的过程，目前在我国尚无明确的科学定位。作为一个完整的知识系统，创业学包括创业原理、创业实务和创业方法三个方面的内容。创业原理是关于创业活动规律的理论，主要是对创业活动的构成要素的阐述。创业实务是对创业过程的研究，是创业学的中心内容。创业方法是一种操作性理论，为创业者提供技术指导。

创业活动涉及的内容很多，创业活动应当遵循的原则、创业者的自身素质、创业的环境、创业中的管理工作和相关法律的使用、创业计划书的写作、市场分析调查与分析、企业管理等都是值得关注的。

第五章 大学生创业者素质

要更好的分析创业，首先需要研究创业活动的核心——创业者。创业者的素质是创业成败的关键因素。而要探讨创业者的素质，就要分析创业者的特征、创业者应具备的基本条件以及创业者应遵循的基本原则。大学生创业很多都是从零开始，因此，研究低起点创业者的规律十分重要。

第一节 创业者及低起点创业者的基本特征

一、创业者的基本特征

“创业者”一词源于16世纪的法语 entrepreneur，当时主要是指领导军事远征所需要承担风险的人。最先把创业者这个概念引入到经济学理论中的是法国经济学家康替龙（Cantilon）。他把每一个从事经济行为的人，即所有承担按固定价值购买而按不固定价格出售商品的风险的人都称作是创业者，从而把创业者与经济领导中的“不确定性”和“承担风险”的活动联系起来。1803年法国经济学家萨伊（J. D. Say）在《政治经济学概论》中指出，创业者是将劳动、资本、土地这三项生产要素结合起来进行生产的第四项生产要素，是把经济资源从生产率较低、产量较少的领域转到生产率较高、产量更大的领域的人。

在西方社会中，通常把创业者同职业经理作为对比概念加以区分。创业者是指开办或经营自己企业的人，他们既是员工，又是雇主，对经营企业的成功与失败负责。职业经理通常不是他们所管理公司的所有者，而是被雇佣来管理公司日常运作的人。职业经理人与创业者的区别在于：一是创业者自己给自己付薪水，职业经理人是别人给薪水；二是创业者搞垮了就要收摊，职业经理人搞垮这一摊还可以去搞其他的摊；三是创业者不怕别人炒鱿鱼，职业经理人要防范别人要你下岗；四是创业者花自己的钱，职业经理人花公司的钱；五是创业者对企业情感深厚，有时难免过于主观与执著，职业经理人与所有权分离，可以较为冷静与客观地看事情（不是绝对的）。

概括地说一名创业者一般具备以下一些特点：

第一，具有强烈的进取精神和成功欲望。创业面临的困难很多，形式多种多样，要克服这些困难，就要具有强烈的进取精神和成功欲望。

第二，工作勤奋。有人认为，成功在于天才。而爱迪生则说：“成功等于 1% 的天才加 99% 的努力。”下面的案例就很能说明这个问题：

宋如华，1962 年 4 月出生于绍兴，1983 年毕业于成都电讯工程学院（现电子科技大学）应用物理系并留校任教，攻读在职研究生，获理学硕士学位。1990 年被国家机电部评为“青年教师育人特等奖”。同年 11 月，被破格提拔为副教授，1992 年 6 月，被电子工业部授予“优秀科技青年”荣誉称号。1992 年 7 月创办托普公司，现任托普集团公司董事长兼首席执行官。到 1999 年，公司从 3 个人 5000 元资本的小公司发展成为资产总额近 10 亿元，员工近 3000 人的股份制民营高科技企业集团。宋如华先后被授予“全国星火计划先进个人”“成都市第四届十大优秀青年”“第五届十大杰出青年”、金牛区“优秀企业家”、金牛区“有突出贡献的中青年拔尖人才”等荣誉称号。

1992 年，宋如华等三个成都电讯工程学院的年轻人，在成都成华区老龄委的牌子下注册创办了托普公司。“托普”，英文 TOP，意为顶峰。但家底仅 5000 元的“托普”能有什么风头呢？

既下了海，宋如华就认定要“甘为人下”，才能做成一些事。现在已记入“托普市场案例”的“教授蹬三轮车”的故事，宋如华记忆犹深。那次，一位客户需要 3 台终端，宋如华经朋友介绍与福建实达公司成都办事处联系上了。朋友事先给实达的人说，明天电子科技大学有个教授要来，这个教授开了家叫“托普”的公司。第二天，为方便拉货，宋如华自己骑了一辆货运三轮，跟朋友一起到了实达公司，踏进办公室，双方谈得十分投机，不知不觉时间已过 11 点，实达公司经理问：“那位教授怎么还没来？”朋友指着宋如华说“这位就是。”“你是教授？蹬三轮来的？”大吃一惊的经理说道：“见你拉个三轮车，我还以为成都的三轮车夫素质高，可以侃电脑，原来是教授没架子，亲自蹬三轮！”惊奇过后是佩服，经理立即搬给宋如华 3 台电脑，连预付款都没收。就这样，托普成了实达在西南的总代理。给这类公司打工，使托普获得了借鸡生蛋的机会，更使托普在这些成型企业学到了企业管理、市场营销等经营知识。

第三，充满自信。在创业之初，创业者在社会上的知名度很低，要取得成功就需要自信。而即便是企业迅速发展时，自信也同样重要。北京富亚企业为了展示富亚涂料的绿色无毒，总经理很认真地做实验，请小猫小狗喝富亚涂料。一群动物保护组织的成员举行了抗议。在此情景下，总经理伸手拿来玻璃杯，张口喝了下去……在场的人惊呆了。事后证明，富亚涂料当年的销量增加了400%。总经理的“喝”就是自信，“喝”就是市场。虽然这种极端的促销做法不值得提倡，但对自己企业产品的自信却是创业者必不可少的品格。

第四，善于冒险。有人说创业者要敢于冒险，但这种冒险绝不是狂热的孤注一掷、不计后果。冒险过程中要善于抓住机会，而一旦捕捉到商机，就要直面风险大胆决策、果断行动，努力争取成功。

第五，积极创新。在我国家用电器市场上，近年来一波又一波价格战此起彼伏，只有海尔集团无动于衷。为什么呢？请看洗衣机一个产品，海尔在搜集的用户信息上看到：农民兄弟提出，农村用洗衣机洗土豆地瓜，虽然能洗，但是不太好用。海尔人并没有认为洗衣机怎么能洗地瓜呢，而是设计研究，生产出专门销往农村的大地瓜洗衣机。这款洗衣机推出后，又有人提出土豆洗出来后，削皮很费劲，海尔又推出削土豆皮洗衣机。之后驻守海岛和边疆缺水地区的战士们提出，我们这儿没有干净水洗衣服，白衬衣都洗黄了，海尔接着专门为战士们生产能使黄泥水、海水变清的洗衣机。西藏地区爱吃酥油，可打酥油是个费力的活，藏民提出能否帮我们解决，海尔又研究出专门销往西藏的打酥油洗衣机。有人提出用搓板洗衣干净，洗衣机要像搓板那样就好了，于是又有了搓板式洗衣机……这样不断创新，推出多姿多彩的产品，还用去打价格战吗？海尔集团总裁张瑞敏曾说：“当大家都在分市场的这一块蛋糕时，我们再另做一块如何？”海尔集团成功的例子告诉我们任何一个产品一个事物都不是完美的，也就是只有更好，没有最好，要想在竞争中立于不败之地，就要向完美挑战，积极创新。

第六，意志顽强。创业不可能一帆风顺，更不可能坐享其成。在成功的创业者中，很少有人是在最初的项目上一次成功的。经历一次又一次的失败而不轻言放弃是创业者的主要行为特征。即使失败了，也会毅然地站起来。轻型商用喷气机之父比尔·利尔先后四次积聚了财产又失去了财产；比萨饼创新之王汤姆·莫纳汉先后四次面临破产的危险；亨利·福特在推出新型汽车并获得重大成功之前曾两次破产。因此，创业者必须主动确定未来可能实现的目标，并心平气和地接受失败，失败是成功之母，创业者应该把失误看作自己最大的财富。

第七，要有社会意识、社会责任感。著名的化工专家，我国重化学工业的开拓者侯德榜为了开拓中国制碱工业，在制碱技术和市场被外国公司严密垄断下，带领广大职工长期艰苦努力，解决了一系列技术难题，正常生产出优质纯碱，奠定了我国基本化学工业的基础，也培养出了一大批化工科技人才。抗日战争爆发后，侯德榜积极响应抗战，利用工厂设施，转产硝酸铵炸药和地雷壳等物资，支援前线。工厂被日本飞机3次轰炸，无法生产之后，侯德榜又组织职工紧急拆迁设备，并将人员和资料一同送往内地。建国后他又克服重重阻碍，绕道泰国、香港、韩国赶回北京，为新中国的化工事业做出巨大贡献。正是侯德榜以社会责任为己任的精神是它不仅成为一名成功创业者的楷模，也成为了爱国者学习的典范。

二、大学生创业者应具备基本条件

要成为一名成功的创业者，就需要全面提升自身的素质。不论是广义上还是狭义上的创业，对于创业者自身条件要求都很高。创业者要达到适用于创业的要求，要做好如下几项工作：

（1）努力树立崭新的就业观念

在市场经济条件下，人们除自主择业外，还要有自主创业的观念。自主创业是指不是通过传统的就业渠道谋取职业发展，而是依靠自己的学识、技能、智慧开办自己的企业。自主创业不仅有利于缓解国家的就业压力，在解决自身就业的同时也为社会创造了新的就业机会，而且还能在创业过程中寻找机会，发挥才干，发掘潜能，促进自我的完善。现代温州的老百姓会把“下岗”称为“站起”。下岗职工周大虎创办的打火机厂，产品远销日、美等多个国家和地区。在温州，下岗没有什么丢脸的，坐等政府和社会来帮助才是耻辱。与其“寄人篱下”等待别人安排、恩赐随时可能打碎的饭碗，不如另起炉灶自己创业，自己打造一个饭碗——最理想的饭碗、最铁的饭碗、自己创造的饭碗。创业者必须具备自主意识，把成功的可能性依托在自己身上，无论客观条件如何变化，必须在现有条件下努力工作。

在社会经济转型时期，敢于更新观念的认识是最重要的。正如先哲所说：“穷则变，变则通，通则久！”长时期计划经济下的高就业、包福利的政策，已使许多人失去了创业求职的自由与能力，如同长期笼养的狮虎会失去野外觅食求生的本能。正如动物野生本能是天然的，笼养导致退化一样，劳动者创业能力也应是正常的，人身依附于企业的现象实际上是一种退化。新中国成立后，我国长期实行单一的计划经济体制，政府包就业，这种“单位所有制”的劳动力管理方式，产生的后果必然是：不利于劳动力流动，不能使劳动力到达最能发挥其长处的岗位，因而不能在全社会优化配置劳动力，不但造成严重的人力资源浪费，而且阻碍着经济社会发展。我国在推进经济体制与增长方式两个重要转变过程中，加快了产业结构与技术结构调整步伐，通过战略性重组使国有工业企业逐步恢复活力，并借助下岗分流，推动劳动力向非公有制企业和高新技术产业转移。但是，长期计划经济养成了中国人要就业先找“单位”，工作以后，凡事靠单位、找组织！因此，许多人就业依旧是找市长而不是找市场。

随着高校扩招，大学生失业早就不是新闻了！对于一部分大学生一出校门，便进入社会的失业大军，这对于社会，特别是对失业者来说，是一个脱胎换骨的痛苦历程。失业者必须经历“苦其心志”“劳其筋骨”的挫折磨难过程，全社会也要随同经历阵痛与重生。但另一方面，不塞不流，不破不立，没有这样的磨炼，就不会大浪淘沙，筛选出天才的创业者，也不会逼迫出许多人原来潜在的创业求生能力和活动能力。“祸者福所倚”，失业的遭遇，如洪炉铁砧，锻炼着适应未来经济、社会发展需要的创业型人才，“多难兴邦”，也预示着我国经济未来发展的良好前景。

因此，作为一名新世纪的青年也要对失业持有积极态度。因为，失业不仅包含受挫的一面，还要看到它蕴含着机遇的一面，也为创业者实施创业提供了机会。面对这样看似痛苦的机会，要树立市场观念，按照市场导向选择与调整职业；顾客满意观念，指自己的职业活动必须以顾客满意作为最终评价标准；质量观念，指要从重视品质、素质，重视质量高于重视数量的立场考虑问题；适宜观念，指考虑问题和做出选择，不应盲目主观追求高标准，要从实际出发，凡适宜的就是好的，等等。显然，这里涉及到人的价值观。人生观的转变，并不是一蹴而就的，要经历实践的磨炼与教训。但是自己主动地思考与学习，将加快观念更新的速度，可缩短下岗失业者的不适应期，有利于早日抓住机会创业成功。

（2）提高自己的竞争意识、风险意识、法律意识

有商品生产和商品交换的地方，就必然存在市场竞争。竞争是市场经济的内在属性和固有规律，也是市场经济具有活力的源泉。对于个人来说，竞争促使人们满怀希望，朝气蓬勃，充分调动生理和体力上的潜能，不断取得精神上和心理上的满足。竞争是企业赖以生存与发展的基础。

要实施创业就必须提高自身的竞争意识。创业必然伴随着风险。有时候，创业与冒险在某种意义上是同义语。中国近代史上的革命先驱们，都是为了革命理想不惜牺牲一切，包括生命。正如陈毅元帅所说：“创业艰难百战多。”市场经济条件下，风险和回报是成正比的。敢于冒险、善于冒险是创业者成功的不二法门。因此，创业者要善于发现潜在危机，并尽可能把这种风险减少到最低程度。创业中的高风险主要来自三个方面：技术风险、市场风险与管理风险。但在许多情况下，风险中也蕴藏着潜在机会和利润。创业者可通过认识、分析风险，善于发现潜在机会，采取正

确的决策，从而控制和驾驭风险，减少风险损失并获得风险收益。

法律意识是人们关于法的各种现象的感知、情绪和意志的总和。从内容上看，它包括人们对法律规范和法律行为的把握、评价和态度；从形式上看，它表现为人们对法律现象的理解和认知。

市场经济本身也是法制经济。市场经济的正常运转需要一整套科学的并能严格执行的法律法规。规范的企业都非常重视法律的重要作用。创业者必须系统了解与自己所从事行业密切相关的法律法规，这样就可以使自己的企业合乎市场经济规律，合法经营，健康发展，减少不必要的权益纠纷，把精力放到企业的生产经营中去，同时可以运用法律手段使企业的各项合法权益得到最全面的法律保护，规避商业活动中的风险。一般地说下面的几部法律，创业者必须要有所了解：民法通则、合同法、担保法、公司法、劳动法、税务法、票据法、证券法、消费者权益保护法、民事诉讼法与新刑法等。

（3）提高自身素质，应对高强度的工作

创业者的工作是高强度、高负荷的。因此，应该抓好如下几方面素质的提高：

首先，拥有良好的道德素质。任何人都应具有优良的道德品质，只有那些有道德的人才能成为社会最受欢迎的人。如果一个人连最起码的道德都不具备，那么他就不能取得社会的信任，更不可能被社会所接受。一个人要创业，得先要会做人。不会做人，他的企业就做不大，也不会得到别人的信赖。松下幸之助曾明确指出，一个经营者不一定是万能的，但是却至少应该是一位品格高尚的人，因为只有品格高尚的人才能使员工受到感召而毫无保留地奉献。惟其如此，创业才有牢固根基，发展才有持久动力。创业者道德素质最主要的包括如下几个方面：一是重视诚信和企业信用。诚信是创业者的通行证。诚实守信是企业国际化经营的最基本要求，是立业之道、兴业之本。跨国公司安达信公司因为安然公司做假账而濒临破产，南京冠生园因为生产劣质月饼而导致申请破产，失去诚信必将自食其果。二是奉献精神、敬业精神、责任感、使命感。三是为人公道正派。

其次，提高身体素质。身体素质是指人体在运动、劳动和生活中所表现出来的力量、速度、耐力、灵敏及柔韧性机能能力。健康的身体素质表现在两方面：一方面是对繁重而紧张的工作具有较强的承受能力，能精力充沛生机勃勃地从事工作；另一方面表现为反应敏捷，体格强壮，耳聪目明。这是以人的中枢神经系统的功能为物质基础的。只有人体各部机能健康协调发展，人的神经系统才能处于兴奋状态，表现出反应敏捷、体格强壮等。创业期间任务艰巨、工作繁重。由于责任所系，创业者一方面要组织调整企业内部关系，另一方面要开拓市场，发展对外关系，工作压力巨大。高强度、高负荷的工作，必然会导致严重的体力透支，沉重的精神压力，没有规律的生活节奏……创业工作的性质和特点决定了对创业者身体素质的要求应比一般人要严格得多。如果创业者没有强健的体魄，是无法承受这种繁重劳动的。毛泽东同志，年轻时积极锻炼身体，正好为后来艰苦的革命工作打下了基础。可以说，正是其良好的身体素质，才使其具备了应对大量工作的能力。因此，创业者无论工作有多忙，都要尽可能地保证充足的睡眠与休息、充分的体育锻炼与规律适量的饮食习惯。而且在生活中要适度节制欲望，烟、酒等对身体不利的嗜好要适当控制。

再次，锻炼心理素质。世界卫生组织给健康下的最新定义是：健康是一种身体上、精神上的完全平衡状态。一个人只是身强力壮，没有器质性疾病，还不完全健康。只有体格和心理两方面都健康的人，才算得是真正健康。

对于创业者来说，心理健康往往比身体健康更为重要。人的心理素质对于能否创业有着至关重要的影响。心理上的偏差或失衡，又会演变为身体器官上的偏差或失衡。比如，凡是过于重视工作任务而不大关心人际关系者往往会患高血压、心血管等疾病；凡是过于重视人际关系而不大关心工作任务者往往会患胃溃疡等疾病。

创业者要拥有良好的心理，要努力增强自己的自信心，遇到困难不悲观，遇到麻烦不急躁，沉着冷静、遇事不慌。要敢于放弃那些与事业发展无关的小事，不因为一些小事动气。

最后，具备敏感政治素质。政治和经济是永远分不开的。创业者不能只盯着市场而不问政治。政府是世界上最成功的推销员，商人是世界上最有钱的政治家。如果能把二者结合到一起，就会创造出商业神话！松下幸之助说：松下的技术加上中国共产党的思想政治工作就会无敌于天下，由此可见政治工作的威力。创业者关心政治一方面可以保证企业的大方向不出问题，另一方面可以抓住政治信息盯住政府的政策，用好、用足、用活政治信息、政府政策，为企业的发展服务。青岛百龙集团孙寅贵从报纸上看到一则消息：韩国外相近日将应邀访华。那时中韩尚未建交，但孙寅贵却敏锐觉察到中韩关系将会有新变化。中韩一旦建交，青岛必然会成为韩国人投资的好地方。于是他分别用 200 万元与 500 万元在青岛买下两块地皮的使用权。结果建交消息一公布，这两块地皮一下子升值到 2000 万元与 5000 万元。

（4）提高创造性解决问题的能力

创业是一种复杂的劳动，创业者要想创造性解决问题使企业迅速发展，就需要具有卓越的综合能力，这些能力包括以下几个方面：

首先，要有敏锐的信息收集、处理和调查谋划能力。对于创业者而言，信息就是成功的机会。不仅要善于收集大量的信息，而且一定要具有很强的信息处理能力，能从丰富的信息中挖掘出对自己发展有用的信息，使信息为自己产生效益。

江苏风神汽车维修公司总经理李淑华，1992 年夏天偶然听到南京市外经委一位工作人员说，有位美籍华人想在宁投资，但不知做什么项目好。说者无心，听者有意。李淑华当晚就找到有关专家请教有市场前景的投资项目，并以最快速度草拟了项目计划书，第二天她胸有成竹地敲开外商所住的金陵饭店房门，滔滔不绝地分析市场行情，终于打消了外商的疑虑，满心欢喜地把钱交给她经营。当初身无分文的她，如今已是年创利税三四百万元的公司老总。李淑华回忆创业经历时，感慨地说："捕捉商机的眼光比资本要重要得多。"只要你注意观察，善于透过信息的面纱来感知隐含着对自己有用的内容，设法满足别人的需要，商机就在你的身边。当然能否把信息变成财富，决定性因素是人的洞察力。对信息进行选择、利用信息分析和解决问题，这是创业必须具备的首要能力。因此，在收集、处理信息的基础上，创业者还应当具有调查谋划能力。创业的机会并不总是送到每个人面前，他需要创业者认真调查、捕捉并善加谋划。1981 年，英国王子查尔斯和黛安娜在伦敦举行盛大婚礼。世界上许多企业家都绞尽脑汁想利用这一千载难逢的机会发财，但出人意料的是，在诸多经营者中，谁也没有赚过一个生产经营望远镜的老板。这位老板在捕捉到信息后，调查到人们的注意力都集中在婚礼的用品上，于是他谋划生产人们都能看清王妃容颜的望远镜。在婚礼那一天，正当人们为距离远看不清王子和王妃容貌而焦急的时候，千百个卖童手持望远镜突然出现在人群中。他们高喊："卖望远镜了，一英镑一个，请用一英镑看婚礼盛典。"顷刻间，几十万副望远镜被抢购一空。

从这一事例中，我们可以清楚地看到调查谋划能力的重要作用。

其次，要有较强的综合决策能力。拿破仑在决定命运的滑铁卢决战中，就做出了一个致命的错误判断。那天早上，他视察阵地，认为头天晚上下过大雨，道路泥泞，可以把炮击时间推迟几个小时。这次错误的判断，使拿破仑失去了战机，结果在推迟的这段时间里，敌人的援军赶到了，使他一败涂地。在市场经济条件下，情况千变万化。创业者会碰到大量的需要及时做出决策的问题。作为企业的创办者，必须具备科学的决策能力。决策成功则百事兴旺，决策失误则会影响到企业与员工的切身利益。决策者要提高综合决策能力就要善于使用运筹学、博弈方法等现代、科学的决策方法。同时，在具体的工作中，要做好市场调查、冷静地选择投资机会、科学地进行可行性研究、理性地实施投资项目的评估，并且善于在多个备选方案中选优。

创业者在实际决策过程中更要善于当机立断。“当断不断，反受其乱”。刘邓大军过淮河的故事就是一个很好的例子。

淮河是刘邓大军跃进大别山的一道天然鸿沟。8 月正值雨季，河深水急。尽管河对面没有国民党军队的拦截，但河面上无桥、无船，十几万人的大军如何过河！况且，敌人的追兵已距我 15 公里。两天内不能过河，我军将背水一战。

指挥部里，邓小平来回踱着步子。在人们的印象里，淮河只能搭桥或乘船才能渡过，不能徒步涉过。邓小平突然转过身来问:“淮河真的只能搭桥或乘船才能过去？”刘伯承双眉一展:“对呀，我们为何不对淮河进行实地考察。”邓小平接着说:“伯承，如果能够徒步过河，你先行指挥渡河，我和李达在后指挥阻击。”刘伯承对大家说:“政委说了就是决定，立即行动！”

淮河岸边，刘伯承亲自登上一只竹排，手持竹竿，提着马灯，全神贯注地测着水深。邓小平在指挥所里焦急地等待着结果。过了一会，河边传来了消息:淮河正巧在退潮，水不是很深，可以徒步过河。邓小平紧绷的脸上露出了笑容。

8 月 26 日，刘邓大军十几万人开始渡河。那壮观的场景令人激动不已。一天以后，部队全部渡过河去。说来也巧，我军刚一过河，上游就下来了洪峰。河水骤然猛涨起来。赶到河边的国民党追兵望着刘邓大军远去的背影，只能“望河兴叹”。后来邓小平回忆道:“那一路真正的险关是过黄泛区，过淮河。过淮河，刘伯承去探河，水深在脖子下，刚刚可以过人。这就是机会呀！我们刚过完，水就涨了，就差那么一点点时间。运气好呀！以前，从来不知道淮河能够徒涉，就这么探出条道路来了，真是天助我也！有好多故事都是神奇得很。”

再次，要善于挑选良将。一个成功的创业者，不但能对雇员进行选择、使用和优化组合，而且能运用群体目标建立群体规范和价值观，形成群体的内聚力。创业者不但要善于发现人才，还要善于用好人才。要用其所长，避其所短。汉高祖刘邦说过·运筹帷幄之中，决胜千里之外，吾不如张良;帅百万之众，战必克，攻心取，吾不如韩信;抚百姓，给馈饷，不绝粮道者，吾不如萧何;吾能用之，所以能得天下。可见知人善任是何等重要。

最后，要具备很优秀地人际交往能力。卡耐基说过:一个人的成功，15% 靠他的专业技术，而 85% 要靠他处理人际关系的能力。在中国这样一个重视人际关系的国度里，要想创业必须具备社会交际能力。对于创业者而言，创业过程就是与周围环境的动态交流过程。要想旗开得胜，马到成功，必须建立起各方面的社会关系，套用现代一个时髦的表达方式就是:“具备很强的‘人脉’。”创业者要时常与人（包括顾客、供货商、员工、政府机构、银行等）接触交往，因此建立关系网是必要的工作，尤其是在创业初期更为重要。在这阶段，创业者要不断争取业务，联络各种不同的人。在与人沟通时也需要利用人际关系和谈判的技巧和知识。因此，创业者要努力令别人信服，否则就不可能成功。他们必须使风险投资者相信，他们的创新和发明是可望获得成功的，这样才能获得风险资金。他们必须说服关键的员工加盟本公司，接着使这些员工相信，必须为了未来而牺牲现在，这样才能生产出优质的创新产品。他们必须说服供应商和批发商拿出钱来支持他们实现梦想，这样才能获得必需的物资和出售自己的产品。最后，他们必须使消费者相信他们的产品的确物美价廉，这样消费者才会买下它们。

不仅如此，创业者还应具备学习能力和创造性思维能力，在此就不做展开说明。

第二节　大学生创业者应遵循的基本原则

创业是一个艰辛的过程，创业的艰难并不等于创业者就可以因此不择手段。在创业的过程中，还是有一些原则需要创业者遵循的。

一、科学性原则

创业活动是一种典型的创造性解决问题的工作，是人类创造力的集中体现。有人认为创业活动与科学原理关系不大。事实上，这种观点是不正确的，在人类解决问题的过程中，科学是任何环节都不可缺少的。科学性原则也是包括创业活动在内的创造性解决问题活动的第一原则。

在创业活动中，科学性原则主要体现在以下几面：

首先，创业活动中所涉及的原理必须是科学的。创业活动可能依托于产品，可能依托于技术，还可能依托于服务。但是，不论何种形式的创业都必须符合事物发展的客观规律。试想一个创业者把自己的创业目标定位到发明和生产永动机，其成功的可能性就可想而知了。不仅如此，创业的主体活动是商业活动，要保证商业活动的“科学性”，就需要规避国家法律不允许经营的领域，就需要杜绝国家法律不允许使用的经营手段，就要遵循市场的经营规律。只有这样才能保证商业活动的健康发展。一些创业者在创业活动中偷税、漏税，甚至个别人置国家法律法规于不顾，实施制假售假、组织非法传销、囤积居奇、哄抬物价等活动。这种违反科学性原则的做法，必将导致创业的失败。

其次，创业活动的决策是科学。有人曾经说：在创业成功者中，经历、学识差异很大，但有两点确实很相似的：一是家庭和睦，二是都善于打牌。初听起来，这种观点有一点风马牛不相及。但仔细分析，我们却发现，家庭和睦是创业中应对困难的精神支柱。而实际上在打牌的过程中，人们是要不断进行运筹判断决策的。创业过程中决策是不可或缺的。在决策过程中，要对目前掌握的信息进行分析判断。现代社会中的人类活动趋向于复杂化，经济活动中涉及的信息越来越庞杂，仅仅靠经验进行判断显然是不行的。要更好地对信息进行处理，就要熟练地运用统计学的知识。完成了对信息的处理、分析，决策工作才会顺利进行，而要实施决策就需要提出一系列备选方案进权衡、比较，而没有现代管理学知识，备选方案的设计、权衡、比较也将无法进行。因此，方案决策必须以科学为基础。

再次，创业活动的计划安排应当是科学的。一个好的方案，如果没有具体的规划，将不可能得到实施。任何方案确定之后，都需要订立计划，制定周密的实施计划，就要分析清楚计划的关键环节在哪里？哪些工作是后续工作不可或缺的基础？哪些工作可以平行进行？哪些工作必须按先后顺序执行？在保证完成工作计划、达到工作目标的基础上，订立最好的可供执行的计划是计划安排的目的。要达到这一目的，活动的计划安排也应当是科学的。

最后，创业活动的实施过程是科学的。有了计划就需要具体的实施，而实施过程中，保证计划在实施中的执行效果和面对计划以外问题的及时处理是实施工作过程中的两个关键环节。要保证计划地执行效果，首先要有科学的工作态度，实施工作的负责人分清楚哪些工作是必须执行、不能变通的，哪些工作是自己有权决定的。面对问题，实施工作的负责人要首先判断当前所面临问题的性质。分清问题是自己可以做决定的，还是需要向上级或决策者反馈的。作出这些判断的基础归根到底还是科学原理。

二、有限理性支配下的简单性原则

创业活动是一项不可完全模仿和复制的工作，需要创业者进行理性的思考与判断，而人类所能够思考的范围是有限的。这时候，人类就要进行有限理性的思考，而在有限理性支配下的创业就会选择简单性原则。

假设一个数学家开车到闹市附近去办事，就会涉及到寻找停车场的问题；他可能希望停车场离办事地近些，但又不要太拥挤，另外，收费标准越低越好。从绝对的理性出发，就是要找出一个停车场的地点与收费价格之间的最佳关系；西方经济学理论用边际效用理论予以解释，即假定决策者愿意按一定比例，交换不同方面的增量；例如，停车场与办事地点之间的距离每变化100米，相当于拥挤程度减少若干，或等价于停车费减少若干。

实际上，无论多么精明的数学家，都不会进行上述计算和比较的，因为在大多数情况下，人是喜欢简单化的。这就是所谓有限理性支配下的简单性原则。

有限理性说强调理性活动者思考、推理、计算和认知能力的局限性，完整地说，就是决策者面临复杂的外界环境，在自身认知能力限度的限制下，力图达到一定目的的行为风范。创业活动正是有限理性说的重要表现形式。在创业活动中，人们既能看到创业者对外部环境的适应，更要看到创业者技能局限性对适应过程的意义。有限理性说为创业者制定有效的决策、设计和规划，提供了规定性的原则。因此，“寻求满意”的原则（简称满意原则），已经成为创业领域中最重要的原则之一。而要寻求满意的结果就需要对问题进行简化。因此，努力使问题简单化和寻求满意解是有限理性支配下的人类活动的必然选择。这一点，对于创业活动表现得更加突出。在创业活动中应用简单性原则的主要原因有以下几种：

（1）难以求得理论最佳结果是创业活动应用简单性原则的客观原因

在创业过程中，创业目标能否实现的重要条件是创业方案是否可行。创业方案的可行性是在设计创业实施方案过程中实现简单性原则的前提和基础。创业中的优化工作按任务目标分类一般可分为单目标设计和多目标设计。所谓单目标优化是指需要解决问题的中心目标是单一的优化设计问题。所谓多目标优化是指需要解决问题的目标是多个或多个目标重要程度基本相当，必须全面考虑。创业活动中是以实现目的为表现形式的工作，一般是多目标优化问题，优化是贯穿在创业者创业活动始终的一个过程。

“最优化”是典型数学的概念，在创业活动中实现“最优化”就是实现理论上的最佳，创业活动中绝对最优化是不存在的。为了分析这一问题，笔者将以一个单目标优化问题为例分析理论最佳的不可获得性。

要设计一条十分路线让推销员沿此路线走过数目及地理位置均已给定的几个城市，且所经过的路程最短。这就是有名的推销员问题。假设几个城市的相对距离见表5-1所示，推销员从甲城出发。

对于这个问题，有一个直截了当的优化方法，即试算所有可能路线，取其路线最短者。由于现在有5个城市，我们就必须计算5！＝120条路线的长度。比如，我

表 5-1 各城市之间的距离 单位：千米

	甲	乙	丙	丁	戊
甲	—	250	1450	1700	3000
乙	250	—	1200	1500	2900
丙	1450	1200	—	1600	3300
丁	1700	1500	1600	—	1700
戊	3000	2900	3300	1700	—

们先算出“甲－戊－丁－乙－丙－甲”路线长度为8850千米，但这不一定是最优解；再算“甲－乙－丙－丁－戊－甲”路线长度为7750千米，显然优于前者，但也不一定是最短路线。要想用这种方法找到最优解，非把所有120条可能路线全计算、比较一番不可。这个问题的特点是，当城市数目相当多时，可能路线的数目将迅速增长。例如，当城市数目增加到10个时，其组合路线为3628800条；当城市数目增至50个时，其组合路线为50！$=3.04\times10^{64}$条。这种现象称为“组合爆炸”。假定我们算出每条路线长度并同前次计算结果相比较、删去其中较大者，仅需用万分之一秒，那也要用9.64×10^{52}年才能算完！这等于说是根本没法算完。对于这类组合爆炸的问题，巧妙的优化法也无能为力了。

（2）思维习惯性是创业活动中应用简单性原则的认知原因

环境心理学在研究行为性时发现，人有“走捷径”的行为习惯；同样，在思维中也存在着“走捷径”的习惯，通过简洁的思维过程一下子得到思维结果，就是以长期经验积累为基础形成的经验直觉。这种经验直觉在大多数情况下是能够保证思维结果的正确性的。正是这种过程既简单又省力，结果基本正确的价值判断成为创业活动中应用简单性原则的认知原因。确定何者第一、何者第二的过程，实际上是对一个复杂问题进行简单性判断的过程；因此，简单性原则成为优化的外在表现形式。

在理想条件下，人类的整个思维过程完全是具有理性的。在具体的创业实践活动中，涉及的与创业决策相关的主客观因素很多；在参与判断的主客观因素中，有可量化但难以计算的，也有不可量化的。对于这类情况的处理，就只能借助创业者的经验使用简单性原则进行判断。因此，在诸多因素的影响下，创业者很难完全按理性思维解决问题。在此情况下，创业者由习惯性思维所引起的简单性判断作用更大。所谓习惯性思维就是由于外界环境的影响，创业者根据个人的知识积累和经验，对具体问题做出判断的思维方式。由于这种思维是受创业者固有的思维习惯影响的，因此被称为习惯性思维。习惯性思维所反映出的思维特点可以被称为“思维的习惯性”，“思维的习惯性”创造了简单性原则在创业活动中的实现条件。

由于思维习惯性的存在，创业者很难获得综合的、一致的效用函数。它对备选方案的价值考虑，是受到注意力支配的，注意力的影响就决定了创业者考虑范围的简单化。当创业者对创业中的问题进行分析时，他的价值考虑将集中在当前所面临基本问题上；创业者的思维空间就被限制在待解问题系统这一有限范围内，不可能把待解问题系统之外的其他相关需求都同时加以考虑。即使同时存在多种需要，也要首先顾及其中最迫切的问题；有时由于条件过于复杂，甚至只重点考虑核心的需求目标。因此，创业者对备选方案的优劣衡量，不是依照某个囊括全部价值的效用函数，而是一个遵循简单性原则的部分的效用函数。

由于思维习惯性的存在，创业者根本不可能真正寻找一切备选方案。在决策过程中，他们往往只考虑与做抉择最有关系的少数方案，这便形成了方案选择上的简单性。同某一事物有关的其他事物，尽管从原理上讲是极其大量的，但由于使用了简单性原则，人们只考虑其中的少数几件，而把其中大部分忽略掉了。比如，一个人在决定花钱买车时，考虑到的备选方案可能只限于购买本地区某几家商场里的某几种车，尽管他做抉择的客观环境还包括其他地区的另外一些车，甚至包括把这笔买车钱花到其他用场上去。

由于思维习惯性的存在，创业者在做任何决策时，即使在进行重要决策时，也很难把一切可能后果都认真考察一番。实际上创业者只是对备选方案的后果有着一般的了解；他可能会对一两个重要后果，认真地加以思考，但他决不去思考其余的无数可能后果；也可以说创业者不可能对诸多复杂因素一一考虑。世界上的事物之间的联系，原则上讲是普遍的，但人们在实际思考时，只考虑很少的几个主要联系，这便形成了决策方案制定上的简单性。

由于思维习惯性的存在，创业者会主动寻求简单。因为创业者尽可能不同复杂性情况（通过优化方法实现简化）打交道，由于没有一致的效用函数，不考虑一切备选策略，也不考虑每个策略所可能导致的一切或然事件；所以，他在不同时期所做的决策，很可能是不一致的。从连续推移的时间上看，即使侥幸获得“此时”之“最优”，等到“彼时”来看，很难仍是“最优”的了。所以，“最优”概念本身，对于受“思维习惯性”影响的创业者来说，是很成问题的。放弃“最优”，选择“次优”；创业者实现了优化与简单性在创业活动中的统一。思维习惯性影响下的创业者思维活动体现出的正是典型的简单性原则。

（3）功利性是创业活动中应用简单性原则的动机原因

创业过程中的工作往往是以完成某一特定任务为目标，相当一部分工作几乎没有任何重复性的；随着特定的终极目标的实现，工作即告一段落或完成。工作任务的一次性、非重复性决定了每次活动必须根据需要因时因地按目标的要求、环境的情况、当时的技术条件进行的工作。创业活动的设计与实施是一种强功利性条件下的经济活动，创业者由于受经济利益的驱动，在选择方案时就会自觉的以经济价值为标准选择经济上最合适的方案（即从经济角度出发的最简方案）；因此，创业者思考时不可避免地带有功利性倾向，对目标实施条件进行选择与简化也就不可避免。这时，简单性原则就成为工作的首选思想原则。

对于创业活动中的具体项目，完成任务的时间、资金、人力、物力都有要求，这就决定了实施方案设计不可能完全是理论上的设计，设计中常常出现为了完成任务而不得不作设计调整的现象。这种调整是为了满足上述时间、资金、人力、物力等功利性要求而做的，调整后的设计内容就不可避免地带有功利性色彩。在功利性的驱使下，创业者在进行设计决策时往往由于条件所限而主动或被动地放弃了对全部可行设计方案的考察；进而依据简单性原则遴选出部分设计方案进行优化。事实上，创业活动中的方案决策实际上是创业者在高度的功利性条件下进行的；创业重要目的之一就是实现利润最大化，即在完成任务的前提下实现成本最小；成本最小的实质就是使总资本投入最小。实现总资本投入最小的过程中，实际上是一个协调总资本投入中各类资本投入比例关系的过程。显然要达到这一要求就必须建立一组关系函数。虽然主要变量只有两个（“物量资本”和“人力资本”），但两者又都受许多因素的制约，因此很难建立或构造出一组理想的、能够全面反映各种因素的关系函数。建立或构造出的关系函数往往是忽略一些次要条件的结果，这一点是完全符合简单性原则的。最优化结果求解的困难，导致选择“次优化方案”的使用正是功利性因素作用的结果，也正是简单性原则在创业活动中作用的体现。

在创业决策中的另一种功利性倾向就是追求最终效果的“最佳”。效果“最佳”往往与实施过程的安全性、用户的舒适性相矛盾。而在以工程活动为代表的工作中，安全性又是创业者不可侵犯的准则。在功利性原则的支配下，方案设计者往往采取在不违反关于工程的安全性的定量化、可操作和可考核的标准的前提下，降低使用者的舒适性的办法（实际上是把“使用者的舒适性”这一条件弱化和变相简化了）；除非安全性、舒适性成为产品在市场上的卖点，创业者追求这方面的市场效益，才会暂时放弃这一思路。

（4）寻求满意解是创业活动中应用简单性原则的技术原因

对于一个具体的问题而言，整个问题中的评价、选择工作，不可能完全用优化方法来完成，其中大部分工作都要用次优化方法来完成（即寻求满意解），以寻求满意解作为完成任务、实现目标的技术手段正是简单性原则的体现。

在数学优化理论中，问题的解有三种类型：最优解、满意解、可行解。最优解是求解数学模型得出“解集”中的“最佳值”，是一种很好地达到解决问题全部要求却很难在现实生活中实现的“理想状态”，创业者在创业活动中基本不会采用。可行解是求解数学模型得出的“解集”。由于“可行解”中包括一些“极差值”，它是一种只能达到基本要求的“临界状态”，创业者在创业活动中也基本不会采用。满意解是求解数学模型得出“解集”中的“中间值”，是一种较好地达到解决问题全部要求的“贯常状态”，创业者在创业活动中会常常采用。因此，创业者在确定方案时，就会在“可行解”中寻找“满意解”。现实世界中各种条件相互制约，不可能使全部条件均达到“最佳”；因此，寻找“满意解”只能实现目标条件大体上的“满意”。下文提出的满意原则是指在工作中实现其总体目标，“满意”的概念不同于日常习惯上的满意，它是一个数学意义上的“满意”。

创业者的功利性思想决定了创业活动中过程就是寻求解决问题方案满意解的过程。寻求满意解，意味着寻求在当时看来比较满意的解决问题方案。这个方案，通常经过逐步搜索而构造出来的。寻求满意解的创业者通常不是先把一个个方案先构造出来，然后挑选一个，而是先构造一个方案，看看满意不满意。如果是满意解，就停止搜索；如果不是满意解，再构造下一个方案。如果找到了许多方案，都不能令他满意，他就会降低自己的满意解标准。满意解标准的出现实际上就是放弃了复杂性原则选择了简单性原则。显然，寻求满意解的过程，是一个考察方案的过程；寻求满意的创业者的最后选择，往往取决于他构造的方案的顺序。比如，假设甲方案比乙方案更好，但两者皆达到了满意解标准（欲望），这时，先构造了哪个方案（如乙），哪个方案就被接受了；决策者不再继续构造其他方案（如甲）。

在具体的寻求满意解的过程中，首先，根据产生欲望并以境况优劣程度来调整欲望水平的机制，来确定什么是“满意解”或“好”；然后寻找备选方案，直至找到一个“足够好”的方案为止。这个原则对设计解决问题的方案模型和思维模型的工作提出了一个要求：所设计的方案模型和思维模型应当是符合简单性原则和满意原则的模型，它应当体现这样一种机制，使人在无法完全了解复杂事物的情况下，仍能处理复杂事物（用简单性原则处理复杂事物）。由于在复杂世界里，备选方案不是给定的，而是必须去寻找；又因为备选方案不是只有一两个或有限多个（从本质上说有无穷多个）；因此，根据满意原则，创业者通过将简单性原则引入思维过程，避免了试图在真实世界里寻求最优的困难——寻找、评价和比较无穷无尽的备选方案，避免了思考、策划过程进入永无止境的恶性循环。满意原则提供了现实的终止判据，即一旦找到足够好的备选方案，便停止思索，告一段落。因此，满意原则是简单性原则在创业活动中得以实现的载体。

创业活动具有复杂性和非线性的特征，但是由于理论上的最佳结果难以实现的客观原因以及思维习惯性、功利性思维和满意原则的存在，创业者总试图在一定范围内将复杂变成简单，将非线性转化为线性。在这个以简单性为原则的转变中，理论上的最佳结果难以实现的事实是基础，功利性思维是动机，思维习惯性是转换的辅助力量，寻求满意解是外化表现形式。

三、产品设计开发过程中“简化”“宜人化”与“益人化”相结合原则

创业活动是一项十分的实际活动，在许多创业活动中，都是以具体产品为实体依托的，新产品设计是必不可少的工作。传统的产品设计主要考虑产品的性能质量及价格等因素，而往往忽略了产品的宜人化特征。现代的产品不仅要求有可靠的性能，较高的质量，适宜的价格，还要求它能够在生理上和心理上满足人的需要。作为产品的用户和最终消费者，人的主观因素对于产品设计的成功起着决定性作用。产品设计开发过程中应当坚持“宜人化”与“益人化”相结合原则。

1. 简化在产品设计中的作用

产品设计是实现技术创新的基础，简化是实现产品设计的有效手段，也是以产品为依托的创业活动中的有效手段。设计者在进行产品设计时，常常采用简化设计目标或思维过程的手段实现设计任务。因此，简化在产品设计三项典型工作——设计“成本”核算、实体向模型转化、确定设计精度中的作用十分重要。概括地说，简化在产品设计开发过程中主要有以下作用。

（1）简化有助于完成设计“成本”核算

生产的最终产物是“产品”，产品设计创新的目标是设计出“好”的“产品”。评价“产品”的“好”与“坏”的标准，是“产品”的“价值”；具体地说就是“产品”所能达到的“功能”（其中也包括“产品”的质量因素）和生产或构造“产品”所需要的“成本”。

“产品”的“功能”和“成本”是一对矛盾体；要完成设计“成本”核算，衡量“产品”的“价值”，就必须分析“产品”的功能与成本之间的关系，功能越强、质量越高、成本越低，产品就越有价值。三者之间的关系可以用公式：V（价值）=F

（功能）/C（成本）或公式：V（价值）=Q（质量）/C（成本）表示。研究“产品”价值的目的是对产品设计的最终结果进行评价，进而确定什么是好的或是值得做的；因此，价值分析必须以“产品”的整体或整体中某一部分为代表的硬件为研究对象。解决功能与成本之间矛盾的核心任务是实现“产品”价值最大化。在完成预期工程目标的前提下，具体的解决办法可以是降低“产品”的成本，也可以是在“产品”的成本不变的条件下，使“产品”的功能提高。只有搞清功能和成本、质量与费用之间的关系，才能找到解决问题的途径。要实现“产品”价值最大化的首要任务，就要研究用户的需求（即对“产品”的功能、质量、性能的要求）与成本的关系，并努力实现这些关系表达方式的简单化。

在对成本分析的过程中，不可避免地涉及到“人力资本”和“物量资本”配置的问题。理想的资源配置结果是“人力资本”和“物量资本”双向节约，进而导致总成本的降低。但是“人力资本”节约和“物量资本”节约往往存在矛盾，要解决这对矛盾就要对资源配置进行优化；因为，在科学技术水平一定的条件下，完成两种资本一起节约是不可能实现的，现实的解决方案必须是简化问题，以其中一种资本的节约为中心。由于产品设计涉及许多问题；同时，在具体问题中的许多条件和参数都处于变化之中，在量化表现为具体的数值是动态值。因此，很难通过计算得出实际资源配置的“最佳”值。即便通过理论计算得出一个近似的“最优解”，拿到实际生产环境中，也会因具体的条件与参数的变化而变成不是“最优解”。要解决这一问题，就需要理论与经验相结合：既要考虑理论计算得出的结果又要考虑实际环境中无法量化的条件和参数，将两者之间的关系简化。即确定设计时侧重的一方，将某一方作为优先考虑的重点，从而确定在一种条件下选择“物量资本”节约优先，在另一种条件下选择“人力资本”节约优先。具体地说，在工业化时代，特别是在工业化时代早期，“物量资本”投入在资本总量中所占的比重大于“人力资本”投入在资本总量中所占的比重；“物量资本”的节约就成为该时期资本节约的重点。当科学技术水平提高以后，“人力资本”投入在资本总量中所占的比重逐步加大，最终导致“物量资本”投入在资本总量中所占的比重小于“人力资本”投入在资本总量中所占的比重；“人力资本”的节约就成为该时期资本节约的重点。

“产品”的“价值”“功能”“质量”与“成本”几者关系的多样性决定了价值评价标准的多样性；要准确的获得价值评价标准，就需要在几者的多样性关系中寻找共性特点，最终获得一种相对简单的价值评价标准。因此，也可以说解决功能与成本之间矛盾的关键在于应用好简化手段。要完成产品设计，就不可避免的对价值进行评价；要得到评价标准，就必须对相关条件进行简化（量化）。由于“功能”“质量”与“成本”“费用”是两组不同的概念，他们具有不可通约性；在量化过程中就需要有些将几对关系联系起来的简化公共变量。“好”的公共变量的标准是变量具有简单、易于理解、便于操作的实用性特征。要达到这一要求就需要对各种条件进行简化处理。因此，简化在产品设计决策过程中有助于完成设计“成本”核算。

（2）简化利于实体向模型转化

在产品设计创新工作中，设计者的一项重要工作就是建立设计模型。现代设计往往是通过计算机来实现的，设计者与计算机的联系纽带是数学化的设计模型；因此，设计模型是产品设计工作的基础，也是设计者对设计对象实体的工程语言描述。由于将思想离散符号化是计算机的工作基础，所以，设计者交给计算机的设计模型必然是一个抽象的、简单的、离散化的模型；而设计实体则是具体的产品设计任务，必然是具体的、复杂的、连续性的具体事物。实体是模型的基础，模型是实体的表述形式，两者关系决定了其联系是紧密的。要进行产品设计就必须处理模型与实体的关系，要更确切的表述设计问题就必须解决两者之间的矛盾。解决矛盾的关键就是将复杂的事物和广义的“系统”通过离散方法分解成有限个简单事物或“子系统”来进行分析与处理（即实现系统分解、简单化的过程）；只有该阶段的问题具有合理性和符合现实性的特征，设计整体的近似最优解才有可能求出，预期的产品设计目标才可能顺利实现。因此，如何完成离散化工作，是解决矛盾的关键。

一个复杂的事物和现象，要认清它的实质并不容易，但如果把它分解开来认识，可能就要容易得多，这就是“分析和综合”的作用。所谓分析就是在思维中把事物分解成各个部分、阶段、方面或把事物的个别特性及同其他事物的个别联系区分出来，获得对事物某些侧面或联系的正确认识。综合就是在思维中把事物的各个部分、阶段、方面及个别特性综合起来，探求其各个部分之间的复杂联系，把事物作为多样性统一的整体再现出来，真正深入到事物的本质，把握事物的发展规律。分析和综合是人类认识世界的强有力手段。如果没有这些手段，那么甚至连感觉、知觉等最简单的基本心理活动形式也不可能有。客观世界、客观事物和现象极其复杂和具体地呈现在人们面前，具体事物是多样性的统一，如果不把具体的东西分成若干组成部分和因素，不加以分析，那么就不可能认识这个具体的东西。如果化学家不能分析出化学过程中的各个组成部分——化学元素，那么他对化学过程、对物质的化合和分解的规律就会一无所知。同样，如果经济学家不通过分析去找出基本经济因素——商品、价格、价值、剩余价值等等，去认识它们的本质，那么他对社会及其经济发展规律性也就无从认识。所以把一个极其复杂的“集合”，运用“离散”手段进行分析与设计是产品设计中的一种基本方法，也是简化在产品设计中的表现形式。

在产品设计过程中，离散化方法不仅可以用来分析设计本身是离散的事物或系统；也可以作为一种处理方法，用来解决本身是连续的事物或系统。因此间断或不间断的产品设计开发问题均可应用离散论方法解决。计算机技术的发展，使离散化方法成为设计对象—数学模型—计算机技术之间联系的纽带。复杂问题必须通过离散方法进行简化，才能形成解决实际问题的模型。因此，“离散分析”既是有效的产品设计方法，又是产品设计过程中简化工作的外化表现形式。“离散分析”和计算机技术的结合，借助数学模型去解决研究对象提出的问题，形成了“产品设计”的开发模式（图 5-1）。它们的结合不仅在产品设计领域，而且在各种相关科学技术领域中显示了巨大价值。

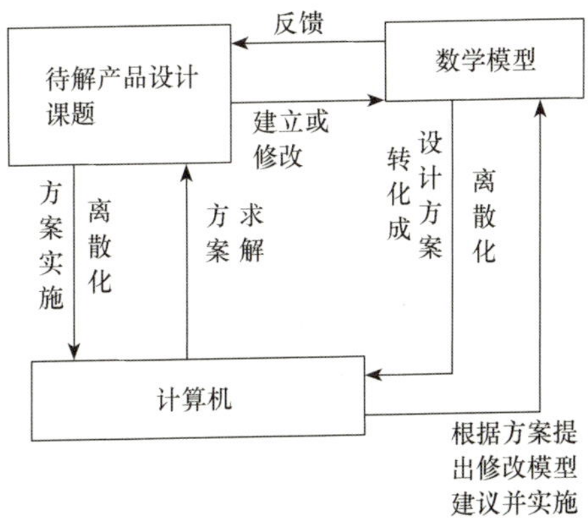

图 5-1　产品设计的开发模式

（3）简化便于确定设计精度

产品设计创新的任务，就是通过具体的设计，来确定产品生产的“最佳”表达方式；产品设计内容的表达通常依靠数学和工程语言来实现，具体表达中又涉及到设计参数的精确程度。产品生产的具体实施步骤可以设计得相对“细一点”，也可以设计得相对“粗一点”；设计参数可以精确性强一些，也可以精确性弱一些。如何处理好“精确”和“模糊”这一对矛盾，就是产品设计者面对的设计思想问题。

从理论角度分析，精度越高、精确性越强越好。但是，人们在完成设计工作过程中是很难实现精确的。造成不精确现象出现的原因是多方面的，但概括起来，主要分两大类：

一类不精确性是客观条件限制导致的不精确，即由于技术环境条件的制约，最终导致精确性和精度降低。这类不精确实际上是设计者不愿意出现而由于客观条件制约而不可避免出现的现象。因为，在科学理论研究、应用基础理论研究、应用技术研究过程中，绝大多数工作是在实验室中进行的；所以，其结果和精度也相对较高。在实际的产品生产环境中，许多工作条件与实验室有着重大差别。产品生产条件的变化必然导致精度降低和不精确性的出现。

另一类不精确性，主要来自设计者主观因素，即设计者主动降低精度选择了不精确。在这种情况下出现的不精确，主要是因为设计者认为设计的精度没有必要达到那么高。这一点，从误差的等级可以得到证明：如果用生产汽车轴承的精确度去生产钟表轴承，那么生产出的产品很可能全部都不合格；反之，如果用生产钟表轴承的精确度去生产汽车轴承，生产产品过程中的消耗显然得不偿失，由精度过细引发的经济上的浪费造成的损失是委托人与产品设计者双方都不愿接受的事实。

在产品设计中，“精确性”必然带来相对强的程序性技术要求，“模糊性”必然导致相对弱的程序性技术要求出现。优化的功能之一就是完成设计精度的提高。在产品设计中，“精确性”与“模糊性”要达到统一，就不可能走单一的极端。解决问题的出路就是把握“简化”的“度”。“度”的概念，在产品设计中是很难用一个确切的指标来表示的。即便是同种类型的设计项目，也会因为各种具体的条件不同，因为设计者的喜好不同而出现不同结果。要得到一个“好”的结果，只能取决于设计者的解决矛盾的能力。设计者在解决矛盾时，简化就成为他的有效工具。当他发现简化所追求的精确性是难以实现的时候，就会根据生产产品的要求、个人的产品设计经验进行推理与计算，选择停止简化的时机。在确定停止简化的边界条件的工作中，主要依靠设计者根据其自身的产品设计经验去确定“模糊因子”。模糊性可以实现相对难以精确化的设计对象的简单性表达，以“模糊因子”为媒介的经验决策主要来自于设计者科学技术实践经验总结基础之上的简单性决策。因此，可以说简化是“精确”与“模糊”这对矛盾实现从对立走向统一的有效手段。

2. 创业过程中“宜人化”原则的特性分析

（1）产品的宜人化特征

从字面意义上讲一种产品（Product）就是生产出来的供人使用的商品。所以一提到产品，人们首先关心它的功能，可以用来做什么；其次是质量，是否安全可靠；然后才是价格。而今天，在这个商品经济时代，评价一种产品的优劣已不只局限于上述因素，宜人化正在悄悄地成为决定产品设计成败的主导因素。由于可供选择的产品越来越多，消费者的眼光也越来越挑剔，产品是否能够满足人们主观（包括生理和心理）上的需求，已成为商品具有竞争力的标志。

宜人化特征体现的是以人为本的理念。具体地说就是指一种产品对于它的使用者来讲，从生理上是否感觉舒适；从心理上是否感觉舒服（安全感、亲切感、美感）。比如汽车座椅的设计，预留的空间是否足够大，坐上去是否感觉舒适。人体对于某一频率以上的振动特别敏感，因而弹簧的设计应注意使座椅的振动频率低于这个特征频率，这样人坐上去才会感觉舒服。又如工作台的高度，应与操作者的身高相适应，以减少操作者的疲劳感。一种药品，尤其儿童用药，它的外形和味道很重要，儿童对于打针吃药本身就不愿意接受，所以药片外形要好看，外面包上一层糖衣，放到嘴里有种甜味，这样儿童才不会拒绝吃药。

例如：陕西的苹果味很好，有人曾与国外签订了一个 80 万公斤的订单，但是收上来的苹果不是大小不均，形状不好看，就是农药超标，最后只好放弃这个赚钱的机会。美国的蛇果颜色大小形状仿佛一个模子里刻出来的一样，个个又大又红，叫人看了就喜欢，这样的水果怎能不卖上好价钱。

手机的发展历程也体现了宜人化的思想，最早的手机又大又笨，所以人们喜欢称其为大哥大。而今天的手机小巧玲珑，握在手里就像一个玩具，带在身上极为方便，更受女士们的青睐。

（2）现代产品的一个突出特征是宜人化

美国设计协会认为，设计师的目标就是设计出实用的，人性化的产品。这与最初设计产品只强调实用性又向前迈进了一大步，把人性化放在一个与实用性同等重要的位置，足以说明“以人为本”的思想以逐渐成为设计的主导方向。

宜人化设计的目标就是满足人类不断提高的物质或精神需求。要实现这一目标就必须消除产品中与人类生理、心理上不相适应或不方便的因素，实施创造性设计。要实现创造性设计就要对所设计的产品进行优化，其目标是围绕提高人类生活质量的愿望而开展的。在具体的设计活动中设计者可以顺应人的需求，不断通过创造性设计将人类的需求变为现实。因此，在设计过程中，设计的宗旨就是为委托者或用户提供在使用上具有方便性、简单性特征的产品或环境。产品开发设计，就是一个不断优化完善、不断提供简单方便、不断满足更高层次需求的过程。简便不仅是简单性原则在创造新产品过程中的表现，而且更是创造产生的新产品是否具有生命力的关键因素。正如比尔·盖茨在接受美国《商务周刊》采访时指出：“我们在进行一项新的发明或创新之时，首先要考虑的是这项发明或创新能否比传统的能够达到同样目的的产品更简单、更方便，这是发明创新能否获得巨大成功、能否适应信息时代需求的关键。信息时代新产品的重要标志之一是简便，简便是现代发明的最高境界。”

追求用户使用简便、舒适的发明创造案例许多，计算机产品的演化就是其中的一个。众所周知，计算机对于社会的影响可谓无人能敌。最初的计算机是一个庞然大物，有几间房子那么大，既笨重也谈不到美观。随着技术的不断发展，今天的计算机不仅速度快，体积小，有笔记本电脑和掌上电脑，而且外形也更美观流畅。机箱的设计也发生了变化，最早是后开盖型，要打开机箱比较麻烦，需要一个一个卸下螺钉。后来，设计者对之进行改进，设计出侧拉门式机箱，用户只要轻轻一拉，就可以检查机箱内部的情况，或是拆卸内部零件，无须卸下螺钉，可谓方便之极。方便用户，这便是设计的一种宜人化的表现。鼠标的发明使人类从敲击键盘的单调工作中解脱出来，操作更加灵活。鼠标的造型不仅美观，而且根据人手的特征，抓握起来特别方便。只要轻轻一点鼠标，就可以完成任何操作。随着游戏软件越来越多，又发明了游戏杆，以及后来的三维鼠标和六维鼠标。它们在完成点击操作的同时，又使用户产生力的感觉，仿佛置身其中，游戏效果更逼真。

从软件方面讲，操作系统从 DOS 发展到 Windows 是一次质的飞跃。它不仅仅是改变了一个操作界面，更重要的是使电脑从只有专业人员才能使用走向大众化，使之在短短的几年里迅速得到普及。操作起来简单方便，一目了然，这是 Windows 战胜 DOS 的法宝，也是普通用户的最大愿望。现在的软件设计师们在设计软件时更注意产品的用户化、开放性和交互性，最大限度地满足用户的需求。

谈到计算机，又不能不提到网络。互联网改变了人类只能被动接受信息的状况，强调了人的主动参与意识。这种新颖的互动的信息交流方式，使之成为最具潜力的“第四媒体”。

卡拉 OK 的出现是一个好的例子，设计者发现人们对于娱乐活动都有一种参与和表现自己的愿望，能否让普通人过一把明星瘾，于是有人推出了音乐伴奏，并伴有画面的卡拉 OK 演唱形式。它一经推出就立即风靡了城市的大街小巷，成为受男女老少欢迎的一种时尚。卡拉 OK 的成功说明，现代的产品设计应更多地从用户的心理和感受出发去考虑问题，使其在主观上感觉到愉悦。

（3）包装是产品宜人化的一种外在表现

包装已成为其不可分割的一部分，包装的好坏在一定程度上决定了产品的档次和价格。精品的打造不仅靠质量，还要靠包装。据资料显示：在一件产品的价格决定因素中 60% 取决于产品设计，20% 取决于包装，还有 20% 取决于售后服务。所以从食品到汽车，从家电到房地产无一不注重其外在的包装。本质上讲，包装不只是给产品增加一个壳子，而是提升产品形象的一个重要手段。如何让用户赏心悦目，满足用户对于美的心理需求，是设计产品包装的中心。抛开产品的质量先不论，在众多的同类产品中，如何使你的产品脱颖而出，产品的包装起着相当大的作用。用户第一眼看感觉很重要，如果连看不都愿看，又怎么会掏钱去买呢？我国在机电产品和农产品方面有很大优势，质量相同的条件下，我们的产品就是卖不上价钱，差就差在包装上。一个外形美观流畅的机器，让人感觉舒服，当然也对其质量产生信任感。“一个公司既要有橱窗技术，又要有厨房技术；橱窗技术主要是给别人看的，显示公司能够做什么；而厨房技术则要在实际上做出供食用的饭菜，两者缺一不可。”

（转引自《技术选择论》，陈昌曙、远德玉著）

中国进入市场经济，也给产品设计者带来了挑战。产品，包括功能、质量、成本及外形（或者包装）成为决定其赢利与否的根本。人工机工程学作为设计师的一门必修课，越来越引起人们的重视。它的宗旨就是如何设计出适合于人类的产品，既能辅助人类进行某种工作，同时也让用户在使用时从身心两方面都有感到舒服。造型设计和包装只是人机工程学的一部分。

（4）产品设计的宜人化依赖于质量的提高

将宜人化简单地理解为增强产品外化形式是不全面的。产品外在表现往往是其内在形式的外化，因而提高产品的质量、功能等内在因素也有利于产品的宜人化。

例如彩色电视机这一产品，人们希望看大屏幕的、不闪的、清晰的画面，这些只是产品质量的外在表现。要实现这些目标，就要从产品质量入手，提高显示器的刷新频率，分辨率等，这样才能制造出画面稳定，高清晰度的彩电。奔驰车豪华气派是身份的象征，但如果没有精良的质量保证，开起来时速只能达到几十公里，也不会有人喜欢它的，出现“怒砸奔驰车事件”也就不足为奇了。所以产品的宜人化依赖于质量，质量不过关，买回来只能当摆设；同样，虽然质量好功能全，看起来不舒服，用起来不方便，也不会有市场。

（5）冗余设计是实现专业产品宜人化设计的有效手段

在设计过程中，常常可以通过冗余设计实现宜人化设计目标。所谓冗余设计是指设计者为了实现设计结果的安全性、稳定性和思维经济性等目标，在设计中增加多余的良性冗余的功能、结构的工作方法。如果设计的多余部件可以提高系统的安全性、稳定性、可靠性，而不影响系统的性能，则称它们为良性冗余。由于设计的结果大多数是专业性很强的产品，因此在产品使用过程中，用户的维护和维修的工作量是很大的。系统的安全可用性、稳定性、可靠性的提高以及思维过程的简化，可以直接减少错误出现的可能性，降低维护和修理的工作量，缩短必要劳动时间。因此，冗余设计虽然可能导致设计结果（目标系统）的复杂，但却可以使设计过程或结果受益，从而达到宜人化设计的目的。一般说来，冗余设计有以下作用。

首先，实施冗余设计可以通过复杂性设计增加设计结果的安全性、可用性。在系统设计中对关键部件进行冗余设计，可以大大提高系统的可用性。冗余技术的基础是合理有效地对系统运行状态进行监控，在及时发现故障的前提下启动冗余部件可保障系统的安全性和可用性。

例如：前苏联的米格 25 歼击机是 20 世纪 70 年代世界上最先进的歼击机。而该机的电子系统用的却是真空管，它的发动机也比较笨重。显然从设计角度分析歼击机的电子系统和发动机是复杂性设计，是冗余设计。由于歼击机要迅速升降，外界温度变化范围很大；相对简单和先进的电子管与相对复杂和落后的真空管相比，对外界温度变化的适应性较差；实施冗余设计，就可以使电子系统更好地适应外界温度变化，保证歼击机的安全性。发动机虽然比较笨重，但它的功率却特别大，而且易于拆装，实施冗余设计，就可以保证歼击机的可用性。

为保证设计结果的安全性、可用性的冗余设计在计算机系统设计中应用广泛，常见的几种冗余设计有：

① 磁盘系统冗余技术。通过配置热插拔硬盘并使用RAID系统，可以完全避免由于硬盘损坏造成的系统故障。

② 电源系统冗余技术。热插拔冗余电源正常工作时，两台电源各输出一半功率，从而使每一台电源都工作在轻负载状态，利于电源稳定工作。当其中一台发生故障，短时由另一台接替其工作并报警。系统管理员可在不关闭系统的情况下更换损坏的电源。采用热插拔冗余电源可以避免系统由于电源损坏而造成的停机。

③ 网络系统冗余技术。采用自动控制的冗余网卡，当系统正常时多网卡自动分摊网络流量，使系统网络通信带宽提高，而在有网卡损坏或出现线路故障时，其工作自动切换到其他网卡。不会由于网络通道故障或网卡故障影响正常服务，如冷却系统冗余技术。自动切换的冗余风扇对风扇转速进行实时监测，发现故障时自动报警并启动备用风扇。系统工作正常时，主风扇工作，备份风扇不工作，当主风扇出现故障或转速低于规定转速时自动启动备用风扇。由于备用风扇平时处于停止状态，所以可以保证在工作风扇损坏时马上接替服务，不会造成由于系统风扇损坏导致的系统内部温度升高而产生的工作不稳定或停机现象。

④ 大系统冗余技术。例如双机热备份高可用（HA，High Availability）系统，通过对关键部件的冗余设计，可以保证系统安全。

其次，实施冗余设计可以通过提高系统的容错能力实现系统的稳定性。当某一个部件出现故障时，它所承担的工作必须由与其配对的正常部件来接替。如果这些部件仅用来提高系统的可靠性，而不影响系统的性能，则称它们为可靠性冗余。

在信息产业的设计中可靠性冗余有以下表现形式：

① 对关键性的部件配备多份，同时工作（硬件冗余）；

② 对关键性的操作配备若干个可供选择的程序（软件冗余）；

③ 采用纠错码或校验码来表达信息（信息冗余）；

④ 对关键性的操作重复若干次（时间冗余）。

最后，实施冗余设计还可以通过提高二次开发用户开发平台的通用性，降低思维的难度和复杂性，使二次开发简单化，从而为二次开发用户创造宜人化的开发环境。

程序员在开发计算机软件过程中常常会遇到一些成熟的问题（如计算、计数、收发信号）；设计者往往不亲自编程，而是借用成熟的“标准子程序”或通用“软件包”。虽然通用“软件包”是为进行二次开发用户开发的通用软件。但由于产品的通用性的存在，当该软件包在某一个专门的软件工程项目中使用时，初始化、内部、外部参数不会也不可能完全相同；常常使产品在功能、结构上出现冗余。设计者选择了冗余，可以减少开发过程，从而实现针对二次开发用户的宜人化设计。

（6）宜人化的标准是随着环境不同而不断变化的

一种产品在某一时期可能是受欢迎的，不等于它永远受欢迎。同样人们对于事物的追求和心理满足程度也是在不断变化的。这一点在时装界尤为突出。“文革”时，服装以灰、绿、蓝为主，流行“不爱红装爱武装”。80 年代西装和喇叭裤成为时尚，到了 90 年代，人们崇尚个性化，2000 年旗袍又成为新宠。这一系列的变化源于人们对于美的欣赏角度的变化。产品只有符合人们的这种欣赏角度，才能在市场上具有竞争力。麦当劳和肯德基是西方著名的快餐，目前在中国也很受欢迎。不过据到过美国的人讲，中国的汉堡与美国的口味并不一样。这是由于生产者对于中国消费者作了调查，发现大多数中国人并不喜欢放过多奶油，因而在配方减少了奶油的含量。不同年龄、不同性别、不同地区、不同国家和不同文化背景的人对于产品的欣赏角度就不同，设计师应充分注意到这一点。考虑到产品的使用对象是哪一类人群，这类人什么特点，如何让产品适应对象的特点。还以汽车为例，大多数美国人身材高大，性格直率，喜欢无拘无束的生活，因而美国的汽车多是那种比较大气的，车内空间开阔。日本的车型多是小巧别致，更讲究实用，这与日本人含蓄内敛的性别有很大关系。所以如果日本汽车想打入美国市场，就要适合美国人的品味，对车型进行改进。

每一次设计对产品的更新飞跃，就是一次人类对产品使用简便需求的满足；而人类更高层次的需求，又将创造性设计引向新的开发领域；新的创造性开发设计成果又为人类生活创造更加使用简便、舒适的产品。这就是以用户使用简便为追求目标的设计发展过程。

综上所述，人类自身具有求新求美的特点，宜人化设计应注意满足人类的这种特点。不断创新，不断提高产品的质量，增加产品的功能，改善产品的造型，以最大限度地满足人类的需要。

四、创业过程中“益人化”原则的特性分析

作为产品的用户和最终消费者，人的主观因素对于产品设计的成功起着决定性作用。同时，评价一种产品的优劣已不只局限于上述因素，对产品的使用者是否有益正在悄悄地成为决定产品设计成败的主导因素。由于可供选择的产品越来越多，消费者的眼光也越来越挑剔，产品是否能够满足人们主观（包括生理和心理）上的需求，已成为商品具有竞争力的标志。产品是否对消费者有益，才是设计和产品长盛不衰的关键。创业在进行新产品设计开发时，必须把“益人化”原则作为一个重要因素进行考虑。

在设计中设计者从经济角度考虑往往在设计中采取简化手段来完成设计，这样做的后果就是有时会使设计者陷于“短见”和“人无远虑必有近忧”的境地。要避免这一现象的发生，就要以消费者为中心，以是否对消费者有益为判定标准，实施“益人化”设计。有益于使用者并不代表让使用者感到舒服，“益人化”设计与“宜人化”设计是两个相似但又有区别的概念。

在大多数情况下，“益人化”设计与“宜人化”设计是相似甚至是相同的，因此可以说，在一定条件下，“宜人化”设计是“益人化”设计，“宜人化”设计是追求“益人化”设计的基础。所谓“宜人化”设计，就是看消费者在使用产品时，从生理上是否感觉舒适，从心理上是否感觉舒服（安全感、亲切感、美感）。用户的感觉是产品设计的参数，也是参考条件。比如汽车座椅的设计，预留的空间是否足够大，坐上去是否感觉舒适。人体对于某一频率以上的振动特别敏感，因而弹簧的设计应注意使座椅的振动频率低于这个特征频率，这样人坐上去才会感觉舒服。又如工作台的高度，应与操作者的身高相适应，以减少操作者的疲劳感。

美国设计协会认为，设计师的目标就是设计出实用的、人性化的产品。这与最初设计产品只强调实用性又向前迈进了一大步，把人性化放在一个与实用性同等重要的位置，足以说明“以人为本”的思想已逐渐成为设计者的主导方向。

宜人化设计的目标就是满足人类不断提高的物质或精神需求。要实现这一目标就必须消除产品中与人类生理、心理上不相适应或不方便的因素，围绕提高人类生活质量的愿望实施创造性设计。在具体的设计活动中设计者可以顺应人的需求，不断通过创造性设计，将人类的需求变为现实。

“益人化”设计的目的是人，而不仅仅是产品。产品在满足了人们的行为方式，但同时也规定和限制了使用者的使用方式。“益人化”设计的目标是满足人类

需求，因此，也可以认为“益人化”设计来源于人类的需求。设计工作要追求“益人化”，就要紧紧抓住人类提高生活质量的强烈愿望进行产品设计与开发。要实施“益人化”设计就必须顺应人的需求，促进科技进步，不断地把人们的需求变成现实的产品。因此，设计者要时时关注消费者的需求，关注消费者关注市场是“益人化”设计的起点，也是在设计过程中进行技术创新的基础。关注消费者关注市场既要关注宏观问题又要关注微观问题。设计者有时就是抓住产品的某个方面、某个细节上的缺陷，从“益人化”设计角度出发，对产品进行分析、改善，也可以使产品对消费者更有益。

从追求用户使用简便、舒适的角度出发，通过局部改动设计方案实施“益人化”设计的技术创新案例很多，电视机产品的演化就是其中的一个。最初的电视机是电子管产品，使用前需要预热，为了实现使用上的简便，设计者利用先进技术用晶体管代替了电子管发明了晶体管电视。电视机的显像管又较小的黑白显像管变成了较大的彩色显像管，从弧面显像管到平面直角、再到“超平”“镜面”。电视机的频道选择是手动调频的，换台时需要人旋转按钮;为了实现使用上的简便，设计者创造了带有遥控器的电视。使用遥控器选择节目就要暂停现在所看的节目，为了实现使用上的简便，设计者创造了带有画中画的电视。从这个简单的技术创新案例中我们不难发现:“益人化”正是技术创新的标准。追求“益人化”设计不仅要关注消费者生理上和心理上的感觉，更要关注上述问题以外的问题。

实施上决定设计发展方向的中心不是设计师而是消费者。以消费者为中心的“用户中心主义”思想是以“益人化”设计为手段实现技术创新的思想基础。坚持“用户中心主义”就是指在设计中充分考虑用户的需求。这样，设计者就可以以此为动力，形成一个寻找用户需求、分析问题、完善产品、寻找用户更高层次需求的逐步递进式的良性设计创新工作循环模式。在这一工作循环中，用户需求、设计手段伴随着设计者的思考而不断深化，新的设计方案也随之形成，设计方案是产品生产的基础，也为实施技术创新创造了有利条件。

产品设计是一个利用和改造自然的过程。从可持续发展的角度思考问题，设计者进行“益人化”设计时，所考虑的“人”应该是全人类，这就要求设计者既考虑当代人又要考虑后代人，既要考虑长远利益又要考虑近期利益。设计者是存在于社会中的人，它具有社会人和自然人的双重属性。因此，如果从可持续发展的角度出发思考问题，设计者在设计时就必须考虑不同层次的追求目标，解决个体和群体、人类与自然的矛盾。设计者首先考虑的是设计者与使用者的利益冲突，而后要考虑当代人与后代人的关系，最后要考虑人类与自然的关系。具体地说，三种层次的设计追求，与运动在不同能级轨道上的电子有许多相似之处。不同能级轨道上的电子的能量是不同的，与原子核结合的紧密程度也不同，电子要实现能级改变，就要释放能量；三种层次的设计追求的设计预期利益是不同的，实现设计结果过程的复杂程度也不相同，设计者要实现设计结果的改变，就要改变设计预期利益的大小。

事实上，分析、解决与相关的问题时，设计者要具体考虑的复杂因素必须由他自己提出。由于人类在认识和改造自然中的主体地位，这些因素的提出也必然是以人类的评价尺度为标准。正如陈昌曙教授指出的："在许多别的星球上可能根本没有大气、土壤，但谁都不会去讨论那里的生态环境问题；假定（当然仅仅是假定）人们肯定知道，从 50 世纪起直到永远，地球这个星球不能再为人居住，我们也不会去讨论 50 世纪后地球上的生态环境问题。这种说法固然带有浓厚的实用主义色彩，但却现实。"因此，在追求"益人化"设计的过程中，要综合考虑复杂的信息，但考虑的范围仍然是以人类整体利益为出发点的，与人类发展关系不大的信息，在思考时一般都不会给以足够重视；同时，由于经济效益等直接或间接的功利性因素的制约，人类思考问题时不可避免的考虑眼前问题，人类的关心度也只能限于时间和空间上较近的区域（图 5-2）。因此，设计者实施"益人化"设计时要适度考虑复杂信息、有所侧重，这样就可以在设计中突出重点，解决迫切需要解决的中心问题。

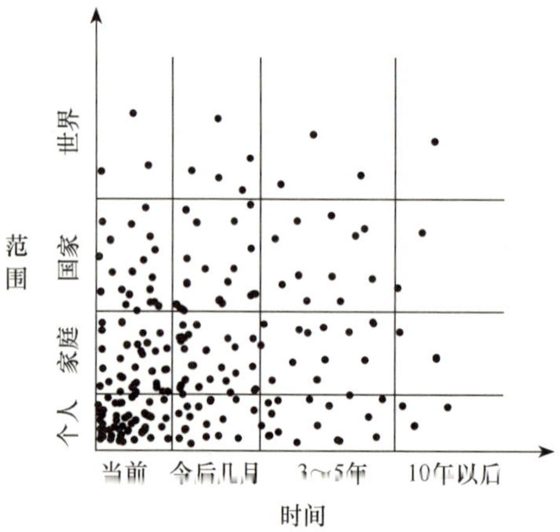

图 5-2　人类关心度的时间空间区域

设计者自觉不自觉地关注近期因素的现象，是由多方面原因造成的。在经济因素的制约下，在功利性因素的驱使下，设计者有时甚至明知问题存在，仍然实施设计。这种"人有远虑，尚有近忧"现象的出现，实际上是设计者的一种无奈的选择。同时由于"人们对自己行为的长远性、全局性结果的领悟也有一个认识过程，而在此之前，他们只可能更多地关心自己近期的需要，即难免近视而缺乏远见。这是仅用工业家的过错、人们的私利和狂妄及人们想要掠夺自然等无法说明的，至少是无法只用这些因素来充分说明的。"

设计者在完成设计时应该关注复杂性问题，但主客观因素的影响决定了完全分析设计中的复杂性问题是不可能的。因此设计过程中简化问题，用简单替代复杂，或者用相对的简单替代复杂；有时甚至是设计者无可奈何和无能为力的选择。设计者在设计中应该考虑复杂性，但常常要从经济利益和用户利益出发，努力将复杂性问题转化简单性问题。市场经济影响了“益人化”设计的表现形式，也决定了“益人化”设计的相对性。

综上所述，人类自身具有求新、求美、求最佳的特点，创业者在进行新产品开发设计时应注意满足人类的这种特点。不断创新，不断提高产品的质量，增加产品的功能，改善产品的造型，以最大限度地满足人类的需要，实现“简化”“宜人化”“益人化”三项标准的有机结合，做到对人类有益，才能更好地完成设计任务，实现创业目标。

第六章 大学生创业者解决问题能力提升

创业者在创业活动中面对各种各样的问题，这些问题包括企业的创办、企业内部建设和运行、业务开拓和创新等基本内容。在这些问题中，许多是常规问题，如营业执照的申请、企业日常管理、各种税费的缴纳，这类问题在专业书籍中都有相应的论述。而要完成从无到有的创业活动，获得风险投资和开发新产品、开拓市场是两项关键性的工作，撰写创业计划书，并以此为媒介与风险投资商谈判是获得风险投资的主要手段之一。要开发市场，解决问题的方法很重要。本章将重点探讨创业计划书的写作和创业者市场开发中解决问题方法。

第一节 如何完成创业计划书

创业计划书，又名“商业计划”（Business Plan）是由创业者准备的一份书面计划。它不仅仅是一种业务构思的策划和一份信息的披露，而且是吸引投资的宣传单，更是以后公司运作的指导书。写好创业计划书，就可以使头脑中的创业规划书面化、具体化，并且可以利用该计划书说服风险投资商，使创业者设计的创业项目获得风险投资和国际创业组织的扶持，从而使创业项目获得进一步发展的机会。因此，创业计划书的写作是创业的基础性工作。

一、创业计划书写作的注意事项

在国外，一个风险投资公司每月都要收到数以百计的各式各样的创业计划书，每个风险投资家每天都要阅读几份甚至几十份创业计划书，而其中仅仅有几份能够引起他进一步阅读的兴趣，更多的则被淘汰了。所以，如果一份创业计划书既不能给风险投资者以充分的信息，也不能使投资者感兴趣，其最终结果只能是被淘汰。

因此，创业者必须提供一份简洁、完整的创业计划书给风险投资商。一般情况下，一份《创业计划书》最长不要超过50页，最好在30页左右。同时，在计划书中要全面披露与投资有关的信息。因为按照证券法等相关法律，风险企业必须以书面形式披露与企业业务有关的全部重要信息。如果披露不完全，当投资失败时，风险投资人就有权收回其全部投资并起诉企业家。在计划书的写作过程中要把握简明扼要、条理清晰、内容完整、语言通畅易懂、意思表述精确等基本撰写原则。在具体的创业计划书写作过程中还应注意如下几方面问题。

第一，要让风险投资者感到投资这个项目是值得的。而要做到这一点，就要使风险投资商对计划书中所描述的企业的产品或服务感兴趣。要做到这一点，在创业计划书中，需回答好如下问题：产品正处于什么样的发展阶段？它的独特性怎样？企业分销产品的方法是什么？谁会使用企业的产品，为什么？产品的生产成本是多少，售价是多少？企业发展新的现代化产品的计划是什么？

第二，要细致分析竞争对手的情况。要做到这一点，在创业计划书中，需回答好如下问题：竞争对手都是谁？他们的产品是如何实现其价值的？竞争对手的产品与本企业的产品相比，有哪些相同点和不同点？竞争对手所采用的营销策略是什么？要明确每个竞争者的销售额、毛利润、收入以及市场份额，然后再讨论本企业相对于每个竞争者所具有的竞争优势，要向投资者展示顾客偏爱本企业的原因是：本企业的产品差别化程度高，性能价格比优，质量好，送货迅速，定位适中，价格合适等等。创业计划书要使它的读者相信，本企业不仅是行业中的有力竞争者，而且将来还会是确定行业标准的领先者。

第三，创业计划书要给风险投资者提供企业对目标市场的深入分析和理解。要细致分析经济、地理、职业以及心理等因素对消费者选择购买本企业产品这一行为的影响，以及各个因素所起的作用。创业计划书中还应包括一个主要的营销计划，计划中应列出本企业打算开展广告、促销以及公共关系活动的地区，明确每一项活动的预算和收益。创业计划书中还应简述一下企业的销售战略。市场调研工作可以主要围绕以下内容进行：投资项目中的产品或服务处于什么样的范畴？是研发（R&D）性质、生产性质、分销性质或是服务性质？该领域目前的情况如何？产品或服务处于一个什么样的阶段？其市场前景如何？目前的市场状况怎样？是繁盛还是萧条？

第四，创业者要表明企业的商业计划是无懈可击的。创业者在创业计划书中，应该明确说明下列问题：企业如何把产品推向市场？如何设计生产线，如何组装产品？企业生产需要哪些原料？企业拥有哪些生产资源，还需要什么生产资源？生产和设备的成本是多少？企业是买设备还是租设备？解释与产品组装、贮存以及发送有关的固定成本和变动成本的情况。

第五，展示自己管理队伍。把一个创意转化为一个成功的风险企业，其关键的因素均是要有一支强有力的管理队伍。这支队伍的成员必须有较高的专业技术知识、管理才能和多年工作经验。管理者的职能就是计划、组织、控制和指导公司实现目标。在创业计划书中应首先描述一下整个管理队伍及其职责，然后再分别介绍每位管理人员的特殊才能、特点和造诣，细致描述每个管理者将对公司所做的贡献。创业计划书中还应明确列出管理目标以及组织结构图。

第六，写好计划书的摘要。创业计划书中的摘要十分重要。因为，它是风险投资者首先要看的内容，所以计划书的摘要必须能让风险投资者有兴趣并渴望得到更多的信息，努力把投资者吸引住。

二、创业计划书的具体内容

1. 创业计划书摘要

创业计划书的摘要将是风险投资者阅读创业计划书时首先要看到的内容。虽然一个写得很好的“摘要”并不一定便能为一个项目带来投资，但一个写得不好的“摘要”却一定可以使风险投资者决定放弃对该项目的投资。在这部分内容里面，创业者应该提及商业价值、产品或服务、目标市场、核心的管理手段和财政需求等，当然也应该包括预期投资人得到的回报。尽量对计划的描述显得清晰、客观、逻辑性强，这样可以让风险投资者真正懂得创业者的计划。

一份创业计划书的摘要一般仅有几页纸的内容，它主要包括以下几方面：

① 风险投资项目的简要介绍；

② 联系方法和主要的联系人；

③ 业务范畴和类型；

④ 管理团体和管理组织；

⑤ 产品或者服务及其竞争状况；

⑥ 市场状况；

⑦ 资金运用计划；

⑧ 财务计划；

⑨ 生产经营计划；

⑩ 风险投资资本退出方式等。

2．公司原来的业务发展历史与未来

这部分内容是为了让风险投资者对作为可能投资对象的公司有一个初步的了解。如果创业者是一个刚踏入社会的年轻人，从未有过创业的历史，那么你不妨在这一部分向风险投资者把你的产品或服务创意情况作一番介绍，包括你的成长经历、求学过程、性格、兴趣爱好与特长、你的家庭及对你成长的影响、你的创意是怎样想出来的、为什么要独立追求创业等等。这样，将一个粗线条的你展示给风险投资者而不至于让他摸不着头脑。这部分要介绍的内容应包括公司过去的发展历史、现在的情况以及未来的规划，具体而言，主要有：

① 公司概述包括公司名称、地址、联系方式等。写作中可以写上“本公司位于……”然后在后面写上地址、电话和联系人。

② 公司的自然业务情况。公司的发展历史，概要介绍公司所从事的主要业务，用尽可能短的几句话使风险投资人了解本企业的产品或服务。介绍公司成立于何时，第一次生产产品或提供服务是在什么时候，公司发展经历了哪几个重要阶段等等。但这部分的介绍必须简短切题，尽量不要超过一页，最长不能超过两页，否则就过于冗长。

③ 对公司未来发展的预测。这部分可以按时间顺序描述公司未来业务发展计划，并指出关键的发展阶段。如果公司预计未来业务发展需要经受许多变动因素的考验，通常应该在这里讲清楚。这部分还可以重点说明是本公司与众不同的竞争优势或者独特性。

④ 公司的类别与隶属关系，如系合伙公司还是股份公司。这部分主要说明公司所有制性质，此外，还需说明本企业是否是一家有着附属公司的母公司。在公司拥有多家子公司或附属机构的复杂情况下，则应该用图表来表示其法律关系，并在他们之间划上线条，写出所占股权的比例。

⑤ 公司的公共关系。这部分内容包括公司产品或服务的销售过程和分销渠道，生产所需原材料及必要零部件供应商情况。如果在产品生产到销售过程中还有其他一些协作者/分包人参与其中，通常也需要予以说明。

⑥ 公司的保险情况。主要描述公司已经购买或者打算购买的保险险种。写作这部分时，只要列出与本企业经营活动有关的保险险种即可，不要把医疗之类的保险也列入其中。

⑦ 公司的知识产权。本部分主要对企业持有或将要申请的专利和商标进行详细描述。企业可以通过对专利与商标的描述来强调其独特性，或者在此列出企业的专利和商标清单，从而让风险投资者自己来判断这种独特性。

⑧ 公司的法律诉讼。主要描述企业目前可能卷入的诉讼案件，包括别人起诉本企业的案件和本企业起诉其他人的案件。风险投资人一般不愿向那些卷入一大堆诉讼案件的公司进行投资。在他们看来如果风险企业被很多人起诉，那么企业本身的生产经营方式一定存在某些问题；反过来，如果风险企业老是起诉其他人，那么风险投资人就有理由担心在投资到位后也被这家企业起诉。因此，如果本企业卷入的历史诉讼案较多，那就应该在本部分向风险投资者解释其细节以使其克服对这类企业天然的抵触情绪。

⑨ 公司的纳税情况。主要说明向公司征收的特定税种，如果本企业正处于营运之中，还应说明企业纳税情况。

3. 公司的研发情况

主要介绍投入研究开发的资金，包括过去已经投入的和未来打算投入的资金。但同时必须指出所有这些研究开发投入所要实现的目标。对风险投资人而言，如果由于某种程度上的判断失误，从而投资了一位纯粹的研究人员而不是一位开发产品的企业家，那就是一场恶梦，也就是说他们想要的是一位能将研究结果转为市场产品，最终赚取利润的企业家。在这部分中，可以重点阐述如下内容：公司的技术研发力量和未来的技术发展趋势；公司研究开发新产品的成本预算及时间进度如何；风险投资者最关心的是公司的技术研发队伍是否具有足够的实力把握市场上产品技术发展的脉搏，是否能够进迎合顾客的需要开发新产品、开拓新市场，是否能够保证公司未来竞争发展对技术研发的需要。

创业者应该在仔细评估自己实力的基础上，给出详细的说明。因为技术研发是公司未来发展的主要推动力。

4. 介绍产品或者服务

这部分主要要向风险投资者展示下列一些内容：产品的名称、特征及性能用途；产品的研究开发过程；产品处于市场周期的哪一阶段；产品的市场前景和竞争力如何；产品的技术改进和更新换代计划及成本。

风险投资者对产品或者服务的可销售程度和创新程度进行评估。可能会问下列的问题：产品或服务具有什么样的实用价值？它能为用户提供什么样的功能？它的市场周期有多长？有无新产品开发计划作为储备？市场上是否已经或即将有同类产品或服务？同其他同类产品或服务相比，你的产品是否具有独特性？你对产品的知识产权保护将采取哪些措施？产品的价格弹性多大？老产品质量出现问题，将如何与顾客妥善解决而不会影响公司声誉？

在回答这些问题时，一定要实事求是，绝不能随意夸大而做出不切实际的承诺，让风险投资者对产品或服务充满信心。在具体的表达中，要表现出产品或服务具有创新性，只有当一个新的产品（服务）优于市场上已有的产品（服务）时，它才可能受到顾客的青睐。只有清楚地解释产品（服务）能完成的功能，顾客才能认清它的哪些价值。如果市场上存在替代性产品（服务），应该解释自己的产品提供了哪些额外的价值，从顾客的角度去评价产品（服务）存在的优点和缺陷，对竞争者的产品（服务）也应当做出同样的分析。产品定价必须充分考虑所有影响因素以使最终形成的价格在逻辑上是合理的，并且是市场可能接受的。在这部分内容中，还可以列出该产品的前三名主要买主及其购买金额与本批购买量（这些内容也可以用表格形式来表述）。

5. 描述管理团队

很多情况下，风险创业者的创业能否成功，最终要取决于该企业是否拥有一个强有力的管理团队；创业者要深刻认识到：企业管理的好坏直接决定着企业产品（服务）质量、市场经营、竞争情况的好坏等。因此，风险投资者在阅读你的创业计划书时特别注重对创业者的管理团队的考核评估。因此，创业者要做好如下几项工作。

首先，创业者必须对公司的管理团队的主要情况作一个全面介绍，包括公司的主要股东及他们的股权结构，董事和其他一些高级职员、关键的雇员以及公司管理人员的职权分配和薪金情况，有时候介绍他们的详细经历和个人背景也是十分必要的。对小企业而言，一般介绍 3 名左右核心人物即可，对大企业来说，最多也不要超过 6 位。

其次，将公司的管理机构，包括股东情况、董事情况、各部门的构成情况等用一览表的形式或者其他明晰的形式展示出来。

再次，要向风险投资者详尽展示你公司管理团队的战斗力和独特性，包括他们的职业道德、能力与素质。

最后，向风险投资者介绍管理团队具有与众不同的凝聚力和团结战斗精神；描述管理团队人才济济且结构合理，在产品设计与开发、财务管理、市场营销等各方面均具有独挡一面的能力，足以保证公司以后成长发展的需要。

6. 市场分析

要对市场进行分析，就需要首先确定目标市场。要完成这项工作首先要对产品的销售金额、增长率和产品或服务的总需求等做出有充分依据的判断。创业者应该细分产品或服务的各个目标市场，并且讨论你到底想从他们那里取得多少销售总量、收入、市场份额和利润。在现实生活中，每个个体都具有各自不同的需求，但在一定的群体中这种需求存在一定的相似性，他们构成了对一类产品或服务的需求，当市场营销人员能够识别出人们共同拥有的这种特性，并且在某一组或几组中有足够的人数时，他们就成为了某一种产品的目标市场。通常被最广泛地接受和使用的市场细分标准或尺度包括以下几种。

① 人口统计因素。这是基于以下因素的划分标准：年龄、性别、爱好、民族、种族、受教育程度、婚姻状况、孩子的数目或其他需供养者、收入水平等。

② 地理因素。这包括居住区域（一种典型的方法是根据邮政编码来划分）、城市、地区等。

③ 心理因素。包括在态度、兴趣和观点基础上所做的划分。

④ 与产品的使用相关的因素。根据产品到底如何被使用来划分。产品数量、时间、使用周期乃至售后服务需求、物流条件都属于这样的因素。

⑤ 产品的应用或特殊使用目的也是一种关键而明显的细分标准。

在实际工作中，市场营销人员往往同时选择几种尺度来进行市场细分，选择其中的一个或几个作为目标市场，在这个过程中，要根据企业的目标、产品、优势与劣势、竞争者的战略等因素来进行。

在进行市场分析时，要注意以下几点：

第一，为了使分析到达一个可控的水平，应该对完成任务的过程进行规范，即从假定你的公司开始运作，整理出所有将可能出现的问题，并找到一些可以反映这些问题的信息指标。

第二，利用一切可用的资源，找到有助于分析的信息。

第三，分析应从整个行业和目标市场讲起，再逐渐细化到各个单独的顾客群和他们的销售潜力。

第四，要把竞争者考虑进去，认清所有可能对占领潜在市场构成威胁的障碍。在充分调查的基础上，充分掌握潜在竞争者的优势和劣势，对最主要的一个竞争者的相应销售、收入、市场份额、目标顾客群、分销渠道和别的相关特征等做出合理估计。同时，在计划书中将竞争对手与创业者自身情况进行比较并暗示自身的竞争优势在多大程度上可以应付这些竞争。

7. 生产经营计划

在这一部分，创业者应尽可能把新产品的生产制造及经营过程展示给风险投资者。主要内容包括：新产品的生产经营计划；公司现有的生产技术能力；品质控制和质量改进能力；现有的生产设备或者将要购置的生产设备；改进或者购置生产设备的成本；现有的生产工艺流程。另外，风险投资者还希望从这一部分中了解生产产品的原料如何采购，供应商的有关情况，劳动力和雇员的有关情况，生产资金的安排计划，相应的厂房、土地等如何规划安排等等。在介绍生产情况时，主要是对产品生产全过程及影响生产的主要因素进行介绍。重点是生产成本的分析与介绍。此外还要对与生产密切相关的设备、厂房和生产设施、相关基础设施情况进行描述。

8. 财务分析和融资需求表述

财务分析资料是创业计划书的重点，也是需要花费相当多时间和精力来编写的部分。在具体的工作中要完成财务分析和融资需求分析两项工作。

（1）财务分析

财务分析将包括以下几方面的内容：

第一方面，过去三年的历史数据。公司过去的经营成果对风险投资者有主要的参考价值，因此，创业者应该提供在过去的三年中公司的经营财务情况，主要提供过去三年的现金流量表、资产负债表、损益表以及每年度的财务报告书。

第二方面，今后三年的发展预测。主要根据企业的经营计划、市场计划的各项分析和预测，在全面评估市场信息和公司财务环境系统的情况下，提供未来三年的预计资产负债表、损益表以及现金流量表。

第三方面，投资计划。投资计划是财务分析的一个非常重要的组成部分，它向风险投资者展示他所关心的关于未来双方合作投资于新的风险投资项目的问题。它的内容应该回答以下问题：

① 预计的风险投资数额为多少？其中，创业者期望从风险投资者那里获得多少投资？是以贷款、出售债券还是以出售普通股、优先股的形式实现？

② 风险企业未来的筹资资本结构如何安排？包括全部债务情况的说明。

③ 获取风险投资的抵押、担保条件，包括以什么物品抵押，什么人或机构将提供担保。

④ 投资收益和未来再投资的安排。

⑤ 风险投资者投资后，双方对公司所有权的比例安排。

⑥ 投资资金的收支安排及财务报告的编制，包括编制种类及周期（按月，按季度，半年或一年）。

⑦ 投资者介入公司经营管理的程度如何？

（2）融资需求分析

在进行融资需求分析时，要做好以下几项工作：

第一，提议融资方式。企业家可以在普通股、优先股和可转换债券以及附购股权证券等几种融资工具中向风险投资人提议一种。注意要对有关发售这些金融工具的众多细节问题予以说明，以免风险投资人产生过多的疑问。

如果出售的是普通股，通常要求说明：是否分配红利？红利是否可以累积？经过一段时期后股份是否要求赎回以便风险投资人撤回投资？估计的发售价格是多少？该种股权是否有所限制？普通股持有人具有什么样的投票权和注册登记权（安排上市从而变为公众公司）？

如果发售的是优先股。则需要说明：支付何种股利？股利是否可以累积？对优先股有何回购安排？优先股是否可以转换为普通股？优先股股东是否具有投票权？对优先股权有何限制？是否在董事会具有控制权？如果是可转换优先股，那么转换价格是多少？优先股具有哪些优先权？

如果发售的是可转换债券，也需要对相关条款做出说明。例如：债券期限是 5 年还是 10 年？债券利率以多高为宜？是固定利率还是变动利率？该债券可以转换为普通股还是优先股？

第二，分析融资基本问题。主要对资本结构、融资抵押、担保、融资条件进行分析。

第三，对财务报告制度、资金运用、股份所有权、费用支付等问题进行说明。

第四，对风险投资者对企业经营管理的介入方式进行说明。风险投资者一般要求在企业董事会中占有 1～2 个席位，如果企业希望风险投资者对经营管理的介入更深一些，那么可以在此加以说明。

由于财务管理和融资工作在一个公司经营管理中所占地位的重要性和财务管理与企业其他方面管理的密切相关性，财务分析规划的内容编制和融资需求分析是否出色对于风险企业能否获得投资具有十分重要的影响。因此，创业计划书的财务分析和融资需求分析部分必须与其他各部分保持一致，建议写作时聘请专业顾问帮助编写或给予指导。

9．风险因素分析

尽管风险投资的高风险是众所公认的，但是风险投资者仍然想尽可能多地弄清风险企业可能面临的风险，以及风险的大小程度、创业者将采取何种措施来降低或者防范风险、增加收益等。因此，在创业计划书中必须对此做出说明。创业者要描述的是风险投资人投资本企业将要面临的主要风险，所有的风险都要一一列出。对于初创企业下面内容是要主要考虑的因素：经营期限短、资源不足、管理经验不足、市场不确定因素、生产不确定因素、清偿能力、对企业核心人物的依赖、其他可能出问题的地方。对于上述问题必须进行实事求是地分析，千万不要为了增大获得投资的机会而故意人为缩小、隐瞒风险因素，因为这样将会令风险投资者对创业者产生不信任。

10. 风险投资的回报与退出之路

在这部分要回答两个直接关系到风险投资者本次风险投资是否成功的关键问题：

一是他将获得多少投资回报？投资回报对风险投资人来说当然很重要。创业者要向风险投资人表明如果他投入了自己所要求的资金量，他会得到什么样的回报。

二是他的投资资金如何退出？风险投资人收回投资大体有三种方式：第一种方式是公开上市。上市后公众会购买公司股份，风险投资人所持有的部分或全部股份就可以卖出。第二种方式是兼并收购。就是把企业出售给一家大公司（通常是某个大集团）。如果采用这种方式，创业者一定要提到几家认为对本企业感兴趣并有可能采取收购行动的大集团或大公司。第三种方式是偿付协议，就是给风险投资人提供一种“偿付安排”。在偿付安排中，风险投资者会要求本企业根据预先商定好的条件回购其手中的权益。

创业者在创业计划书写完之后，最好再对计划书检查一遍，看一下该计划书是否能准确回答风险投资者的疑问，争取投资者对本企业的信心。通常，可以从以下几个方面对计划书加以检查：

第一，创业计划书是否显示出自己具有管理公司的经验。

第二，创业计划书是否显示了自己有能力偿还借款。

第三，创业计划书是否显示出自己已经进行过完整的市场分析；是否能让投资者坚信计划书中阐明的产品需求量是确实的。

第四，创业计划书是否容易被投资者所领会。

第五，创业计划书中是否有计划摘要并放在了最前面；计划摘要能否引起投资者的兴趣。

第六，创业计划书能否打消投资者对产品 / 服务的疑虑。

第七，创业计划书的语言、语句、语法表达上是否没有问题。

在进行完上述检查工作以后，一份规范的创业计划书就完成了。

第二节 创业者市场开发中解决问题方法

有三个乞丐在华尔街乞讨。第 1 天，第一个乞丐在他的破杯子上写下“beggar

（乞丐）”一词，经过一天的乞讨，他挣了10美元。第2天，第二个乞丐在他的杯子上写下“Beggar.com”，一天过后他收到了成千上万美元，并获得支持，在纳斯达克（全国证券交易商协会自动报价表）发行IPO（股票）。第3天，第三个乞丐在他的杯子上写了“e-Beg”（电子乞讨），微软、IBM和惠普公司派出公司的副总裁就建立战略联盟一事与他进行磋商并为他提供免费硬件咨询。此外，CNBC（美国国家有线广播公司）还报道说“e-Beg”运用了Oracle公司95%的技术，并且Oracle宣布已着手开发乞丐行业矩阵；一个B2B（商家对商家电子商务）工业协会同意在乞丐社区提供一条龙供应联营服务。

透过这则近乎荒诞的笑话，我们不难发现，创业者要开发一件新产品或者在市场竞争中立于不败之地，就需要有好的创意、良好的开发策略、符合市场规律的方法，只有这样才会开发出好的新产品。

一、创意形成

产品创意指企业或者研究部门正在研究开发，准备推向市场的产品。好的产品就需要好的创意。好的创意来自于一种为消费者认同、为市场所接受的理念，这就是习惯中常说的“卖点”。

从字面意义上讲一种产品，就是指能够提供给市场，供人们消费的一切因素。它包括实物、服务等各种有形和无形的形式。产品“卖点”提出的依据就是消费者关心的热点。在商品经济时代，由于可供选择的产品越来越多，消费者的眼光也越来越挑剔，产品在主观上能否满足人们的需求（包括生理和心理），客观上是否具有实用性，已成为商品具有竞争力的“卖点”。

开发新产品的目标就是满足人类不断提高的物质或精神需求。产品创意形成过程中，开发者需要完成大量的市场情报、前景调查、需求分析的研究准备工作，该工作涉及主观、客观、宏观、微观、内部、外部的广泛的条件。在产品创意形成阶段，创业者一般要注意以下几个方面。

（1）新产品创意需要具有新颖性

一个新产品创意，首先要突出一个“新”字，即新颖性。只有新颖，才能有生命力，才能替代旧有产品，占领市场。

美国两名中学生和一名男子联合设计了一种鱼形领带，非常新奇别致，这种产品的崭新的设计迎合了消费者的猎奇心理，结果领带生产出来，一投入市场就被销售一空。

要使产品创意具有新颖性，就要求新产品开发人员大胆进行假设，不拘一格提出设计方案。要敢于想别人不敢想的方法，试别人没有走过的途径。

（2）新产品创意要体现不同的价值标准

新产品最终的目标是进入市场，成为商品。消费者对于产品功能的认同，也就形成了产品的价值标准。由于不同的产品体现其价值的方式不同，因而其价值标准也就不同。比如对于赛车，人们希望它速度越快越好，它的价值标准就是能否给车手带来风驰电掣般的感觉；而对于起重机，只要它能够吊起的重量大，就是一个好产品，相比之下它的速度就无足轻重了。因而，要确定创意目标，必须综合考虑价值因素。一般情况下，需求分析和创意形成过程中的价值标准主要包括：新产品的功能有哪些？新产品的质量是否安全可靠？新产品的开发成本有多大？新产品的市场需求量如何？新产品的预期经济效益如何？现有设备是否有能力生产新产品？现有设备使用寿命有多长？现有设备是否使用不足？需要更新设备是适合发展劳动密集型产品，还是适合发展资本密集型产品？生产工人的技术状况如何？设计人员的能力如何？销售人员的能力如何？有无资金？有无可能获得足够的贷款？企业产品质量、信息是好还是差？企业产品成本与同类产品比较是高还是低？原料来源有无保障？产品销售市场以何处为主？最大销售量可达多少？仓储能力如何？新产品库存和销售的比例应该是多少？新产品的最低利润率应该是多少？新产品的价格应在哪一范围之内？新产品的销售量是否有季节性变化，变化程度如何？结合新产品开发的追求目标，综合分析相关因素，一个好的产品创意才会最终形成。

（3）新产品创意要突出人性化和个性化特征

美国工业设计协会认为：设计师的目标就是设计出实用的、人性化的产品。

产品的人性化，具体地说就是指一种产品对于它的使用者来讲，从生理上是否感觉舒适、方便，从心理上是否感觉舒服（安全感、亲切感、美感）。比如对于汽车座椅的设计，考虑的因素包括预留的空间是否足够大，坐上去是否感觉舒适。人体对于某一频率以上的振动特别敏感，因而弹簧的设计应注意使座椅的振动频率避开这个特征频率，这样人坐上去才会感觉舒服。又如工作台的高度，应与操作者的身高相适应，以减少操作者的疲劳感。方便用户，这便是设计的一种人性化的表现。最初的计算机是一个庞然大物，既笨重也不美观。今天的计算机不仅速度快、体积小，而且外形也更美观流畅。好的造型设计不仅使用户使用起来更舒适，也给人美感，就是人性化设计的另一种表现。互联网改变了人类只能被动接受信息的状况，强调了人的主动参与意识。这种新颖的互动的信息交流方式，使之成为继报纸、广播、电视之后的最具潜力的“第四媒体”。由此可见，人性化的产品创意，是开发新产品必须要考虑的因素。

现代产品在强调人性化的同时，也更强调个性化，注重标新立异和与众不同。在众多的同类产品创意中，只有最具个性化的那个，才容易脱颖而出。在功能、设计等相同的情况下，个性化创意满足了人们（尤其是年轻人）追求时尚，崇尚个性的心理，给人以眼前一亮的感觉。个性化在时装界表现尤为突出。在每一年巴黎时装博览会上，各式各样的时装纷纷登场，或清新高雅，或热情奔放，或温婉细腻，或野性十足，每一款时装都有自己的特色，充分体现了现代人对于个性的追求。

康佳集团在彩色电视机技术已经十分成熟的情况下，以个性化为原则，抓住彩色电视机“机壳”颜色单一的问题，开发出外壳颜色亮丽并且带有图画的电视机——“康佳七彩小画仙”。产品推出后，得到了追求个性、追求时尚的年轻人的青睐，迅速在市场上获得成功。

当产品开发进入技术成熟阶段后，新产品开发创意应该更多关注消费者的个性。如果新产品带有鲜明的个性，其竞争力就会增强，在市场上就会出奇制胜。

（4）新产品创意可以来自于偶然

新产品的创意有时可能由于某些偶然发生的事件，发明者抓住了这一瞬间的灵感，导致了意想不到的发明。

安全剃刀是一个名叫金·坎普·吉列的美国人发明的。当时，人们剃胡子时用的刀子和现在理发师用的差不多。一天，吉列站在镜子前刮脸，一不留心，下巴上刮破了一个口子。这时吉列想，这种刀子太不好使了，应该有一种安全的剃刀。突然，他产生了一个念头：为什么不能用一种预先磨好的刀片再加上一条护档，这不就又安全又方便了吗？

在这之前，已经有人想到在普通剃刀上加一条护档，可是刀片还需要经常磨很不方便。吉列的想法比较先进，由于刀片是预先磨好的，可以改变刀柄的安装位置，用起来就更顺手了。他经过不断努力，又解决了大量生产这种刀片的工艺问题，终于使这项发明普及世界各地。

日本的板矢岩雄原来仅经营一个小铁工厂，一个严冬的早晨，他的太太戴着橡胶手套做饭，由于不小心，手中的瓷盘子滑落在地，摔得粉碎。板矢岩雄目睹这一切时，忽然想到：如果手套的掌面是粗糙的，不就可以避免甩掉盘子了吗？

他很快请人申请了专利，并组织大量生产。由于生意兴隆，他就关闭了原来的铁工厂，专心从事橡胶手套的生产。

二、新产品市场开发中的策略

新产品市场开发与主导技术、主导设计的环境有关。一项主导设计导致了一个主导产品系列的产生，它的出现结束了技术不稳定的局面，也使许多相同的设计多数被排挤出产品系列。一种主导产品一旦确定下来，围绕它的大量的相关开发就会推动边际技术进步。例如，卡尔森施乐静电复印机的基本技术确定下来以后，围绕这项主导技术所累积的技术成果使该产品的速度、质量大幅度提高，并降低了单个复印件的成本。

技术变迁是一点一滴的积累过程，直到它被一个新的重大进步打断。重大的技术发明代表了重大的技术进步，以至于旧技术的规模、效率、设计都无法与新技术抗衡。因此，新产品系列的出现（如汽车、普通复印机）、产品替代（如晶体管替代真空管、柴油机替代蒸汽机）、基础产品的改进（如喷气机替代蜗轮喷气式飞机）、工艺替代（如机械制冰替代收集天然冰，人造宝石替代天然宝石）都可以成为产品开发的内容。新产品开发策略可以分为突破型（产生新的产品系列）和替代型两大类，具体的开发策略有以下几种：

（1）勇立潮头

有人问化学家波尔："为什么您总会站在科学发展的潮头呢？"波尔说："你难道没有看到这大潮正是我涌起的么？"在任何领域，第一个吃螃蟹的人都会得到意外的收获。新产品开中使用新技术存在着较高的技术风险，但也蕴含较高的技术回报。例如，二战后，柯达公司研制了"傻瓜相机"引发了照相机的革命。柯达公司的管理层发表了一项声明："所有厂家都可不必通过柯达公司的同意而制造傻瓜相机，本公司愿意提供服务和咨询。"当其他公司争相效仿制作相机时，柯达公司悄然退出相机战，转而开发胶卷和相纸，从而获得巨大成功。

（2）高瞻远瞩

进入信息时代，消费者所需的产品日新月异，有识之士根据对市场信息的分析，洞察产品及产业发展趋势，预测社会发展需求超前开发产品就可以赢得市场先机。辽宁省锦州市万得总公司，原为一家生产特种变压器的工厂，厂长在分析市场信息是感觉到摩托车、小排量汽车大发展的趋势，便集中优势科研力量、研发了高质量的减震器，适时投入市场，产品迅速走俏，一度占有国内市场的 70% 份额，企业不仅走出困境，而且迅速发展城较大规模的企业集团。

（3）创新进取

我国著名的青岛海尔集团，1984 年创业之初只是一个集体企业小厂，只能生产一个型号的冰箱，后来逐渐发展成一个冰箱系列，在国内冰箱市场占据一席之地。但是他们并不满足于现状，一方面提高产品质量，打造冰箱名牌；一方面拓展产品范围，开发洗衣机、电脑、电视、手机等新产品，使企业成为家电市场的龙头企业。海尔人认为，市场是不断变化的，企业在市场的大潮中，好比逆水行舟，不进则退，要想站住脚跟，必须不断创新。几年来，海尔不断有新产品问世。小小神童刚出来以后就马上有人模仿，所以海尔很快推出了第二代，不等你学第二代，他们又推出了第三代。他们先后开发了国内首创的“有640种洗涤程序，洗涤、甩干时间、漂洗次数无级可调”的“百变神童”洗衣机；解决线屑过滤难题的“天罗地网，线屑过滤一丝不留”的“多过滤”洗衣机；实现水流技术革新、可产生强劲反射水流，洗涤更干净、无死角的“多面洗”洗衣机等。此外还有“带烘干功能”的洗衣机；根据衣物多少，可自动添加洗衣粉的洗衣机；具有紫外线杀菌功能的健康型洗衣机等众多具有独特功能特点的个性化高科技产品。最近，海尔集团利用先进的纳米涂层技术生产的海尔微波炉在德国科隆博览会上引起轰动。

到2001年，海尔集团已实现全球营业额602亿元，成为中国家家电第一名牌企业。海尔集团的足迹说明，只有创新，不断地开发新产品，才是企业不竭的动力。

（4）步步为营

进行产品开发可以部分采用新技术，这样产品就可以逐步提高技术水平。这种步步为营的方法，主要通过工艺替代实现新产品开发。例如，浮法玻璃工艺代替了玻璃加工工艺中的研磨、抛光；机制冰代替了采集天然冰；在半导体加工中的平板工艺代替了单晶硅片工艺。这种方法还可能含有对以前的分散的经验的综合，使之成为一个连续的流程（如浮法玻璃）；或可能包含根本不同的工艺（如人造宝石）。应用这种开发策略，产品基本上保持不变，只是它的加工工艺发生了变化。表面上看来，开发的产品不新或不全新，但产品的竞争力却显著增加。

不仅如此，企业都存在固有的主导产品；企业可以充分利用原来的技术和生产基础，实现步步为营的策略。一般情况下，企业利用旧有技术基础，可以对原有产品的功能进行横向和纵向的延展开发新产品，形成产品系列，达到占领市场的效果。

广东格兰仕集团1993年初成立以来，与日本东芝引进技术合作生产的微波炉系列产品，由于质量过硬、营销得法、管理完善，成为现今国内的名牌产品，目前，“格兰仕”已打入了欧洲、美洲、非洲、东南亚等58个国家与地区，在国际上也有良好的声誉。1996年格兰仕微波炉在全国市场占有率约为35%左右。近一两年内，集团公司以微波炉为龙头产品，又开发了电饭煲、空调、电风扇、电热水器等产品，使企业成为电器行业的一颗新星。

（5）熟化技术

这种策略是以在一个产品系列范围内现存的技术诀窍为基础而建立的，它并不是对旧技术的补充，而需要精通旧技术使之熟化。新产品可能产生比先前产品的一个呈数量级的飞跃，但却是建立在技术诀窍的基础之上的。在具体的开发中，使用熟化技术策略主要是进行二次开发；也就是利用高新技术对旧有的产品进行再开发，使产品获得改进与提高。它不但可以使产品的生命周期得到延长，而且可以大大减少开发成本的投入，更好地获得更多经济效益和社会效益。

IBM 的 360 系列主要是在价格上、性能上、特征上比以前的类型有所提高。但它是在综合了熟悉的技术上开发出来的。飞机和轮船制造商充分利用现有知识和技术并迅速吸收补充技术，风扇式喷气飞机及螺旋桨的引入大大提高了喷气机和航海用蒸汽船的速度。这些建立在原有知识和技术基础上的新产品开发不仅使产品不断进步，而且成为随后技术发展的基础。产品进入市场以后，利用高新技术从结构、工艺角度对产品进行再研究、再开发，就可以使新产品更加完善，使产品的竞争力提高，收到意想不到的效果。

（6）借鸡生蛋

新产品开发如果仅仅靠企业自身是难以实现的。因此，要开发新产品，特别是高新技术新产品，就要广开门路，借助高校、科研机构的力量实现开发，共同开发新产品。企业可以为高校、科研机构提供经费和试验条件，高校、科研机构可以为企业提供技术支持和解决方案。这样，既可以发挥高校、科研机构的技术优势，使科研成果迅速进入市场，转化成生产力；又可以使企业获得了潜在的市场产品、提高了开发能力，拥有了技术保障。同理，企业还可以吸引国内外的风险投资，解决产品开发中的资金不足问题。

不仅如此，利用专利技术也是一种有效的办法。购买专利是“借鸡生蛋”策略的重要表现。专利技术一般都是实用性强的技术，企业通过购买专利，可以节省研究费用和研究时间。因此，在经过详细认真的市场分析和调查研究之后；企业应该果断购买适合本企业新产品开发过程中使用的专利技术。购买、使用专利，可以获得最新方法的使用权，在此基础上进行二次开发，可以使企业获得更大的效益。在日本，一项专利可以连锁开发上百种新产品；1 美元的专利购买费用可以获得几百乃至上千美元的效益。

（7）集成开发

现代消费者往往对产品的多功能性提出很高的要求。因此，通过集成开发，就可以增加产品功能，缩小产品的体积，给用户带来方便。电子技术的发展使电子产品的集成水平迅速提高，集成技术使计算机、手机等一系列电子产品的体积更小、功能更全。不仅如此，集成开发技术在其他领域中也有应用。"傻瓜照相机"的开发就是一个例子，传统的照相机闪光灯的体积与照相机的体积不相上下，并且对于一些非专业人士来说，要调好焦距是一件很困难的事。"傻瓜照相机"把闪光灯集成到照相机内部，又设计了自动调焦的功能，很快成为畅销产品。

（8）见机行事

企业新产品开发的过程，离不开市场；市场是动态发展的，要做好新产品开发就要善于捕捉市场信息，一旦信息有利于企业发展，则要迅速抓住机会（有时甚至是市场需求的缝隙），及时开发新产品填补市场空白。

1999 年 9 月 21 日，我国台湾发生了大地震，使占全球约 12% 的芯片、75% 的主板、40% 的笔记本电脑产量的台湾电脑业遭受了重创，引发了一场震撼全球电脑业的"大地震"。韩国作为电脑内存主干芯片的主要产地，与台湾同行一直是强有力的竞争对手，"大地震"对其而言，无疑是一次天赐良机。韩国的芯片厂商立即敏锐地看出这场天灾将给其整个半导体产业带来"巨大的反射利益"，迅即进入"非常"状态，抓住良机，加班生产抢占市场。该公司月产量大幅增加，2000 年销售额比前一年增加 500 多亿韩元。

妩媚动人的香港影星张曼玉在《花样年华》中据说穿了 20 多套旗袍，将其动人的身体曲线展现得淋漓尽致，加之电影中浓厚的怀旧情绪，立刻在全世界掀起了旗袍热。哈尔滨一家刚刚开业的婚纱店以"花样年华"为店名，搜集了上百套旗袍，还开展了量身定做服务，专门满足新娘们的复古愿望。由于市场定位准确，抓住了与电影同步的时机，该婚纱店一开张就顾客盈门。

（9）专向开发

专向开发是指开发者根据某些特定的消费者进行的专门的新产品开发。这种开发要充分关注消费者的地区差异、宗教信仰、生活习惯等特殊条件，而后才能进行产品的开发。就以奶粉的开发为例：普通奶粉是对牛奶进行加工提炼，再加入一些其他原料精制而成。后来，为了适应婴儿发育的特殊需要，又在奶粉中添加了锌、钙等元素，制成婴儿奶粉。继而又出现了专门适合中老年人的奶粉。为满足糖尿病人消费人群的特殊要求，开发者研制出了无糖月饼。北方的空调一般具有冷、暖风两种功能；而在海南，由于天气暖和，冬季一般不用开空调。设计者就根据这一特点，设计出只能产生冷风的空调，从而降低了成本，这种产品在广东、海南一带很受欢迎。这些设计正体现出专向开发的价值。

三、新产品市场开发与市场的关系

新产品开发的最终目标是占领市场、满足消费者的需求、创造经济效益。因此，当新产品开发的技术难题被成功解决以后，开发的关键就变成如何使新产品形成生产规模、如何使产品成为畅销商品。要完成这一任务，就需要考虑新产品开发与市场关系问题。新产品开发要关注市场的变化，主动开发市场，紧跟市场开发产品。

1. 新产品开发必须适应市场

新产品是为市场而生的，因此在新产品开发，特别是新产品专向开发过程中，要以市场为核心，要尽可能考虑产品的个性，适应消费者的生活环境。例如，美国空调曾经在中东市场上一统天下，但由于中东地区特殊的气候条件，空气对空调的腐蚀性很强，造成空调产品在当地使用寿命明显缩短。日本厂商发现这一问题后，针对中东地区特殊的气候条件形成的市场进行新产品开发，克服了美国空调产品的缺点，对空调产品设计进行大力改进，专门设计了适合中东地区特殊的气候条件的空调新产品。该产品投放中东市场后，在良好的售后服务配合下，很快得到中东地区用户的认可，迅速取代了美国空调，占领了中东市场。

新产品开发的首要任务就是市场分析。要想使本企业的产品适应市场，就要加强对原有市场的分析。有些商品理应是市场上的畅销产品却不受消费者认同，就需要分析产品滞销的原因，然后开发者可以根据这一原因决定市场开发策略。这一方法在开发者利用原有产品开拓市场的过程中效果显著。

麦当劳和肯德基是西方著名的快餐，在世界各地都很受欢迎。但是，麦当劳刚在中国内地建分店时，生意并不好。通过对消费者进行调查，他们发现中国人并不是不喜欢吃汉堡，而是不喜欢在食品中放过多的奶油。于是，麦当劳老板决定按中国人的口味，改变了汉堡的配方，在制作汉堡时减少了奶油的含量，这种食品很快流行起来。

2. 引起消费者注意有助于开发新产品市场

20世纪50年代，法国白兰地酒为了打入美国市场，经周密计划，决定借助美国人民的友谊大做文章。时机选在当时美国总统艾森豪威尔的67岁寿辰。为此，他们通过不同的媒体向美国人民宣布了下面的消息:“法国人民为了表达对美国总统的友好感情，特选赠两桶极为名贵的、酿造已达67年之久的白兰地酒作为贺礼。贺礼将由专机送抵美国，白兰地公司为此支付了巨额的保险费用。总统寿辰之日，将举行隆重的赠酒仪式，穿着宫廷侍卫服侍的法国人将把名酒抬入白宫，献给总统装白兰地的酒桶是法国著名艺术大师的精心杰作。”

美国的各大报刊、电台连篇累牍地报道了此事，抓住了千百万人的心，运送两桶白兰地酒的传说，立即成了华盛顿市民的热门话题。名酒送抵华盛顿那天，机场通往白宫的沿途街道，挤满了数以十万计的观众，盛况空前；美国国内所有报刊对赠酒仪式的报道几乎覆盖了头版的整个版面，为法国白兰地酒作了义务宣传。

就这样，法国白兰地酒巧用轰动效应，挤掉了所有竞争对手，不费吹灰之力地昂首走上了美国的国宴及其他交际场所。

引起消费者注意，也可以利用反向思维。例如，有一种皇冠牌香烟欲打入某海员基地。由于该种香烟在基地默默无闻，经营者想了一奇特招数。他们到处张贴“禁止吸烟”的印刷传单，同时在印刷品的下面若无其事地注上一行小字：皇冠牌香烟也不例外。不出所料，这行小字激起了吸烟者购买的欲望：“吸烟有害健康，皇冠牌香烟也不例外。显然，这种烟一定是好烟。”于是，想买一盒尝尝的吸烟者纷至沓来。结果，禁止吸烟的宣传品表面起到公益作用，实则是推销香烟的绝妙广告。

通过宣传引起消费者注意，可以促进新产品市场培育。

日本有家咖喱粉公司，十多年前由于其产品滞销，公司入不敷出，濒临破产。新上任的总裁经过长时间的思考，决心东山再起。不久，他在日本各主要报纸上登了一条惊人的启示：“我公司决定雇直升机数架，飞临白雪皑皑的富士山顶，把大量咖喱粉撒在山顶上。”该广告一出，举国上下，舆论哗然，有人提出了激烈的批评：“富士山非你一家私产，岂容你将它改头换面！”“我们将提出上诉！”等等。

这家公司此举看上去是弄巧成拙，实际上却是虚张声势而已。没几天，该公司又在报纸上发表郑重声明：“本公司因考虑社会的强烈反对，决定撤销原计划。”该公司因此声名大噪，尽人皆知。因而，它的咖喱粉变得十分畅销。

开发新产品市场要注意一切机会，对产品不利的信息，如果处理得当，同样也会有利于市场开发。

3. 要善于培育新产品市场

当代世界正处于“商业饱和”的时代，商家要立于不败之地就必须首先研究同行业的情况；只有制定出与众不同的、具有自己企业特色的经营方式，才能在激烈的商战中获得胜利。只有创造出他人无法效仿的经营模式、形成别人无法替代的特色，才能做到始终领先于竞争对手。

刚开发出的新产品，可能存在这样或那样的不足；要提高产品质量、打好服务大战，就必须不断发现新产品的缺点，不断完善产品质量，并且将这一手段延续到销售之后。企业自身在寻找缺点上相对要弱于消费者。因此，应将产品投入与开发者无关的人群，接受检验，让使用者为产品提缺点、找不足。这样，生产者就会更多的发现问题，使产品迅速得到完善。天津圣罗衬衫总厂在开发“太空棉衬衫”产品之初，将产品投放市场后，便在中央人民广播电台《经济与社会》栏目中开办“圣罗空中挑剔者沙龙”，请全国消费者为产品提意见，并对提出意见者给以奖励。几年的时间该厂的产品质量迅速提高，新产品接二连三的出现，取得较好的经济效益。

培育新市场的重要任务是培养消费者的消费观念。在分析新产品市场潜力、进行市场开发决策时，培养消费者的消费观念的作用不可低估，要达到这一目标就要多角度考虑问题。人们常用“凡事预则立，不预则废”的古训来提醒自己，这里的“预”，也包括着把事情转换角度想一想。

美国人推出纸尿布时，想当然地以“方便”为招徕，以为能大受母亲们的青睐。其实不然，历经20年还没有占有到市场1%。调查发现，用纸尿布，母亲们产生一种没有尽到母爱的内疚感，每当婆婆来看孩子时，母亲们就把纸尿布藏起来。后来，厂家加大宣传力度，强调纸尿布保护婴儿皮肤，可防止尿布湿疹，这才使产品大受欢迎。

当前，为了节约资源，保护环境，绿色制造、绿色消费等概念成为一种时尚。倡导绿色消费，不仅是一种公益性宣传，也为绿色产品培育了广阔的市场。正因为人们建立了一种绿色消费的观念，才使绿色食品、绿色环保冰箱成为市场的宠儿。

4. 广告是新产品市场化的有效手段

广告在新产品市场化过程中作用很多，比较重要的有以下几点：

首先，广告可以提供产品信息，引起消费者注意。通过广告可以将新产品的功能、特点、品牌、价格、销售地点的相关信息迅速传递给消费者，帮助消费者了解产品。

其次，广告可以唤起需求，引起兴趣。例如：胃药“斯达舒”的广告，以一个人进入胃里进行破坏，胃的反应为切入画面；用胃痛吗？胃酸吗？胃胀吗？三个反问引起兴趣，引出胃药“斯达舒”的功能，唤起胃病患者需求。

最后，广告可以树立形象，扩大市场。新产品进入市场，通过广告宣传其特色，可以消除消费者对新产品的疑虑，方便新产品的市场定位，并为企业树立形象及在后续竞争中不断扩大市场打下了基础。

一般情况下，新产品的广告设计应遵循以下几项原则：

（1）吸引力强

发布新产品广告的目的是引起人们对产品的关注。因此，广告要能够引起人们注意和态度变化；广告的主体和表现形式尽量要生动、有趣；这样才能对人的感官产生强烈刺激，使新产品在消费者记忆留下深刻印象。

例如，步步高无绳电话的广告：电话铃响起，主人忙提着裤子从厕所中跑出来，慌乱之中被裤脚绊了一跤，摔倒在地上。然后打出广告词："有了步步高无绳电话，哪能如此尴尬。"接着是主人悠闲地坐在沙发上打电话的镜头，"喂，小丽呀……"这则广告既搞笑，又生动，让人在笑声中记住了步步高这一品牌。

（2）真实可信

新产品的生命是产品的质量，因此广告必须真实。如果夸大其词，做虚假广告，必然最终损坏新产品形象。

日本西铁城手表商为了在澳大利亚打开市场，提高手表的知名度，竟出人意料地采用直升机空投的方式，从高空把手表扔下来，落到指定的广场上，谁拾到就送给谁。这一招果然引起轰动，成千上万名观众拥到广场，看着一只只手表从天而降，着地后居然完好无损，于是消息不胫而走，西铁城的名声也随之传开了。

（3）简洁明快

发布新产品广告的目的是引起人们对产品的关注。如果广告多余的信息太多，势必影响消费者对新产品的印象。广告设计过程中，要尽量用最简洁明快的表达形式表现最大量的信息内容。

例如：平安保险公司在北京寻找了许多百岁老人，拍了一则广告，广告中老人们只说了一句话："这辈子，还是平安好。"可谓一语双关，简洁明快，一语中的。

（4）风格独特

当代社会同类产品众多，要使新产品迅速得到认可，就必须使广告风格独特。这样产品广告就具有鲜明的个性，新产品就可以迅速区别于竞争者的产品。要做到这一点，广告设计者就应努力做到立意新颖，使广告有独到之处；广告给人一种耳目一新的感觉，就会使人得到情感上的满足。这样，企业就可以迅速树立新产品的形象。

例如，1983 年美国一家厂商想把他们生产的"超级 3 号胶"打入强手如林的法国粘胶市场，他们寄希望于巴黎著名的奥布尔雅和马瑟广告公司。设计师们果然不负所托别出心裁：他们先在一个人鞋底上点上四滴"超级 3 号胶"然后把这个人倒粘在天花板上，持续 10 秒钟，为破除造嫌疑，整个过程都有人当场监督鉴定。

广告一经播出，立即引起极大轰动，不到半年"超级 3 号胶"就在法国打开了市场。

不愿承受沉重打击的其他胶商们各展奇思。英国阿拉迪特公司，他们在闹市街头树起了一块硕大的广告牌，用自己的胶液涂在一辆小汽车的四个轮子上。在将汽车悬粘在广告牌上，长期展现在路人面前；南非一家公司更是棋高一招：他们请来一名特技演员身上绑上背带，再用公司卖的胶涂在一架直升飞机上，待观众达到一定数量之后，飞机粘着演员在空中盘旋 40 分钟。

这些风格独特的广告招数都为企业的产品树立了良好的形象带来了丰富的利润。

第七章　创业路演及其相关活动的技巧

第一节　创业计划展示的技巧

创业计划书展示是整个路演活动期间最为核心的环节，既是对较长一段时间以来，创业者对创业项目调研成果的集中检验，也是全面展示创业团队各成员风采的时机。创业者经过调查研究、完成撰写创业计划书工作，就可以参加集中展示了。做好集中展示是赢得风险投资人青睐的关键。

一、团队展示的基本问题

由于游说答辩还将做专门阐述，下面重点分析团队展示的技巧。要实现团队展示的目标，建议参加路演活动的创业者要把握如下几条整体原则，在此基础上再从思维上调整，使用技巧实现目标。

首先，要把展示创业计划书陈述和视频展示当作一个整体和系统，并为答辩环节打下基础。存在于系统整体中的部分，无论该部分是否能作为相对独立的部分都应具有作为整体的部分的内在根据，例如汽车的轮子可以作为独立部分存在，而人的手、脚则不能离开整体独立存在。这种部分只有在整体中才能体现它具有部分的意义，一旦离开整体，这个部分就失去了整体的、部分的意义；此种特性也称之为系统的不可还原性。无论是简单的二元系统还是多元的复杂系统均具有此种特性，如氧原子、氢原子各有其固有特性。氧原子与氢原子按规律组成的二元系统是水，有与氢和氧完全不同特性。一旦水分解为氧原子和氢原子，也就失去了整体系统“水”的意义。因此，不能把创业计划书陈述和视频展示割裂来看，要把视频展示作为创业计划书陈述的基础。一般视频容易给风险投资人留下更深刻的印象，所以要尽量用视频把比较难以用语言和 PPT 阐述清楚的问题说清楚。要做到这一点，需要从确定问题、开始调研、设计问卷、数据整理、文稿写作等环节就要树立整体意识，这样自然而然就会实现创业计划书陈述和视频展示有机结合的目标。

其次，要争取创业小组全部上台展示，并争取做到每个人在展示环节中都有比较好的表现。如果能够创业小组全部上台展示必然会给风险投资人留下团队团结、分工合理的印象。为了加深风险投资人的这个印象，还要尽量保证每一个小组成员在陈述过程中所承担的工作差不多，这样就会显得组内任务更加均衡。

再次，要适当为答辩做出预设性准备。在准备的时候，可以请组内成员、指导老师，如果条件允许可以外请一些对所要提交创业计划书背景了解程度没有团队成员多的人向“创业者”提问;这样可以模拟一些重点问题，就可能遇到风险投资人在现场提出的问题。

最后，控制好展示时间。路演活动是一项以短时间评判为依据的活动，因此，时间控制很重要。如果超时，会给风险投资人留下规划能力不强，时间管理能力不强的印象;如果用时不足，也会给风险投资人留下前期准备工作单薄，不够充分的印象。

在上述总体指导思想指导下，提高思维能力是提高团队展示能力的核心技巧。

一个小伙子为了参加毕业典礼，买了条裤子，可惜裤子长了两厘米，于是，就在晚饭的操作上，跟奶奶、妈妈、姐姐讲了这个问题。可是，大家都没有反应。吃过晚饭，大家都去忙自己的事情，这件事就没有被再提起。饭后妈妈睡得晚，临睡前想起儿子明天要穿的裤子还长两厘米，就把裤子剪了两厘米，叠好放回原处，半夜姐姐去卫生间户，突然想起弟弟的裤子，于是把裤子剪了两厘米叠好放回原处，奶奶早晨起得早，想起阿东的裤子的事，于是又剪了两厘米放回原处。最后，看着短四厘米的“新潮”裤子，小伙子只好放弃了穿新裤子去参加毕业典礼的念头。

这个看上去有一点“恶搞”的笑话，的确可能在生活中发生过。看这个案例，我们第一反应大多是:人际沟通是十分重要的。然而，即便没有面对面的沟通，如果每一个人的思维是严密的也不会出现案例中的尴尬局面。因为家里人的身高是清楚的，如果在剪裤子之前量一下裤子，问题就不会出现。如果没有思维能力，书面表达能力和口头表达能力将无法实现;如果没有创造性思维能力，即便书面表达能力和口头表达能力很强，也很难在面对难题时，有不落俗套的想法，进而拿出令人信服的解决问题的办法。所以可以说，要提高人际沟通能力，尤其是团队展示能力。就需要全面提高上述能力。因此，要提高团队展示效果，结合提高团队展示环节提高思维能力才是解决问题的关键。

思维可以弥补沟通不足，更能保障沟通顺畅。思维能力是提高人际沟通能力的基础。什么是思维？这是个见惯不惯的问题。日常中人们所说的“想一想”“考虑考虑”“思之再三”“沉思良久”“深思熟虑”“猛然醒悟”“眉头一皱计上心来”，乃至“设想”“反思”“抽象概括”“逻辑分析”“判断推理”……都属人们的思维活动。然而深入理解思维的本质，涉及“生理学”“心理学”“哲学”“语言学”“创造学”等多个科学领域，蕴含深刻。因而，为思维下个定义，则又是个“仁者见仁，智者见智”的问题。为了有助于对“思维”的理解，我们从以下几个方面对思维的意义加以解释。

首先，从生理学角度认识思维是“能”的一种形式，是脑的一种职能。脑的这种职能是用于思考问题的（恰如写字是手的职能），思维过程是思考问题的过程，即大脑对信息进行加工、整理、复制或再生产的过程。

其次，从语言学角度认识，思维可以定义为：用语言或符号思考。表达一种观念的过程，一定的思想形成的过程。在汉语中“思维”“思考”“思索”是同义词或近义词，表达或含有思维意义的词，还有“思”“虑”“悟”等。特别是知心，知心是墨家学派给思维创造的独特会意字，其涵义是“以其知论物”，可见思维可以理解为以已有知识对事物的思考。单就词义而言，“思维”是由“思”与“维”构成的概念词。“思”字义为“想”或“思考”，“维”可以理解为“序”或“方向”，据此“思维”可解释为“有秩序的或沿着一定方向的思考”。

再次，从心理学角度认识思维。思维是精神生产的过程，是人脑对客观事物的间接的和概括的反映。

最后，从逻辑学的角度解释思维。思维就是指人脑利用已有的知识，对记忆的信息进行分析、计算、比较、判断、推理、决策的动态活动过程，是获取知识及运用知识解决问题的根本途径。

思维是人类区别于其他动物的最根本的特征。在自然界优胜劣汰的竞争中，人类能成为世界的主宰，是因为人有任何其他动物无法比拟的思维能力。人依靠思维展现无限的智慧，不断探索、了解、利用、征服和改造自然，追求不断地发展，并主宰着世界。

二、公开展示发言的典型案例

1955 年的万隆会议上，周恩来总理的补充发言可以说是用严密的思维实现有效沟通的典范。在参加万隆会议的 29 个国家中，只有 6 个国家同我们建立了外交关系。而“美国希望根本就不要召开万隆会议”，攻击中国要“夺取亚非世界的领导权”，同时还用经济援助的把戏吸引亚非国家的注意力。大会第一天，伊拉克外交大臣贾马利就直截了当地攻击共产主义是“新式殖民主义”，欲图挑起争论。整个会场的气氛顿时紧张起来了。

为了把万隆会议的方向扭转到团结合作的正确轨道上来，同时树立新中国真诚友好的形象，周总理临时决定把原来的发言稿印发给与会代表，并利用 19 日中午的休息时间，亲自赶写了一则补充发言。

下午 4 时 45 分至 5 时 03 分，一共 18 分钟，周总理站在了万隆会议讲台上。刚才还有人低声议论的会场一下子变得鸦雀无声，各国代表想看看这个新诞生的大国的总理会说些什么。会议的工作人员都站在过道中，整个会场挤得满满的。周恩来总理的发言是这样的：

主席，各位代表：

我的主要发言现在印发给大家了。在听到了许多代表团团长的一些发言之后，我愿补充说几句话。

中国代表团是来求团结而不是来吵架的。我们共产党人从不讳言我们相信共产主义和认为社会主义制度是好的。但是，在这个会议上用不着来宣传个人的思想意识和各国的政治制度，虽然这种不同在我们中间显然是存在的。

中国代表团是来求同而不是来立异的。在我们中间有无求同的基础呢？有的。那就是亚非绝大多数国家和人民自近代以来都曾经受过、并且现在仍在受着殖民主义所造成的灾难和痛苦。这是我们大家都承认的。从解除殖民主义痛苦和灾难中找共同基础，我们就很容易互相了解和尊重、互相同情和支持，而不是互相疑虑和恐惧、互相排斥和对立。这就是为什么我们同意五国总理茂物会议所宣布的关于亚非会议的四项目的，而不另提建议。

本来，对于美国一手造成的台湾地区的紧张局势，我们很可以在这里提出如同苏联所提出的召开国际会议谋求解决的议案，请求会议加以讨论。中国人民解放自己领土台湾和沿海岛屿的要求是正义的，这完全是内政和行使自己的主权，并得到许多国家的支持。我们也很可以提议会议讨论承认和恢复中华人民共和国在联合国的合法地位问题。去年，科伦坡五国总理会议，还有亚非其他国家，都曾经支持中华人民共和国在联合国的地位。而且，中国在联合国所受的不公正待遇，也可以在这里提出批评。但是，我们并没有这样做。因为这样一来，就很容易使我们的会议陷入对这些问题的争论而得不到解决。

我们的会议应该求同而存异。同时，会议应将这些共同愿望和要求肯定下来。这是我们中间的主要问题。我们并不要求各人放弃自己的见解，因为这是实际存在的反映。但是不应该使它妨碍我们在主要问题上达成共同的协议。我们还应在共同的基础上互相了解和重视彼此的不同见解。

现在，我首先谈不同的思想意识和社会制度问题。我们应该承认，在亚非国家中是存在有不同的思想意识和社会制度的，但这并不妨碍我们求同和团结。第二次大战后，亚非两洲兴起了许多独立国家，一类是共产党领导的国家，一类是民族主义者领导的国家。前一类国家并不多。但是某些人所不喜欢的，就是6万万中国人民选择了中国共产党领导的、属于社会主义体系的政治制度，而不再为帝国主义所统治了。后一类国家很多，像印度、缅甸、印度尼西亚和亚非许多国家都是。我们这两类国家都是从殖民主义的统治下独立起来的，并且还在继续为完全独立而奋斗。我们有什么理由不可以互相了解和尊重、互相同情和支持呢？五项原则完全可以成为在我们中间建立友好合作和亲善睦邻关系的基础。我们亚非国家，中国也在内，不论在经济上或文化上都很落后。我们亚非会议既然不要排斥任何人，为什么我们自己反倒不能互相了解、不能友好合作呢？

次之，我要谈有无宗教信仰自由的问题。宗教信仰自由是近代国家所共同承认的原则。我们共产党人是无神论者，但是我们尊重有宗教信仰的人。我们希望有宗教信仰的人也应该尊重无宗教信仰的人。中国是有宗教信仰自由的国家，它不仅有700万共产党员，并且还有以千万计的回教徒和佛教徒，以百万计的基督教徒和天主教徒。中国代表团中就有虔诚的伊斯兰教的阿訇。这些情况并不妨碍中国内部的团结，为什么在亚非国家的大家庭中不能将有宗教信仰的和没有宗教信仰的人团结在一起呢？挑起宗教纷争的时代应该过去了，因为从挑起那种纷争中得到利益的并不是我们中间的人。

第三，我要谈所谓颠覆活动的问题。中国人民为反对殖民主义所进行的斗争超过100年。中国共产党领导的民族、民主的革命斗争也经历了近30年的艰难困苦的过程，才终于达到了成功。中国人民在帝国主义、封建主义和蒋介石统治下所受的苦难是数也数不尽的，最后才选择了这个国家制度和现在的政府。中国革命是依靠中国人民的努力取得胜利的，绝不是从外输入的，这一点连不喜欢中国革命胜利的人也不能否认。中国古话说：“己所不欲，勿施于人。”我们反对外来干涉，为什么我们会去干涉别人的内政呢？有人说，中国在国外有1000多万华侨，可能利用他们的双重国籍来进行颠覆活动。但是，华侨的双重国籍问题是旧中国遗留下来的，蒋介石至今还在利用极少数的华侨进行对所在国的破坏活动。新中国的人民政府却准备与有关各国政府解决华侨的双重国籍问题。又有人说，在中国境内有傣族自治区威胁了别人。中国境内有几十种少数民族共4000多万人，其中傣族和相同系统的壮族将近千万人。他们既然存在，我们就必须给他们自治区权利。好像缅甸有掸族自治邦一样，在中国境内各个少数民族都有他们的自治区。中国少数民族在中国境内实行自治权利，如何能说威胁邻邦呢？我们现在准备在坚守五项原则的基础上与亚非各国，乃至世界各国，首先是我的邻邦，建立正常关系。现在的问题不是我们去颠覆别人的政府，倒是有人在中国的周围建立进行颠覆中国政府的据点。比如在缅甸边境就存在着蒋介石集团的残余武装分子，对中缅两国进行破坏。因为中缅友好，我们一直尊重缅甸的主权，信任缅甸政府去解决这个问题。

中国人民选择和拥护自己的政府，中国有宗教信仰由，中国决无颠覆邻邦政府的意图。相反的，中国正在受着美国政府公言不讳地进行颠覆活动的害处。大家如果不信，可亲自或派人到中国去看。我们是容许不知真相的人怀疑的。中国俗语说："百闻不如一见。"我们欢迎所有到会的各国代表到中国去参观，你们什么时候去都可以。我们没有竹幕，倒是别人要在我们之间施放烟幕。

16万万亚非人民期待着我们的会议成功。全世界愿意和平的国家和人民期待着我们的会议能为扩大和平区域和建立集体和平有所贡献。让我们亚非国家团结起来，为亚非会议的成功努力吧！

周恩来总理这篇演讲更是一篇优秀的公开展示发言，不回避分歧，直言中国代表团目的，就迅速把与会者的注意力吸引到自己的发言上来。这是进行集中展示工作必须掌握的首要技巧。正因为如此，周恩来总理一开始讲话，很多人马上奋笔疾书；当他发言结束时，全场爆发出热烈的掌声。印尼、印度、缅甸三国总理等纷纷离座，争相同周总理握手。就连之前态度一直非常强硬的菲律宾外长罗慕洛都高度评价周总理的讲话是"出色的、和解的，表示了民主精神"。

三、团队展示的典型技巧

在团队展示活动中，思维和表达技巧主要表现为如下8个方面，结合这几方面特点进行展示工作，对更好地阐明自己的观点，让提交的创业计划书得到风险投资人的认可很有帮助。

1. 高度概括

概括性是思维最显著的特征，思维之所以能揭示事物的本质和内在规律的关系主要来自抽象到具体的过程，这一过程是通过分析、综合、比较、抽象、概括等思维活动来实现的。

整体和部分是自然界普遍存在的一对基本矛盾。思维的分析与综合操作就是思维主体对认识对象目标进行分解与组合。分析，是把客观对象的整体分解为一定部分、单元、环节、要素并加以认识的思维方法；综合是在分析基础上把客观对象一定部分、单元、环节、要素的认识链接起来，形成对客观对象统一整体的思维方法。人通过分析，综合在头脑中获得对客观现实更全面，更本质的反映。分析与综合是彼此相反又紧密联系的过程，没有分析，就不能清晰地认识客观事物不同组成部分的独立属性、特征与功能及其在整体中的意义、作用、贡献和部分之间的区别、依存与联系。没有综合就无法完整地认识客观事物的整体属性、结构与功能。认识客观事物，分析与综合是必不可少的思维过程。只有分析没有综合只能形成对事物片面的、支离破碎的认识；只有综合没有分析，只能形成表面的认识。因此，不论认识任何一种事物都要对该事物进行分析、综合，分析越细微、越全面，综合就越全面、越完美。在分析基础上的综合，对思维与认识客观事物才是有意义的和完备的。

比较是鉴别、判定事物之间共同点和差异点的思维过程。经过分析与综合，认识了事物的许多特点和属性，为了进一步认识和辨别某一事物，还要在分析、综合的基础上，对与该事物相似的或对立的事物进行比较，找出其间的共同点与差异，以进一步了解该事物的本质属性与客观规律。比较是分析与综合的认识延续，分析和综合则是比较的基础与前提。

抽象是把客观事物的本质和非本质的属性区别开来，从而抽象出事物的本质特征与属性的过程。从事物的诸多属性中首先通过分析，找出事物的本质属性；然后通过比较，找出诸多事物之间的共同属性；最后通过抽象提炼出事物的本质属性，舍弃其非本质属性。

概括，则是指把抽象出来的事物的若干本质属性综合起来，推广到同类其他事物中去，使之普遍化的思维过程。抽象的过程其结果有以下三种类型：第一种类型，如果概括的内容指向各种事物的外部特点和联系，将导致头脑中各种表象的形成；第二种类型，如果概括的内容指向事物内部的共同的本质的特点和联系，则将促成头脑中概念的形成和对事物规律性的认识；第三种类型，如果概括的内容指向事物偶然出现的现象，则概括将带有片面性。

抽象是概括的基础，没有抽象就不能概括。概括就是把分析、比较、抽象的结果进行综合，形成概念。由此可见，概括的作用是使人的认识由感性上升为理性，由特殊上升到一般，从而把思想引向深化，更正确、更全面地反映事物的本质。任何一个概念、一条规律、一个公式、一项原则都是抽象和概括的结果，各种科学知识，都是抽象、概括的产物。

对于任何要解决的问题包括全新的问题，一般的解题程序也是在掌握现有信息的基础上通过分析、综合、比较、判断，抽象出问题的本质属性，并根据其属性进行决策来寻求解决问题的具体方案的。就层次而言，抽象是高级的分析，概括则是高级的综合。抽象与概括同是建立在比较基础上的。概括性在思维活动中有非常重要的作用。首先，抽象和概括是人们形成或掌握概念的直接前提；其次，概括是思维活动的速度、灵活迁移程度、广度和深度、创造程序等智力品质的基础，概括性越高，知识系统性越强，迁移越灵活，人的智力思维能力与创造能力也就越发展；再次，概括是一切科学研究的出发点，任何科学研究的目的，就在于概括出研究所获的成果。因此概括性不但是思维研究与评价的重要指标，概括水平也是衡量人们思维能力与等级的标志；提高概括水平是提高思维能力的重要体现。

著名的演讲家、美国的黑人民主运动领袖马丁·路德·金，在他的著名演讲《我有一个梦》中首先概括自己想表达的关键信息：人人生而平等，这就是沟通表达中概括的作用。

2. 善于使用间接表达等手段

使用间接表达手段使间接性思维结果迅速应用于具体活动，其思维表现就是思维通过其他事物的媒介来认识客观事物。首先就是思维凭借已有知识和经验，对没有直接作用于感觉器官的事物及其属性或联系（无法感知）加以反映（如早晨起来看到房顶湿润、庭院积水就可以断定夜间下雨了）。其次是凭借知识和经验，能对根本不能直接感知的事物及其属性进行反映。也就是说，思维继承和发展了感知和记忆表象的认识功能并远远超过了它们的界限，思维的间接性使人能揭示不能感知的事物的本质和内在规律。再次思维凭借知识和经验，能在对现实事物认识的基础上进行蔓延或无止境的扩展。假设、想象、理解，都是建立在思维间接性作用基础上的，例如在创业计划书方案设计中的预测，就属思维间接性的表现形式，使思维能反作用于实践与指导实践。

前文介绍的在《我有一个梦》中马丁·路德·金关于“梦想”的描述，就是用一种想象的场景间接阐述追求种族平等的理念。

3. 概念严谨

逻辑性特征反映出思维是一种抽象的理论认识，表明思维过程具有一定的形式、方法，并按照一定的规律发展。人们在实践中认识了事物的本质、事物整体及其内部联系并生成概念或结论。

概念是用词语来表述的物的本质属性。概念构成思维的基本元素，概念的研究是研读思维的基础和焦点，是在社会实践基础上通过抽象概括形成的。实践中积累的丰富的感性经验使人们的认识活动不断深化，产生概念。随着社会与科学的发展，概念的内涵与外延也会不断变化，即随着新物质或新规律的发现在不断地深化或生成。判断与推理是在概念基础上进一步的逻辑思维活动。判断是对思维对象作肯定或否定的思维形式和过程，也能表示为思维主体对事物的评价。判断或评价是以客观标准为依据，但同时也反映人的认识水平、情感或愿望。推理是一个或数个已知判断的思维形式，有归纳推理和演绎推理两种主要方式。归纳推理是从事实出发，通过概括从而解释观察到的事物之间的关系得出一般结论。演绎推理是从一般到个别，将理论、原则运用于具体的思维过程。具体、全面、深入地认识事物的本质和内在规律进行较系统的逻辑思维有许多方法可以充分利用，如归纳和演绎的统一、具体与抽象的统一、特殊与一般的统一等。逻辑思维发展一般分为两个阶段：初级阶段——普通逻辑思维阶段，应遵循同一律、排中律和矛盾律三个法则；高级阶段——辩证逻辑思维阶段，则应遵循对立统一，量变质变，否定之否定的思维规律。

前文提到的关于“真维识量”辩论的例子就说明概念严谨的重要性。

4. 分析深刻

深刻性又称为抽象逻辑性。人类的思维是抽象理性的认识，思维是在感性材料的基础上经过思维过程，去粗取精、去伪存真、由此及彼、由表及里，在大脑里形成一个认识过程的突变产生了概括。由于概括，人们了解了事物的本质、事物的整体、事物的内在联系，认识了事物的机理及规律性。思维的深刻性集中地表现在善于全面地、深入地思考问题，善于把握事物的本质和规律性，从而预见事物的发展进程与结果。由于知识储备、实践经验、智力潜能、思维方式的不同，个体在认识过程中深刻性也是有差异的。具体表现为：首先，形成概念、构成判断、进行推理和论证的深度上的差异性。其次，思维方式方法的个性差异，即在如何具体地、全面地、深刻地认识事物的本质和内在规律性关系方面、采用何种思维方法方面是有差异的。再次，运用思维规律和法则的深刻性也同样存在差异。只有正确、自觉地遵循思维规律与相关法则进行思维，才能做到概念明确、判断有度、推理有据、论证得法，才能实现抽象的逻辑性。最后，思维的难度和广度的个性差异。思维过程的系统、周密、精细的程度与思考结果密切相关：具有较强思维能力的人，能充分利用信息与条件，能全面、慎重、细致地思考问题，系统而深刻地揭示事物的本质和内在规律性关系。

5. 善用批判思维

批判性思维是指思维活动与思维过程中严格的把握评估思维信息和精细的检查、

反思思维过程的思维品质和智力的能力。信息资料是解决问题的依据，诸多信息资料，难免良莠不齐，如何根据具体问题，分清主次、去伪存真，必须经过严格的批判决定取舍。思维过程是一个动态过程，在解决问题的每一个思维环节，既要充分利用条件进行有序的思维，也要不断地通过反馈进行反思，不断改进思维以期取得较优化的效果。批判思维品质特点主要有如下几个方面：第一方面，分析性。在思维过程中，不断分析解决问题所依据的条件和反复验证拟定的假设、方案和计划。第二方面，策略性。在思维问题前，根据自己的经验与思维水平，在头脑中形成相应的策略或解决问题计划、方式、方法，并在解决问题过程中认真实施。第三方面，全面性。在思维过程中，善于并充分客观地考察论据，认真把握解决问题的进展情况，执行计划的同时不断地通过反馈信息，修正计划。第四方面，独立性。有主见，不人云亦云、盲从附和，对合理意见要认真分析，不为情境所困扰。第五方面，正确性。思维过程缜密、组织有条有理、思维结果正确、结论实事求是、符合思维规律，有现实意义。

思维批判是自我意识作用的结果，自我意识的成熟是人的意识的本质特征，是以个人的素质修养，科学态度与经验为基础的。良好的自我意识构成思维结构的“监控系统”，可以实现大脑对信息的输入加工、储存、输出的控制，调节自己的思维和行为，及时调节思维过程以便于更好的解决问题。自我意识反馈过程实际上是一个主体主动性问题。主体主动性越高，思维活动的效率也就越高，从而减少盲目性、触发性、狭隘性和自我封闭的影响，思维结果的品质也就越好。

据说当时有位“才子”，决心与欧阳修一较诗才。“才子”上门寻访，路遇一株大树，便诗兴大发：“门前一棵树，两朵大丫杈。”这时，背后有陌生人续吟道：“春至苔为叶，冬来雪是花。”“才子”于是邀陌生人同路。二人来至江边，见一群鸭子扑入河中，“才子”又作诗曰：“一群好鸭婆，一同跳下河。”陌生人再续后两句：“白毛浮绿水，红爪荡清波。”最后俩人乘船过江，“才子”技痒，高声吟道：“两人同乘舟，去访欧阳修。”陌生人听后，微微一笑：“修已知道你，你还不知修（羞）！”——原来，陌生人正是欧阳修。

6．反应敏捷

思维的敏捷性是指思维过程的速度。在处理问题的过程中，敏捷性可以在急切的情况下，积极地思维、周密地考虑、随机应变、正确地判断和迅速地做出结论。敏捷性必须以良好的思维品质为前提，轻率的敏捷是失败的思维。敏捷性表现为思维过程短暂，因而必须建立在深刻性、灵活性、批判性、系统性和高度的概括基础上，没有高超的概括思维就不会产生迅速简化，也无法形成正确与迅速的发现。

在题为“机遇是不是成功的关键”的辩论赛中，攻守双方的对攻反驳是比较出色的。

“对方辩友认为实力是成功的关键。那我请问对方同学，三国演义中有两个人——诸葛亮和庞统，同样才华出众，同样雄才大略。为什么一个成为一代蜀相为万世所景仰，另一个却被乱箭射死在‘落凤坡’呢？”

“诸葛亮成功了吗？‘出师未捷身先死，长使英雄泪满襟’啊！”

“谈诸葛就来谈诸葛，诸葛亮当年火烧司马懿，天降大雨，司马父子夺路杀出。诸葛亮仰天长叹：‘我灭司马天不灭！’请正面解释，这‘天’是什么？”

“‘天’是什么？我来告诉对方辩友。‘天’是几十万训练有素的北魏兵马，‘天’是建立一代西晋王朝的雄心大志。为了这‘天’，司马懿可以韬光养晦，为了这‘天’，司马懿可以忍辱负重，于是我们才可以看到‘司马都督多奇志，不爱武装爱红装’啊！”

在这段对攻中，双方可以说运用了理论概括、形象概括、发散思维、“仿词”修辞手法等多种综合表达技巧，博得了观众的阵阵喝彩，也体现了表达中思维的敏捷性。

7. 系统思考

思维的系统性特征是现代人们认识客观世界的主导性特征，系统思维能力是现代人素质结构的重要组成部分，也是思维现代化的重要标志。因此，揭示思维系统性特征含义对增强人的思维能力、提高人的素质、激发和推动人类对客观世界的认识，乃至不断地改造客观世界和人的主观世界都具有重要意义。

一个古老的寓言故事讲，有位神秘的智者，具有非常丰富的知识和洞悉事物的前因后果的能力，他答复任何问题从来不会答错。

有一个调皮的男孩对其他男孩子说：“我想到了一个问题，一定可以难倒那个智者。我抓一只小鸟藏在手中，然后问他，这只小鸟是死的还是活的？如果他回答是活的，我就立刻将手里的小鸟捏死，丢到他脚边；如果他说小鸟是死的，我就放开手让小鸟飞走。不论他怎样回答，他都肯定是错。”

打定主意之后，这群男孩子跑去找到那位智者。调皮的男孩子立刻问他：“聪明人啊，请你告诉我，我手上的小鸟是死的，还是活的？”

那位长者沉思了一下，回答说：“亲爱的孩子，这个问题的答案就掌握在你手中。”

智者的回答看起来好像是一个两头堵的方法，而实际上却考虑了事物的一切可能，体现了沟通过程中思维的系统性。

第二节 游说答辩的技巧

在路演活动中，游说答辩是一个重要的环节。一般情况下，我们都往往认为创业者在进行展示后的答辩环节是游说答辩，事实上，在开展路演准备时的调研阶段，同样可能面临游说活动。游说答辩的技巧就是本节要说明的问题。

一、游说答辩概述

游说泛指多方活动陈述自己的建议、主张，希望被采纳。在当代中国的游说形式主要有：第一种，出席有关部门专门组织的立法或者行政政策意见听取的座谈会发表观点；第二种，针对决策者个人及其接近者的交往与意见表达活动，这一形式是游说的主要形式，创业领域的路演就属于这个范畴；第三种，利用权威媒体与权威信息收集机构提供高层领导可以阅看的内参文件；第四种，利用人大代表、政协委员与知名专家在两会或者其他场合发表个人意见，尤其借助于媒体压力引起决策部门注意。

答辩是指应答别人的提问，进行辩解。

游说答辩有时在时间上是紧密相连的，有时在时间上是割裂的。当从游说答辩的表达特点看，游说答辩具有一般演讲、辩论的共性，但与其他演讲、辩论相比也有其自身的特点。概括地说，游说答辩有如下一些独有的特性：

第一，游说答辩具有内容的真实性的特征。虽然，“演讲”是游说答辩的重要环节，但是，“演讲”必须以真实为基础。游说答辩的环境决定了表达者是以自己真实的姓名和身份用现实的创业计划书对考核人员进行演讲和答辩的，表达的性质首先应该是真实性。路演活动中的游说答辩不仅是要考察创业者的口才，更要通过考核看游说答辩者前期工作的效果或者是否具备本活动需要达到的水平。如果过于夸张地去表演，往往会使专家和风险投资人产生一种印象：不稳重、不成熟。演讲不仅内容要真实，而且感情也要真实，只有真人、真事、真理、真情，才能使专家和风险投资人产生共鸣，才能使专家和风险投资人感受到表达的真实内容。当然，游说答辩中也可以借用一些表演艺术手法来增强演讲的感人效果，如相声般的幽默，故事般的悬念和诗歌般的激情等。但是，它使用的范围、程度，都应该受到严格限制，以不影响演讲的真实性为原则。

第二，从游说答辩场面来看，听众的专业性很强，并具有裁判权。同时，创业者是处在一个被考核的地位上，而考核者都是专业人士。听众（专家和风险投资人）都拥有比较高的专业知识，通过创业者的陈述（演讲）能够比较准确地判断出创业者的能力。在路演的游说答辩环节，专家和风险投资人不仅仅是听，真正的目的在于通过听，来筛选、确定谁能够获得高分，谁要被淘汰。这就和其他场合的演讲有着本质的区别。

第三，游说答辩的形式具有严肃性。虽然游说、答辩都以口头语言为主，态势语言为辅的特征。但是，有表达过程中属于考核的一部分，因此，表达者就不可能像普通演讲过程中，为了照顾广泛的听众的不同要求，在口头语言为主的基础上，为了增加演讲的效果，可以比较多的使用夸张性的态势语言，比如手势、眼神等。

第四，游说答辩主要是陈述自己的观点和主张。在游说答辩过程中，无论演讲者掌握多少别人提供的资料，最后作为正式演讲的内容一定要经过演讲者自己的咀嚼消化，成为演讲者自己的观点和主张。

第五，游说答辩的内容结构具有系统性。要使自己在游说答辩中获得成功，创业者在表达过程中要始终抓住一个中心思想，并围绕着它能阐述。使考核者能迅速抓住陈述的论点、论据和论证过程。一听就懂，并且认可你阐述的观点，同意你提出的主张。因此，在陈述之前，要做好充分的准备，仔细考虑推敲，把要陈述的内容组织得有条有理，保障表达内容结构具有系统性。

第六，游说答辩的过程，具有听众信息反馈的特征。参与答辩的风险投资人因为要对创业者进行评判，也会积极地介入信息反馈。因此，听众在听演讲的过程中是以非常积极的姿态出现的，他们会及时地对演讲者的演讲进行信息反馈的，这种反馈有时是通过表情的实时反馈，有时是经过一段时间（陈述完毕后）以提问形式出现的反馈。表达者要时刻关注听众的反应，并且要善于敏锐地观察听众的反应，从听众的眼神、动作和声音等行为中了解听众对自己陈述的看法，并对自己的陈述内容和陈述方式进行适当的调整，以达到与听众之间的沟通。

二、游说答辩的成功案例

秦王嬴政十年，秦国宗室贵族借韩国派水工郑国修灌溉渠，阴谋消耗秦的国力，谏秦皇下令驱逐一切客卿。李斯写给秦王一个奏章，秦王读了李斯这一奏章，取消了逐客令。这篇文章就是著名的《谏逐客书》，全篇原文如下：

臣闻吏议逐客，窃以为过矣。昔穆公求士，西取由余于戎，东得百里奚于宛，迎蹇叔于宋，来邳豹、公孙支于晋。此五子者，不产于秦，而穆公用之，并国二十，遂霸西戎。孝公用商鞅之法，移风易俗，民以殷盛，国以富强，百姓乐用，诸侯亲服，获楚、魏之师，举地千里，至今治强。惠王用张仪之计，拔三川之地，西并巴、蜀，北收上郡，南取汉中，包九夷，制鄢、郢，东据成皋之险，割膏腴之壤，遂散六国之众，使之西面事秦，功施到今。昭王得范雎，废穰侯，逐华阳，强公室，杜私门，蚕食诸侯，使秦成帝业。此四君者，皆以客之功。由此观之，客何负于秦哉！向使四君却客而不内，疏士而不用，是使国无富利之实，而秦无强大之名也。

今陛下致昆山之玉，有随和之宝，垂明月之珠，服太阿之剑，乘纤离之马，建翠凤之旗，树灵鼍之鼓。此数宝者，秦不生一焉，而陛下说之，何也？必秦国之所生然后可，则是夜光之璧，不饰朝廷；犀象之器，不为玩好；郑、卫之女不充后宫，而骏良駃騠不实外厩，江南金锡不为用，西蜀丹青不为采。所以饰后宫，充下陈，娱心意，说耳目者，必出于秦然后可，则是宛珠之簪，傅玑之珥，阿缟之衣，锦绣之饰不进于前，而随俗雅化，佳冶窈窕，赵女不立于侧也。夫击瓮叩缶弹筝搏髀，而歌呼呜呜快耳者，真秦之声也；《郑》、《卫》、《桑间》，《韶》、《虞》、《武》、《象》者，异国之乐也。今弃击瓮叩缶而就《郑》、《卫》，退弹筝而取《昭》、《虞》，若是者何也？快意当前，适观而已矣。今取人则不然。不问可否，不论曲直，非秦者去，为客者逐。然则是所重者在乎色乐珠玉，而所轻者在乎人民也。此非所以跨海内、制诸侯之术也。

臣闻地广者粟多，国大者人众，兵强则士勇。是以泰山不让土壤，故能成其大；河海不择细流，故能就其深；王者不却众庶，故能明其德。是以地无四方，民无异国，四时充美，鬼神降福，此五帝三王之所以无敌也。今乃弃黔首以资敌国，却宾客以业诸侯，使天下之士退而不敢西向，裹足不入秦，此所谓"借寇兵而赍盗粮"者也。夫物不产于秦，可宝者多；士不产于秦，而愿忠者众。今逐客以资敌国，损民以益雠，内自虚而外树怨于诸侯，求国无危，不可得也。

李斯在这篇文章中，先从历史讲起，引用秦国穆公、孝公、惠王、昭王四位国君召贤纳士的案例，强调秦国应当重用客卿的必然性。接着回到现实，李斯进一步分析秦王的爱好，提出昆山之玉，随和之宝，明月之珠，以及所佩太阿剑，所乘之纤离之马等等，都是来自诸侯各国；然后，逐步展开分析不应当逐客而应当纳贤。建议被秦王所采纳后，不久李斯被任命为廷尉，逐步进入秦国政治核心。

分析这篇游说文章，可以说具有如下几个特点。

首先，具有明显的实效性。司马迁在《李斯列传》中曾这样叙述过李斯上书的前因后果：秦王拜斯为客卿。会韩人郑国来间秦，以作注溉渠，已而觉。秦宗室大臣皆言秦王曰："诸侯人来事秦者，大抵为其主游间于秦耳。请一切逐客。"李斯议亦在逐中。斯乃上书曰："秦王乃除逐客之令，复李斯官，卒用其计谋。"李斯上书的背景是秦王的逐客令已下，政令已经颁布的情况下，李斯也是被驱逐者逐之列，而就是通过一篇上书游说，最终使秦王收回成命，由逐客变为留客、用客、重客，因此，可以说《谏逐客书》发挥了巨大的作用。

其次，《谏逐客书》在"对事的论断"入木三分。《谏逐客书》开篇的第一句话："臣闻吏议逐客，窃以为过矣。"就是李斯提出的一个判断，并希望通过说明这一判断成立，使秦王接受，并收回成命，不要逐。为此在下文展开了有力的论说。《史记集解·新序》："斯在逐中，道上上谏书。"在客卿已被逐的紧急情势下，李斯不得不用非常警醒而委婉的言辞开宗明义，起句发意振聋发聩。

本文尤具特色的更在其论的部分，对事理的论说充分深刻，令人信服。一方面，是用重笔浓墨，铺张排比，列举事例。文中铺排秦国历史上四位国君用客的大量事实，铺陈了秦王所喜爱的大量生活享用，由于事例充实，铺垫充足，加强了与下文的对比，因而得出的结论极其有力。而这些事例都有所依傍，且经过精心选择，因而显得可靠典型。从铺排的技巧来说，排比句接踵联翩，文意饱满，文气流畅，文势充沛，极有感染力。另一方面，在论证上的特点是正反并反复对比，层层深化。如在论证的首层，四君用客（实笔）与"却客不内"（虚笔）的对比；首层四君用客与次层秦王轻客的对比；次层重物与轻人的对比，处处在对比之中显示逐客之谬误。全文在逻辑关系上是步步推进，层层深化。时间上由远到近，推移有序：先言古代，次论现实，再次言及未来。在言及逐客的危害时，程度上由轻到重，步步升级：先说如果没有客卿，秦国就不会"富利"和"强大"；接着说"非秦者去，为客者逐"，"此非所以跨海内、制诸侯之术"，直接落到统一天下这个关键问题，比上层更切近要害；再说弃黔首、却宾客，是所谓"藉寇兵而赍盗粮"，资助了敌人削弱了自己，对秦国的不利更严重些；最后指出"今逐客以资敌国、损民以益仇，内自虚而外树怨于诸侯，求国无危，不可得也。"不仅不能统一天下，而且有亡国的危险，把逐客的危害引申到极点。这种由轻到重、步步推进的说理过程，避免一开始就突兀冲撞，造成相反结果，它符合人的心理接受规律。

最后，《谏逐客书》具有很强的针对性。《谏逐客书》的针对性，从内容上来说，是对着逐客这事而发，全文紧紧扣住逐客以论说其错误。文章这样的游说技巧很高明，因这逐客的起因是韩国人郑国劝秦王修筑一条灌溉渠，其目的是企图以浩大的工程耗费秦国的财力，使之不能对外用兵，如果就此事进行辩解，显然是没有道理的。李斯避开这个起因不谈，只抓住逐客对秦不利来论说，完全从秦国的利益着眼，这就容易使秦王接受。另外，李斯当时也无辜受牵连，但他在上书中片言不涉及自己，这样完全符合公文的本质要求，徐望之说："公文本质之可贵，贵在一字一句皆从民生国计上着想。"针对逐客对秦不利来论说，正是从国计民生着想的体现。《谏逐客书》的针对性，还表现在针对特定的受文者来采取谏说的策略。李斯上书是给秦王政这个具体的人看的，如果不熟悉这个人，不揣摩这个人的愿望、想法，不去迎合他的心理需求，那就很容易碰壁。对这个问题，刘勰有中肯的评价："烦（顺）情入机动言中务，虽批逆鳞而功成计合，此上出之喜说者也。"顺着秦王的感情、心理，引到统一六国的关键问题，符合主要任务的需要。当时秦王的最大欲望是兼并天下，凡是违反这一欲望，就难以立足，凡是利于达到这一欲望，就容易被接受。李斯紧紧抓住秦王的这一心理，把秦国的霸业作为整篇谏书的灵魂，贯串始终。在论说的首层以秦王政的祖先重用客卿造成"霸西戎""治强""散六国之从""蚕食诸侯""使秦成帝业"等成就去耸动秦王；在论说的次层则把用客卿提到"跨海内，制诸侯之术"的高度；再接着以古代五帝三王"不却众庶"无敌天下去打动秦王。总之，每个层次都反复论述这样一个根本的利害关系：纳客就能统一天下，逐客就有亡国危险。以利劝之，以害怵之，这就紧紧抓住了秦王的心，深深击中其要害，使秦王顺理成章地接纳其意见，并收回逐客令，达到了上书的目的。

前文提到的纪晓岚应对乾隆皇帝的故事，就说明了答辩不仅需要理性还需要机智。

三、游说答辩的操作技巧

1. 把握游说答辩的思维方法与技巧

虽然，游说答辩形式多样，但其思维方法与技巧是有规律可循的。

游说答辩的思维过程是系统观点在思维中的体现和应用，也就是说游说答辩者把游说答辩工作或要解决的问题作为一个系统，然后充分运用系统观点、系统特性并最终以实现工作目标最佳化的思维过程。要更好使用游说答辩技巧，应注意把握以下思维规律：

（1）定量分析与定性分析相结合

定量分析强调把数量分析作为思维问题的基础，以数量分析为依据。定性分析则侧重对事物进行性质、特点做非数量化的分析，创造性思维的一个重要特征就是采用定量、定性分析相结合的方法。在对问题做精确的数量描述和演算基础上，再借助定性分析回答问题。一般具体的作法是，首先从游说答辩主体内部机制入手来研究系统的发展与变化，一开始不急于对事物进行数据收集和处理的定量分析，而是借助社会科学知识及相关系统状况进行定性分析。通过定性分析各个子系统之间相互作用关系画出能够反映各系统问题结构联系的框图或输入输出关系的流程图（如“黑箱”“灰箱”或“白箱”流程图），从而找出各子系统间的进一步联系及定量关系，以此来确定系统状态变量及控制参数、建立数学模型，通过模型分析系统进行定量分析，得出结论。

（2）微观分析与宏观分析相结合

微观分析是将系统中各子系统要素单独拿出来考察，宏观分析是对系统作整体性的了解与分析，一般来说宏观分析是以微观分析为基础的。系统分析同样要求一方面对系统作出微观的分析，一方面又在微观分析基础上作出宏观结论。对于一些问题，也可以采用逆向分析的方式，根据问题所涉及相关因素作宏观分析建立结构系统，再针对每个子系统进行微观分析，再进一步作宏观分析，经过综合作出宏观结论，也就是宏观与微观分析交叉进行的思维方式。

（3）静态分析与动态分析相结合

对相关事物组合分析时一般采用静态分析。在静态分析中，虽然有些要素是在发展变化着，但绝大部分的要素是不变的，因为所做的分析充其量不过是一种预想，而预想与真正的客观实际情况可能存在着程度不等的差距。

系统作为一个多元的组合整体，各个单元均有自己的组合特性;组元（组成合金的独立的、最基本的单元称为组元，组元可以是组成合金的元素或稳定的化合物，这里借用此概念代表系统中的组成要素）间又要通过必要的协调，形成整体的规律性。即使每个单元都符合静态分析的结论，其同整体的协调中也会产生相互影响而引起整体规律的变化。如果每个组元中都存在着某些要素的发展和变化，就将使系统整体处于变化之中，各单元变化激剧或组元间干涉激烈，整体状态就愈是千变万化，因此，对系统构成（含组元）在静态分析的基础上，还要进行必要和及时的动态随机分析。

系统变化的频率决定随机分析的频率。随机分析的方式方法有很多，可以根据具体情况进行选择。动态分析是很复杂的随机问题。为了保证分析的可靠性和效率，应该在思维过程中建立有效的反馈系统，通过信息反馈及时的调整思维方向，逐步掌握随机因素加以解决。在动态分析中，知识与经验也具有重要作用，可以凭借经验舍弃次要因素，明确主导思维方向以保证思维的连续性。

（4）线性思维与非线性思维相结合

传统分析思维大多属于线性思维。它遵循线性连续性、不可逆性和渐进性，忽略不规则性、追求线性关系完全相符的精准性。而现实中，一种结果可能由千百种因素影响而生成的，一个因素也可能生出千百种结果来，而且每个结果也并不是“终端”结果，只是整个进程中的“瞬间”结果，同时它又是一个事物发生变化的原因。事实说明，所有系统在整体上说都是非线性的。现代科学指明事物现象和过程的非线性的性质，如同混沌理论研究，揭示有序与无序、确定性与随机性的统一。现代科学技术发展促进人类思维方式从线性思维走向非线性思维。

非线性混沌思维，面对现实的开放系统和耗散结构，有多层次不同尺度的运动，在非平衡、非线性的条件下，运行其不规则性和差异、随机性和差异是不能忽略不计的。面对系统的有序与无序、确定性与随机性、简单性与复杂性关系需要用耗散结构理论、突变理论、协同学和分形理论等进行非线性思考。

非线性思维方式的基本观念是：第一，内在随机性，重视次要的、非本质、不确定的因素。第二，初值条件的敏感性，不可忽略初值的微小偏差。第三，奇异吸引子，在混沌运动中无规律性的轨迹与终点确定性统一。第四，混沌是信息创生之原，从混沌通向有序、有序进入新的混沌、新的混沌再通向有序的创生，混沌演化伴随新信息的创生。

应用混沌观念进行思考，走向非线性思维，这是人类整体思维方式的又一重要进展。

（5）系统目标与系统功能的辩证统一

人的思维是有动机的，思维动机一般是认识客观事物，解决客观存在的问题，满足社会的需求等。思维也是有目的（以目标为标志）的，游说答辩的目的是通过陈述和回答推荐自己的观点或结论，而目的是通过系统结构实现的功能来体现的。思维的目的是由根据客观条件综合分析，以“目标”来体现的，并根目标寻求合理的系统结构。而目标完善的程度又是由系统结构的客观功能来实现和衡量的。因此，思维目标与结构功能是系统思维过程辩证的统一过程。

每一事物的客观结果，一般是由多种原因造成的，而一种原因也可能产生多种结果。期望的目标过高会造成系统结构的复杂性，甚至导致系统功能无法实现。因而在思维过程中必须根据客观现实不断反馈、修正，达到目标与功能的统一性，以实现系统结构功能的理性优化。

（6）善于综合性思维

综合性也就是全面性，全面性要求我们把事物作为一个整体来把握，这是与分析性思维相区别的。分析思维把大的整体事物乃至整个世界分割为许多构件，构件越分越细，对基本构件进行精确分析研究，也积累了丰富的知识和经验。但是，却忽略了构件之间的相互联系和相互作用，从而失去了事物的全面性。综合性思维重视分析作用，因为人类思想认识不能直接把握整体，分析是必要的，但是它更强调事物的相互联系和相互作用的全面性。如果过分强调抓主要矛盾，认为解决了一个主要问题或关键问题，其他问题也就自然解决了，这样做就可能走向否认事物的全面性和系统复杂性，从而导致错误乃至失败。

综合性思维重视主要因素的作用，但是特别强调的是事物的各种要素的相互联系和相互作用，重视发挥这种作用达到事物的协调发展，这是事物发展的“协同学”。协同学研究宏观时空或功能结构系统中各单元之间的合作关系，既研究确定性过程，也研究随机过程。也就是说，综合性思维重视各单元之间的合作关系和序列关系，以使整体功能特性更为完善和优化。

2. 游说答辩演讲技巧

游说答辩演讲有时也叫游说演讲，它是指参加游说答辩者为了实现游说目标，就自我游说问题所持的观点的公开演讲。

一般来说，游说答辩演讲需要注意如下几点：

首先，目标明确性。在游说答辩演讲时，游说答辩演讲者要向被游说者讲清自己的观点，突出自己所持观点的正确性和有效性，并且这种有效性足以说明所持观点的可行性。要在有限的答辩时间内完成上述工作，演讲的总体内容始终围绕一个目标一个岗位职务工作进行，做到目标明确、语不离宗，不可开口千言，离题万里。

其次，较强的竞争性。路演活动中游说答辩演讲的全过程，其实是风险投资人、专家对创业者所提出的创业计划书之间进行比较与选择的过程。游说答辩除了基本素质条件之外。实际上更重要的是创业计划书目标与创业计划书措施的竞争。只有具备了明确、先进的创业计划书目标，且有切实可行的措施来保证，才会取得竞争的成功。

最后，演讲策略的技巧性。游说答辩演讲除了要求演讲者具备良好的心理素质和较强的语言表达能力外，还应当充分考虑竞争对手、听众的心态、临场状况等多种因素，用据理力争的方式，巧妙地说明“他的创业计划书好，我更好”。当然自我推销要有艺术性，切忌为了竞争而贬低对手，所遵循的原则是“惟真惟实，具体可信”。

要完成好游说答辩演讲首先要讲好开头，用礼貌用语开篇为制造友善、和谐的气氛打下基础。开篇可以用“感谢给我这样的机会让我参加答辩”“恳请专家和老师指教”等导入正题，紧接着阐明自己发表游说答辩演讲的理由。

在游说答辩演讲中，要坚持如下原则：

首先，游说答辩者应实事求是，言行一致。介绍创业计划书背景和措施都必须客观实在。对国家有什么意义，对地区和人民可以创造什么条件，能够实现的就说，实现不了的就不要开“空头支票”。只有这样，才能显示游说答辩者诚实的品格。

其次，游说答辩者阐述问题要有的放矢。游说答辩演讲是针对某项议题而展开的，因此，游说答辩演讲者要向风险投资人证明自己了解情况。这个阶段，游说答辩者要把自己通过调查摸底、群众访谈等方式，已经切实弄清楚的历史、现状，尤其对于当前存在的焦点、难点问题及其存在的根本原因讲清讲透，尤其是把找到解决问题的最佳途径讲清楚，以便在演讲时击中要害，获得高分。

最后，游说答辩者演讲的态度要谦虚诚恳，演讲过程平和礼貌。游说答辩者是通过答辩实现获得专家和风险投资人认可目的的，只有给人以谦虚诚恳、平和礼貌的感觉才能被认可和接受。评审专家是不会接受狂妄傲慢、目中无人的游说答辩者的，所以，游说答辩演讲词十分讲究语言的分寸，表述既要生动、有风采、打动人心，同时又要谦诚可信，情感真挚。

3．游说答辩演讲答辩技巧

在多数游说答辩过程中，游说演讲之后就要进入答辩，这一过程也是能否游说成功的关键。因此，游说后的答辩必须遵循一定的原则，才有可能保证答辩沿着正确的方向进行，从而保证答辩的成功。在答辩过程中游说答辩者要坚持如下原则：

第一，游说答辩者回答问题时，观点要正确，并有一定的理论高度。在游说答辩中，观点是基础，是灵魂。正确的观点是回答的起点，所以要想在答辩中胜出，必须保证自己的观点是正确的。

第二，游说答辩者回答问题时应该紧扣问题。答辩必须根据专家提问的要求答辩，需要怎么回答，就怎么回答，不能答非所问，也不能随意扩大或缩小专家所提问题的内容或范围。

第三，游说答辩者回答问题时要旗帜鲜明、简明扼要。在答辩中，答辩者必须旗帜鲜明地回答问题，不能模棱两可，含糊其辞。因为模棱两可，含糊其辞，就会使专家和风险投资人不明白你的观点，答辩很可能会失败。答辩在时间上有严格的规定性，在内容上有严格的限定性。根据答辩的这些特点，答辩一定要简洁，否则既是浪费时间，又会使风险投资人和其他听众产生厌烦的情绪。因此，答辩者对每一个答辩问题都应该首先弄清回答应把握的要点，明确从几个方面来说明问题，思考时要理清思路，回答时，不含糊、不啰唆、直截了当、一语中的。

第四，游说答辩者回答问题时，要对问题进行辩证分析，思路要开阔，切忌思维绝对化、僵化，以防止片面、静止、孤立地看待问题。同时要使自己的回答、提出的观点有理有据、能够自圆其说。

第五，游说答辩者回答问题时，条理要清晰。答辩要求测试的能力中有一项是逻辑思维能力，而这项能力的体现则是游说答辩者的答辩条理分析，前后一致。这就要求游说答辩者在听到答辩题后，首先要思维有逻辑性，然后便是陈述的逻辑性，这种逻辑性要求游说答辩者的回答层次清晰，条理分明，前后衔接紧密，表述前后呼应。

第六，游说答辩者回答问题时要注意文明礼貌。现代社会一般都要求答辩者具有较高的思想、文化素质，因而在答辩中就要充分地显示这种素质。而这一素质，不但体现在答辩的内容上，同时也体现在对专家、风险投资人和听众的文明礼貌上。游说答辩者在答辩中要充分地尊重专家、风险投资人和听众。答辩的语言要谦和，遇到难以回答的问题要不急不躁，不要有怨恨情绪，更不能出现恶语伤人的现象。否则，就有可能引起答辩主持者和听众的反感。

答辩对于游说答辩者来说，不单是一种挑战，也是一次全面展示自己才华、气质、风度的机会。要想在答辩中脱颖而出，就要注意答辩谋略和技巧。高超的答辩，不仅需要答辩者灵感的迸发和知识的展现，也需要谋略的灵活运用。在答辩过程中游说答辩者可以采取如下一些策略：

第一，答辩者要善于化虚为实。在答辩中，专家、风险投资人有时会问一些比较虚的问题，答辩者如果以虚对虚，答起来会觉得无从说起，或不着边际，风险投资人也会听得一头雾水。所以，面对这类试题，最好的办法是化虚为实。答辩者要在具体的答辩过程中成功地化虚为实，首先，要把握好试题的主旨，虚的内容与实的事例要环环相扣；其次，要善于调动自己的知识储备和生活积累，只有这样，回答问题时，才能得心应手；最后，要注意“画龙点睛”，答辩结尾时要注意提炼、总结和升华，还实以虚。

第二，答辩者要善于先抑后扬。答辩题中一般都会出现让风险投资人了解答辩者自身素质和创业计划书特点的题目，答辩者要努力抓住答这一类题目的机会，充分运用语言艺术，巧妙地宣传自己所在的团队和创业计划书。回答这类问题，最好采用先抑后扬的方法，答辩者在回答时首先出人意料地从劣势讲起，单刀直入，对创业计划书所面临的困难，绝不回避，然后话锋一转，介绍解决问题的措施。先抑后扬的答辩，不仅很容易在风险投资人心中留下鲜明的印象，而且会博得风险投资人的信任和赏识。答辩者要在具体的答辩过程中成功地实现先抑后扬，就要注意处理好以下三种关系：首先，答辩者要处理好谦恭与自信的关系，抑要抑得适度，扬要扬得实在。在抑时要表现出自己谦恭的良好风度，给风险投资人留下一个虚怀若谷、有自知之明的印象；在扬时要从内容、语言、气势和仪态气质上表现出信心百倍，有能力，有魄力，风险投资人马上会信任有加。其次，答辩者要处理好直率与含蓄的关系。扬时可以开诚布公，不要遮遮掩掩，欲说还休；抑时委婉含蓄、娓娓道来。最后，答辩者要处理好理智与情感的关系。对自己的优劣的介绍和评价，要表现出鲜明的理智来，以此激发风险投资人对最终的任职者作出理智的判断和选择。同时，也需要情感的作用，热烈而真挚的感情，能够与风险投资人产生心理共鸣，从而确立有利于答辩者的情感意向。

第三，答辩者要善于把握现场局面，随机应变。游说答辩者回答问题时要审时度势，根据问题随机应变，努力使自己的回答富有新意，做到推陈出新。游说答辩者回答问题时要充分考虑问题，别出心裁，这样做才更有利于成功。

路演的游说答辩是以创业计划书介绍为基础的，因此，结合创业计划书做好答辩十分关键。在具体的答辩中，需要遵循如下原则：

第一，要熟悉所提交的创业计划书即答辩涉及的内容。作为将要参加路演的创业者，首先而且必须对自己所写并提交的创业计划书内容有比较深刻的理解和比较全面的熟悉。所谓“深刻的理解”是对所提交的创业计划书有纵向的把握，“全面的熟悉”是对所提交的创业计划书有横向的把握。这两方面是为回答专家和风险投资人就有关所提交的创业计划书的深度及相关知识面而提出的问题所做的准备。学生必须对自己的所提交的创业计划书有“比较全面的熟悉”和“比较深刻的理解”，否则，就会出现尴尬局面。

第二，准备必要的图表或多媒体课件。无论是涉及科技问题还是涉及社会问题，任何所提交的创业计划书都或多或少地涉及到用图表表达所提交的创业计划书观点的可能，因此，最好准备一些有利于表达的图表。图表不仅是一种直观的表达观点的方法，更是一种调节答辩会气氛的手段，特别是对答辩委员会成员来讲，长时间地听述，听觉难免会有排斥性，不再对你论述的内容接纳吸收，这样，必然对所提交的创业计划书答辩成绩有所影响。所以，在答辩过程中适当穿插图表或类似图表的其他媒介，就可以和视频资料有机结合，更直观地说明问题，有利于提高答辩成绩。

第三，陈述时紧扣主题、语流适中。答辩者在整个答辩过程中一定要围绕主题进行，自始至终地以所提交的创业计划书为中心展开论述就会使风险投资人思维明朗化，这样就会提高答辩的得分。一般的答辩者在答辩时，说话速度往往越来越快，以致答辩委员会听不清楚，影响了答辩成绩。因此，答辩时一定要注意在答辩过程中的语流速度，要有急有缓，有轻有重。

第四，答辩者要用目光与场内人员交流，同时适当辅助以手势。创业者在答辩时，可以脱稿，也可以半脱稿或者完全不脱稿。但不管采用那种陈述方式，答辩者都应注意自己的目光，使目光时常地瞟向答辩委员会成员及会场上的其他同学们。这是你用目光与听众进行心灵的接触，使听众对你的创业计划书产生兴趣的一种手段。在创业计划书答辩会上，由于听创业者陈述的时间过长，委员们难免会有分神现象，这时，你用目光的投射会很礼貌地将他们的神“拉”回来，使委员们的思路跟你的思路走。虽然创业计划书答辩以口语为主，但适当的体态语运用会辅助你的答辩，使答辩效果更好。特别是手势语言的恰当运用会显得自信、有力、不容辩驳。相反，如果在答辩过程中始终如一地直挺挺地站着，或者始终如一地低头俯视，即使你的所提交的创业计划书结构十分合理，主题无比新颖，结论非常正确，答辩效果也会大受影响。

第五，答辩者要控制好时间。路演活动对答辩有明确的时间要求，因此，创业者在进行创业计划书答辩时应重视时间的掌握。对时间的控制要有力度，到该截止的时间立即结束，这样，显得有准备，对内容的掌握和控制也轻车熟路，容易给答辩委员会成员一个良好的印象。因此，在答辩前应该对将要答辩的内容有时间上的估计。

第六，称呼使用上以“我”为主。在创业计划书答辩过程中必然涉及人称使用问题，尽量多地使用第一人称，如“我”“我们”，即使所提交的创业计划书中的材料是引用他人的，用“我们引用”了哪儿哪儿的数据或材料，特别是毕业所提交的创业计划书是答辩者团队调研完成的，所以要更多使用而且是果断地、大胆地使用第一人称“我”和“我们”。这样就会使答辩委员会成员有这样的印象：东西是你的，工作做了不少！

第三节　视频与PPT制作

制作视频和PPT是创业者路演活动中的两个重要环节。鉴于两者制作过程差异较大，下面将作为两个主题分别进行介绍。

一、视频的制作

1. 视频的概念

根据视觉暂留原理，连续的图像变化每秒超过24帧画面以上时，人眼无法辨别单幅的静态画面，这样的画面看上去就会产生平滑连续的视觉效果，这种连续的画面就是视频。视频技术一般是指把一系列静态影像运用捕捉、纪录、处理、存储、传送、重现的各种技术转变成电信号。

电影是利用照相术将动态的影响捕捉为一系列的静态照片。视频与电影属于不同的技术，它最早是为以阴极射线管技术为基础的电视系统服务的，随着时代的不断进步，新的显示技术的发明，使视频技术所涵盖的范围更大，逐步发展成为可以用各种不同的格式将视频记录下来的技术，并能够在电脑上播放。计算机网络的发展也使视频得以在网上传播。

电视的标准和计算机的标准，使人们试图从两个不同的方面来发展视频通信技术。随着计算机性能的提升，并且伴随着数字电视的技术，这两个领域又有了新的交叉和集中。伴随着电运算速度、存储容量的提高，以及宽带技术的逐渐普及，普通的计算机都具备了采集、存储、编辑和发送视频文件的能力。视频制作软件的增多也使视频质量越来越高，同时也使普通人可以制作视频，这就是路演活动展示环节常常需要提供视频的原因之一。

2. 视频的主要格式

① MPE 格式。GMPEG-1 是被广泛地应用在 VCD 的制作和一些视频片段的技术 MPEG-2 则是应用在 DVD 的制作;同时在一些高清晰电视上应用。

② AVI 格式。AVI 格式，也称音频视频交错格式，就是视频和音频交织在一起进行同步播放，是一种桌面系统上的低成本、低分辨率的视频格式。它的一个重要的特点是具有可伸缩性，性能依赖于硬件设备。它的优点是可以跨多个平台使用，缺点是占用空间大。

③ RM 格式。RM 格式是视频流技术的始创者，图像质量比 VCD 差些。

④ WMV 格式。WMV 的主要优点在于:具有可扩充的媒体类型、本地或网络回放、可伸缩的媒体类型、流的优先级化、多语言支持、扩展性等。

⑤ nAVI 格式。nAVI 是 New AVI 的缩写，追求的目标是压缩率和图像质量。

⑥ DivX 格式。DivX 格式是由 MPEG-4 衍生出的另一种格式，它采用了 MPEG4 的压缩算法同时又综合了 MPEG-4 与 MP3 各方面的技术，其画质直逼 DVD 并且容量只有 DVD 的数分之一。

⑦ RMVB 格式。RMVB 格式是一种由 RM 视频格式升级延伸出的新视频格式，它的先进之处在于 RMVB 视频格式打破了 RM 视频格式平均压缩采样的方式，在保证平均压缩比的基础上合理利用比特率资源，就是说静止和动作场面少的画面场景采用较低的编码速率，这样可以留出更多的宽带空间，而这些带宽会在出现快速运

动的画面场景时被利用。这样在保证了静止画面质量的前提下，大幅地提高了运动图像的画面质量，从而图像质量和文件大小之间就达到了微妙的平衡。

⑧ FLV 格式。FLV 格式由于形成的文件极小、加载速度极快，使得网络观看视频文件成为可能，它的出现有效地解决了视频文件导入 Flash 后，使导出的 SWF 文件体积庞大，不能在网络上很好的使用等缺点。

⑨ F4V 格式。F4V 格式的主要的优点是，在相同文件大小情况下，清晰度明显比 FLV 要好。

⑩ MP4 格式。MP4 是一种描述较为全面的容器格式，被认为可以在其中嵌入任何形式的数据，各种编码的视频、音频等都可以使用。

3. 视频制作过程

参与路演活动的创业者，只有重视视频制作的计划性，遵循视频制作流程的科学性，才能提高视频制作的质量。不同的视频内容和形式，其制作流程会存在差异，有着不同的制作过程，但考虑到路演活动的特点，所需的视频编制流程是基本相同的，从准备到完成的过程大致可分为三个阶段，即策划构思阶段、拍摄录制阶段和编辑合成阶段。

第一个阶段，策划构思阶段。策划构思阶段是视频制作的第一阶段。视频要实现预期目标，就必须先进行策划构思，选择适合的主题、表现角度和表现方式。在具体工作中，重点做好如下工作：

首先，确立视频主题，搜集相关资料，草拟脚本。路演活动所拍摄的视频必须要有特定的表现主题。参与路演活动的全体成员应共同讨论，按照选题原则，扬长避短，确定主题，充分展示利用电视手段的优势。选题要具备独创性、前沿性。对视频的拍摄主题、形式形成总体规划后，便开始撰写脚本。撰写文学脚本是视频创作的基础，是用文字对视频内容的表述，脚本是对大量生活素材的加工和提炼，是直观形象艺术的构思，是视频的制作蓝图，是关系到视频质量优劣的关键。视频的脚本，是为拍摄而写的，因此必须有可拍性，必须能用电视镜头表现出来。

其次，小组成员开会，确定分镜头方案。脚本确定后，就需要根据脚本的内容进行创造性的总体构思，并用文字将要表达的内容，分成一系列可供拍摄的镜头单元剧本。分镜头剧本是按照时间和逻辑顺序来描述若干不同景别、不同角度的“镜头”，从而交代事物整个发展过程的一项工作。在分镜头剧本中体现着创作意图、艺术构思以及他的创作风格和个性。在写作分镜头剧本时，应当尊重调研基础，并采纳其他人员的意见，内容必须具体、细致和明确，使脚本更加具有可拍性，不笼统、含糊。

最后，制订拍摄计划。参与路演的创业者应确定摄制视频人员名单，筹集经费，讨论分镜头剧本，为视频制作做好全面的准备。考虑到静态计划存在局限性和不确定性，在准备阶段要严格按视频要求勘查现场，确定场景，并细化自己的计划。

第二个阶段，拍摄录制阶段。完成第一阶段工作后，摄制人员就要投入到实拍阶段。这一阶段的主要工作就是根据拟定好的方案（包括拍摄提纲或分镜头剧本）进行现场拍摄和录制，用摄像机将画面内容与现场音响录制下来。

第三个阶段，编辑合成阶段。这一阶段的主要工作是审看、剪辑、制作合成视频，由主要策划人和编辑完成。策划人负责对内容和形式进行再创作，编辑负责技术支持。面对素材，制作人员在电子编辑系统或非线性编辑系统等设备上工作，编辑思路可按分镜头剧本或拍摄大纲，也可按照对内容的理解进行创造性编辑。在具体工作中，重点做好如下工作：

首先，检查所拍摄的素材。对照脚本，拟定出编辑方案。

其次，素材粗编。确认编辑方式，按照分镜头剧本顺序和内容进行拼接，在需要时，可以根据主题要求和素材情况，改变原来的构想。粗编主要是完成视频的大体框架，基本确定镜头的顺序和视频内容。

再次，视频精编。加入字幕、特效和动画，配对白、录解说词、配音响效果声、加入音乐，进行音调、音量等处理，并使声音与画面和谐。视频编辑后，可进行初步审看，看结构是否合理，段落层次是否清楚，有无错误并修改。

最后，完成片审看。请指导老师和其他专家审看并提出修改意见，直至完成成片。

视频制作是一项复杂的工作，每一个环节都需要专业技巧的支持，每一道工序都是紧密联系的。因此，小政协委员要努力熟悉每个工序，并根据视频内容具体情况具体分析处理，才能使制作流程更合理，也才能制作出满意的视频。

4. 视频制作中的技术性技巧

在制作视频过程中需要掌握如下几方面的技术性技巧：

（1）处理好声音和画面

在制作视频过程中，声音与画面是构成视频的主要基础性材料，两者形影相随、相辅相成、不可割裂。因此，处理好画面和声音关系十分重要。

在拍摄路演活动所需视频时，声音和画面之间的关系主要有两种，一种是声画同步、一种是声画分立。声画同步通常是指画面中的影像和它所发出的声音同时呈现、同时进行、同时消失，声画统一、互相吻合，是画面、声音关系处理的一种方式，也是视频中最基本、最常见的声画组合形式，给视频增光添彩、使其真实感人。声画分立就是画面、声音之间平行、分立，比较典型的就是在视频创作中使用画外音。

不管使用何种方式，路演所需视频的声音画面都要求从现实中来，实有其事，真有其声，要善于发现，精于挑选，采录富有表征意义和有价值的声音画面。因此，要注意处理好两种关系：第一，动与静的关系。动和静对立统一，相辅相成。以动写静，以静写动，是传统的艺术手法，事物往往是在对比、冲突等抗衡因素中显出风貌、神采。生命不止，运动不息。动，是永恒的，静，是相对的、暂时的。在视频中动与静手法的运用更是常见，更能表现出影片的主题和真实性。第二，虚与实的关系。虚与实、藏与露，是艺术创作中的一条重要规律，也是处理视频中声画关系不可忽视的问题。视频画面的声音，贵在有虚有实，有藏有露，有艺术的直接形象，也有艺术的间接形象，相映生辉，相得益彰。

（2）合理运用解说词

视频中的解说词是对人物、画面、展品或旅游景观进行讲解、说明、介绍的内容，采用口头或书面解释的形式，或介绍人物的经历、身份、所做出的贡献、社会对其评价等，或就事物的性质、特征、形状、成因、关系、功用等进行说明。解说词可以是主持人讲解、也可以是字幕讲解。

视频中解说词的作用主要包括如下内容：第一，补充画面背景。视频的所有画面都是在进行时态下拍摄，但要完整表现一个事件，就必须讲清过去和未来，对事件背景进行介绍，这时就需要解说词在视频中和画面一起相互串联、铺垫，互相补充，构成完整又形象的主题信息。第二，整合画面、衔接内容。视频是由一个个画面组合而成的，如果没有解说词的衔接、整合，画面则可能因为没有明确的指示关系而显得无序、杂乱。同时，画面与内容的衔接与转场，往往也需要解说词的过渡和连接。好的解说词可以保证视频内容的自然、流畅与和谐。第三，表现细节解说可以对处于无序状态的画面信息进行概括、整合，又可以对画面信息给予逻辑重点的强调突出，将画面中未曾强调、观众未曾留心的细节放大。第四，突出画面，深化主题。画面以形象、生动见长，可以充分给观众展示一个个具体、逼真的影像、事件过程。视频画面本身具有转瞬即逝性，对其中的一些能够深化主题的信息，画面本身有时并不具备时间延展性。通过解说词的内容完全可以调动观众的想象和联想能力，引导他们联想到画面之外更多的信息、更深的含义和其他信息。解说词可以通过外在语言的强调和刻画，更有利地突出展现视频的主题。第五，增添审美，创造意境。视频的解说词与画面是同一生活情态的两种不同的语言渠道，画面是社会生活的形象化反映，画面与画面的组合构成一种画面语言。但这种语言只能通过画面形象和画面的内在逻辑性来对生活实施审美，即视觉审美。而对此更深层次的理解和联想，就是解说词通过语言抒情等多种手段完成的对生活的审美，是听赏上的审美。

写作解说词时，需要注意如下问题：第一，做好总体构思，整体布局。视频的解说词写作必须从总体出发，综合考虑画面、同期声、音乐音响、图片、表格、字幕等各种元素之间的作用，整体布局。第二，注重细节描写。为路演活动中所拍摄的视频中，解说词对细节的描写可以使画面信息的逻辑重点的强调更加突出，将画面中未曾强调、观众未曾留心的细节扩大。第三，选择合适的叙述角度。第三人称的叙述角度可以多方面、全方位地叙述，还可以给人留下深刻的印象，但是这种叙述方式往往使观众感觉是个旁观者，从而感到冷漠、生疏、不够真实亲切。第一人称的叙述角度具有明显的主观参与意识，有很强的现场气氛，容易给观众真实亲切的感受，同时便于发表意见，直抒胸臆，表达情感。但是第一人称的叙述角度受到"我"与"我们"主观视点的限制，超过这一视点之外的活动，就难以表现。多种人称叙述角度交替出现也是一种很好的叙述方式。这种方式灵活多变，既有深度又有广度，既能客观介绍，又能畅抒主观情感，兼有第三人称与第一人称的共同优点。需要注意的是，最基本的人称应该统一，不能太混乱，不分主次。第四，做好解说词结构布局。也就是处理好解说词的开头、主体与结尾的关系。努力实现"虎头、凤肚、豹尾"的目标，开头要引人注目，主体要丰厚翔实，结尾要响亮有力。解说词尽量注重时代感与生活化做到叙事干净利落，语言晓畅明白，词句短小简洁精练，语言力求口语化、形象化，在满足上述要求的基础上追求文学性。

（3）视频制作过程中节奏处理合适

在视频制作过程中作者对作品节奏的把握，是决定视频制作成败的因素之一。节奏一般是指物体运动时交替出现的包括张弛、紧松、徐疾、长短、高低、跳跃、平稳、流畅、重复、凝滞、轻、重、强、弱等等合乎规律的状态。

视频节奏的体现方式主要包括外部节奏和内部节奏。所谓外部节奏，主要是指画面上一切主体的运动，以及镜头转换的速度而产生的节奏。也就是观众可以直接耳闻目睹到的节奏形态。如画面转换节奏、解说词快慢节奏、音乐旋律节奏等，这些节奏形态有机地交融在一起，构成了作品的外部节奏。所谓内部节奏，主要是指由情节发展的内部联系或人物内心情绪起伏，以及创作者的思绪波澜而产生的节奏，当然也包括观众欣赏的情感接受节奏。视频的制作，虽然可以体现为内、外两种节奏方式，但在作品中都往往有机地交融在一起：作品的外部节奏，往往以内部节奏为依据；作品的内部节奏，往往以外部节奏为表现形式。在创作时，要巧妙地用外部节奏为内部节奏服务。视频作品的节奏主要表现为镜头在视频中的长短、快慢、张弛程度。好的编辑手段、和谐的内在运动规律、有序的表现手法，都会使视频呈现出活力，主导着观众在流畅、自然的节奏中感受视频主题。视频的节奏主要表现为编辑节奏、动作节奏、声音节奏和情绪节奏等四种节奏形态。

编辑节奏是指视频在素材完成之后，进行后期编辑制作过程中的组合手法。主要是根据视频所需要传递的社会价值而确立，要求编辑节奏围绕事物发展的内部联系再现其运动状态。一个镜头在屏幕上停留的时间越短，作品的节奏便越快；一个镜头在屏幕上停留时间越长，作品的节奏便越慢，也就是说，短镜头，造成快节奏；长镜头，造成慢节奏。编辑节奏要充分和视频的内容结合起来。

动作节奏主要表现为视频中动态镜头本身所表现出的动作内容，主要包括：被摄景物是运动的物体，并表现着一定的运动节奏，或是用固定的镜头去表现人物内心活动等。这就需要根据镜头的动作节奏，去合理地把握视频的节奏。

声音节奏主要是有声语言的运动节奏，它是指视频中所有有声语言因节奏运动变化而产生的效果。这种效果为视频内容服务，又因内容而产生节奏形态。具体包含着人声语言节奏、音乐语言节奏和音响语言节奏三种节奏形态。人声语言节奏形态的主体是人发出的声响，及其因人发出声响速度的快慢、高低而产生的效果。它主要是指以片中人物的语言、电视解说词的解说语言、主持人语言、播音员语言等为主的语言节奏。音乐语言节奏形态的主体是通过后期艺术加工塑造的适合于视频内容的音乐节奏效果。如背景性、戏剧性音乐语言状态，抒情性、描绘性语言状态，说明性语言状态等。在视频中，音乐语言的运动节奏必须依托视频的内容和节目形式来进行。音响语言节奏形态主要是指人声和音乐以外的其他音响形成的节奏形态。有时候，观众不看画面语言，仅听音响语言节奏，就能受到情绪感染。

情绪节奏主要是指情节发展的节奏或因人物内心情绪起伏，以及视频制作者的思绪波澜而产生的节奏，还包括观众欣赏的情感接受节奏。情绪节奏是关系着视频能否受到欢迎和被接受的极为重要的组成部分，把握好视频的情绪节奏，才能相应地调整好视频的编辑节奏和其他语言节奏。视频中的所有语言节奏，都依托情绪节奏而展开，依托情绪节奏而运动。情绪节奏作为整个视频的节奏核心，主导着整个视频运动的快慢。因此，在画面编辑的过程中充分考虑到了节目的运动节奏，画面长短、快慢处理得当，讲求有序合理，章法有度，讲究起伏有高潮，有落点，高潮迭起，形成运动节奏曲线，就能激起观众的情绪和波澜，切忌一慢到底或一快到头的做法。

所以，在构思及制作前，一定要细细揣摩题材的深度性，多捕捉些微妙细节，制作者要努力透过事物为人熟知的一面，去揭示事物不为人知的另一面，从熟视无睹中发现、挖掘典型，揭示出一些值得关注的有价值的东西。在剪辑时要极力体现出创作者的主导理念，把碎片有机地拼接成有观赏性且具深思性的视频作品。

（4）注意细节表现

在视频作品中，细节是个非常重要的因素。所谓细节，是指在视频中构成人物特点、事件发展、社会情境的最小组成单位，是对表现对象的局部或细微变化的展示。

视频首先要真实，内容是非虚构的，客观真实是视频创作的基本原则。视频画面往往是具体、逼真、生动、感性的，细节就是体这些特点的最好方式，细节的具体性、逼真性，可以为表现主题服务。要使小组提交的视频感动评委和观众，就要源于真实的生活，从真实的生活中取材，记录生活中感动人的故事和细节，来表现视频真实性的本质特征。

细节在视频中的表现是多种多样的，大致可以分为动作细节、神态细节、物品细节、环境细节和解说或口述细节。所谓动作细节主要是指用身体特别是四肢所表现出来的细节。所谓神态细节主要是指人物面部、眼睛表现出来的细节。神态细节的冲击力特别强，喜、怒、哀、乐等在人物脸上一看便知，可以用特写镜头实现。所谓物品细节主要是指借助物品与人的各种关系实现视频制作目标，通过物品反映人们情感的依托，使用物品细节中手段时物品实际上是用来反映主题思想一种情感、一种象征。所谓环境细节主要是指用利用一些特殊环境所具有的特征来展现交代环境的细节。所谓解说或口述细节主要是指通过解说或口述方式进一步说明画面，使信息量加大，满足观众对信息的需求。

细节的主要价值是表现主题，因此，一切细节都必须为主题服务。在视频拍摄时，细节的捕捉是非常重要的，细节捕捉得好，视频就会精彩，就会更好吸引评委和观众。一般需要注意以下三点：首先，要从所调研的事件中找出最有代表意义，最吸引人、打动人的细节。其次，努力进入角色，“感情投入”换位思考感受所采访人的真实感受，捕捉拍摄视频的关键细节。最后，合理使用特写镜头的冲击力对细节画面进行全面展现。特写镜头是观众在生活中不常见的视觉感受，它可以突出细节特征，清晰地展现细节，从而达到透视事物、揭示事物本质的目的。

二、PPT 的制作

1．PPT 的概念

PPT 一般是指 Microsoft Office PowerPoint。Microsoft Office PowerPoint 是微软公司开发的演示文稿软件。使用者可以在投影仪或者计算机上进行演示，也可以将演示文稿打印出来，进行交流。利用 Microsoft Office PowerPoint 不仅可以创建演示文稿，还可以在会议、远程会议或在网上给观众展示演示文稿。Microsoft Office PowerPoint 做出来的文件叫演示文稿，其格式后缀名为:ppt、pptx，也可以保存为 pdf、图片格式等;2010 及以上版本中还可保存为视频格式。演示文稿中的每一页被称为幻灯片，每张幻灯片都是演示文稿中既相互独立又相互联系的内容。

一套完整的 PPT 文件一般包含:片头动画、PPT 封面、前言、目录、过渡页、图表页、图片页、文字页、封底、片尾动画等;所采用的素材包括:声音、视频等。

在中国，PPT 正成为人们工作生活的重要组成部分，在工作汇报、企业宣传、管理咨询、教育培训等领域都有着广泛的应用。

2. 制作 PPT 的原则

去书店购买讲述制作 PPT 的书籍，会发现绝大多数的书都在讲解如何使用 PowerPoint 软件;讲如何插入文字、插入图片、如何调整母版、如何添加动画、如何添加过场特效等，显然本书的篇幅是无法叙述如何使用 PowerPoint 软件的内容。下面将介绍 PPT 制作过程中，使用 PowerPoint 软件具体方法以外的技巧。

在路演活动中，一份成功的团队展示 PPT 材料通常由幻灯片、注解和发言背景资料三部分组成。因此，在开始设计、制作 PPT 的要努力避免把文字、数据等所有信息都放到幻灯片里。设计、制作简单扼要、图文并茂的幻灯片是提高团队展示演说质量的有力保证。

要制作出质量好的 PPT，应当注意遵守以下原则:

（1）简单性原则

所谓简单性原则就是在设计 PPT 时，追求简约，就像威廉·奥卡姆在著名的“奥卡姆剃刀”理念中论述的:“如无必要，勿增实体。”在路演活动中，如果遵循简单性原则，一般能够设计出优秀的幻灯片。简约思想是设计时需要遵循的一个重要原则，但这并非要把幻灯片设计得过于简单。设计过程所要追求的是得体、适度的简单，就像爱因斯坦曾经说过的那样:“凡事需要尽可能地简化，但不要简单过了头。”在设计 PPT 时，尽量少用要点列表，一般情况下应当在其他表达方式无法实现时再用，这是设计 PPT 时需要注意的。同时，不要受模板里某些默认格式影响。

（2）优先使用图片原则

在观看 PPT 时，图片比文字更容易被记住。也就是说，相比文字而言，观众对图片的印象会更加深刻。当图片能够代表普通而且具体的事物时，画面往往能够达到最好效果。图片的使用是人与人之间一种有效而且自然的交流方式。比如要在路演活动中，说明一场自然灾害对社会造成的不良影响，如果选择用 PPT 写出来或者仅仅是口头描述一下显然没有使用灾后的照片并配以简练的文字效果更好，对于观众来说，图片更具视觉冲击，更让他们印象深刻。

在设计 PPT 时，可以假设幻灯片上哪些文字内容可以用图片替代，然后选择合适的图片。在引用别人的观点时，有时也可以加入图片以增加画面效果，从而调动观众的情感。这时，通常可以选择大图而不是小图来作为幻灯片的背景，然后在图中的适当位置插入必要的文字。因此，必须保证图片的分辨率至少与幻灯片的大小相当，而且这些图片上要有足够空间插入文字。

（3）留白原则

在设计 PPT 时，很多人都想在留白处填充更多元素。事实上，在设计幻灯片时最容易犯的错误就是不留一点空白部分，在每张幻灯片上塞满文字、图框、剪贴画、图表、脚注等等。

留白是带有目的性的。有些设计者可能会重点关注文字、图形等“积极”元素，而忽视运用留白使设计作品达到吸引观众眼球的效果。从表面上看，在幻灯片上运用留白是一种空间的浪费，但是，很多情况下，正是留白赋予 PPT 新的活力。需要注意的是留白并不等同于空白和一无所有，因此，需要在 PPT 设计中考虑平衡问题。

PPT 设计中的平衡问题非常重要，巧妙地利用空白是达到 PPT 画面平衡的有效方法之一。一个平衡的设计作品能够传递出清晰、独立却又统一的涵义。设计优秀的幻灯片往往需要目的明确，并能够时刻引导观众积极阅读，使他们不用刻意寻找哪里是需要关注的内容。因此，要努力通过清晰明确的主次排序，实现画面元素的良好平衡，帮助把不同重要程度的团队展示内容的展现得清清楚楚。空白绝不是被动或消极元素，相反，它们可以为画面带来积极的作用。通过精心设计和安排展示元素的位置，空白也能产生强有力的效果，并使画面更具动感。因此，如果想使幻灯片更具视觉冲击和动感，可以考虑不对称设计的方法。这样，画面会因包含形状和大小各异的图形变得更具动感而不显得单调沉闷。与不对称的设计方法相比，对称能给人以平和、正式和稳固的感觉。虽然有时居中对称的设计会导致两边空出留白，但这也是可以采用的。在设计幻灯片时，图形大小和形状的选择也十分重要。但是，如果没考虑留白部分所占的空间，就导致设计的盲目和随意性，进而导致最终的画面效果平淡无味。优秀的幻灯片中往往既有对称设计，也有不对称设计。从古到今，艺术家都在追求在其作品中体现“黄金分割”的完美比例。与自然界中那些拥有黄金比例的事物一样，拥有黄金分割的图片更具视觉美感。因此，可以借助从黄金分割衍生而来的三等分原则，作为幻灯片设计中的一个基本技巧。三等分原则能够帮助设计者找到平衡点，从而使画面更加美观，更具艺术美感。

（4）对比原则

对比原则，简言之就是突出事物的不同之处。运用对比原则的幻灯片容易引起观众的注意，从而赋予作品更大的能量。因此，设计者必须将不同的元素加以区别，而且对比要强烈。对比是设计中最重要的概念之一，原因是，几乎所有的设计元素都能成为对比的对象。在设计工作中，通过设计布局（远近、详略）或颜色（深浅、冷暖色调），又或字体（下划线、粗体）以及元素的位置（居上、居下、集中、分散）等都能产生对比的效果。

对比能够突出某些元素，帮助观众迅速地抓住信息。优秀的幻灯片都有一个清晰的焦点，而且不同元素间具有强烈的对比。如果所有元素都是千篇一律的话，观众很难找到重点。设计中如果遵循了对比原则，就比较容易实现调动观众兴趣，帮助他们更好地理解发言者观点的目标。如果对比不够强烈，就会造成画面平淡，很容易影响观众的理解。

在设计 PPT 时，线条、形状、颜色、文本、大小、字体等每一个具体元素，都能产生对比的效果，这是需要设计者认真权衡的。

（5）重复原则

所谓重复原则就是在设计 PPT 时，多次使用相同或相似的元素。对比的作用是突出区别，而重复则为了给人协调和统一的感觉。人们使用幻灯片模板时，就体现了重复的设计原则。例如，所有的幻灯片拥有相同的背景和字体等。

同时，需要注意的是，不要在一套幻灯片中出现太多的简单重复。因为，许多模板的背景使用多次后，如果不做更新，观众再次看到便会感到厌倦，要改变这种局面就需要适当调整重复的办法。比如，不影响主题的表达的前提下，根据文字内容相应地改变插入图表的大小和位置，重复效果会变得更好。

（6）对齐原则

所谓对齐原则就是不要让幻灯片上的任何东西像是被随意摆放上去的，而要让各元素就好像被无形的线条贯穿在一起。重复原则主要是针对一套幻灯片中不同幻灯片之间提出的对策，而对齐原则则针对的是每张幻灯片上的元素而言的。

在设计 PPT 时，如果不注意对齐的问题，往往会造成幻灯片中的各元素看起来不整齐，这常常会给评委老师和观众一种业余和粗糙的感觉。有时观众也有可能察觉不出这些细节，但是，如果使画面上的元素互相对齐，就能让幻灯片版面显得更加整洁和清晰。如果再配合其他设计原则，就能使观众理解得更快、更容易，也容易赢得评委老师的青睐获得理想的得分。

（7）就近原则

所谓就近原则是指设计者为了使结构更加清晰，根据需要把某些相关元素摆放在一起的做法。这样，将相关的内容放在一起，画面就不会显得松散。观众会自然而然地认为那些距离较近的内容是属于一个整体的，同样也会认为那些距离较远的内容相互之间联系没有那么紧密。

幻灯片不是书本或杂志那样可以从容阅读的东西，因此每张上面的内容不能过多。当检查设计好的幻灯片时，要追问几个问题：最先映入眼帘的是什么？其次又是什么？什么最吸引人的？

在此基础上，设计 PPT 还需要注意以下几点：

① PPT 结构最好采用总分总方式。要在大标题以后，用第一张幻灯片介绍发言人和发言内容。在结尾设计一张结论幻灯片，让自己有机会在结束发言之前再次强调要阐述的核心观点。

② 内容尽量简练合理。在标题设计方面，主标题画龙点睛，副标题说明具体内容。文字尽量简洁、提纲挈领。

③ 根据演讲的对象和环境选择适宜的模板。幻灯片页面和文字的配色要考虑和模板色系一致。

④ 在每张幻灯片最多 5～6 个项目符号，并且每段的句子要短，努力使文字变大，容易辨认。

⑤ 尽量努力在每页幻灯片采用文字、图表和图形的混合方式展示内容，避免全文字的页面。能使用图表就尽量图表，图表要尽量展现关键信息，如最大值、最小值、目标值等。

⑥ 字体要规范。整套幻灯片中包括颜色、字体、背景等方面的格式应该保持一致。幻灯片的所有标题应当采用相同的字型、大小、格式、位置和颜色。避免使用过多的字体，减少下划线、斜体和粗体的使用，同时，幻灯片中的内容部分尽量使用笔画粗细一致的字体，如黑体字体文本框间应注意对齐。文字较多应注意分区。使用英文时，为了使听众容易辨不要全部采用大写字母。

⑦ 字体大小合理。要充分考虑在个人电脑上预览和在正式场合幻灯片放映区别，保证全场都能看清楚。标题字体的大小在该幻灯片中最大，副标题的字体比正标题小一些，放置的位置也要每张都一致。正文字体应该比标题要小，标题字号 36 磅以上，正文字号 28 磅左右。注意同一页字体、字号不超过 3 种。

⑧ 页面设置美观。可以设置为 35 毫米幻灯片，四周保持 12 毫米左右的空白边缘，以防内容被幻灯片框所覆盖。不要把整段整段的文字搬上幻灯片，同时避免整

张幻灯片都塞满内容，影响美观和听众观看。为了防止内容超出屏幕，同一套幻灯片使用统一的横向或者竖向，不要混杂使用。注意字体颜色和背景色搭配。一般应保证同一页文字颜色不超过 3 种。

⑨ 幻灯片上只应当出现关键性的词语或短句，而不是发言稿上的每句话，防止把 PPT 文件变为 Word 文件。

⑩ 动画选择要合理。动画不要超过 3 种，防止为追求效果而影响内容介绍。

参考文献

[1] 傅世侠，罗玲玲．科学创造方法论[M]．北京：中国经济出版社，2000.

[2] 罗玲玲．创造力理论与科技创造力[M]．沈阳：东北大学出版社，1998.

[3] 罗玲玲．创造力开发[M]．长沙：湖南大学出版社，2002.

[4] 吴明泰，刘武，谢燮正．工程技术方法[M]．沈阳：辽宁科学技术出版社，1985.

[5] 谢燮正，徐明泽．科技人员创造力开发[M]．沈阳：东北大学出版社，1998.

[6] 蔡惠京，吴晓红．创造力开发实用教程[M]．长沙：湖南大学出版社，1997.

[7] 林康义，刘则渊，王海山．技术开发原理与方法[M]．大连：大连工学院出版社，1987.

[8] 刘思齐，刘树武．创造力方法学[M]．哈尔滨：哈尔滨工业大学出版社，1998.

[9] 赵慧田，谢燮正．发明创造学教程[M]．沈阳：东北工学院出版社，1987.

[10] 卢旭东．创业学概论[M]．杭州：浙江大学出版社，2002.

[11] 鲁克成，罗庆生．创造学教程[M]．北京：中国建材工业出版社，1997.

[12] 戚昌滋，侯传绪．创造性方法学[M]．北京：中国建筑工业出版社，1996.

[13] 戚昌滋．现代广义设计科学方法学[M]．北京：中国建筑工业出版社，1996.

[14] 戚昌滋．工程设计智能论方法学[M]．北京：中国建筑工业出版社，1996.

[15] 许立言，张福奎．创造学研究[M]．上海：上海科学普及出版社，1984.

[16] 纪克勤．创造力开发与应用[M]．沈阳：东北大学出版社，1995.

[17] 王滨．创造行为与创造技法[M]．哈尔滨：东北工学院出版社，1992.

[18] 张宝刚，陈保辉．创造思维与技法[M]．北京：机械工业出版社，1997.

[19] 梁良良．创新思维训练[M]．北京：中央编译出版社，2001.

[20] 爱德华·德·波诺．严肃的创造力——运用水平思考法获得创意[M]．杨新兰，译．北京：新华出版社，2003.

[21] J·P·吉尔福特．创造性才能——它的性质、用途与培养[M]．施良方，等，译．北京：人民教育出版社，1990.

[22] A·F·奥斯本．创造性想象[M]．王明利，盖莲香，汪亚秋，译．北京：中国发明创造协会，中国预测研究会，1985.

[23] 爱德华·德·波诺．横向思维[M]．金佩琳，等，译．上海：东方出版社，1991.

[24] 川口寅之辅．发明学[M]．马泉，张维彦，译．北京：专利文献出版社，1983.

[25] 高桥诚．创造技法手册[M]．蔡林海，译．上海：科学普及出版社，1989.

[26] Γ·C·阿里特舒列尔．创造是精确的科学[M]．魏相，徐明泽，译．广州：广东人民出版社，1987.

[27] M·H·麦金．怎样提高发明创造能力——视觉思维训练[M]．吴明泰，等，译．大连：大连理工大学出版社，1991.

[28] 威廉·H·密登德夫．发明创造[M]．王春旭，李丹明，译．北京：电子工业部第六研究所，1987.

[29] 广东省经济管理干部学院工商管理系．创造性思维案例选编[M]．北京：经济管理出版社，1999.

[30] 江丕权，李越，戴国强. 解决问题的策略与技能 [M]. 北京：科学普及出版社，1992.
[31] 周美立. 相似工程学 [M]. 北京：机械工业出版社，1998.
[32] 杨晓华，曹炳志. 择业与创业指导教程 [M]. 北京：化学工业出版社，2004.
[33] 谢燮正. 畅销商品开发——产品开发与商品化 [M]. 沈阳：东北大学出版社，1993.
[34] 施普尔，科劳舍. 虚拟产品开发技术 [M]. 宁汝新，译. 北京：机械工业出版社，2000.
[35] G·帕尔，W·拜茨. 工程设计学 [M]. 张直明，等，译. 北京：机械工业出版社，1992.
[36] 许国泰. 产品构思畅想曲 [M]. 上海：上海人民出版社，1986.
[37] 中国科学院数学研究所运筹室. 优选法 [M]. 北京：科学出版社，1984.
[38] 向献忠，李萍. 优化技术及其应用 [M]. 北京：北京理工大学出版社，1995.
[39] 陈立周. 工程离散变量优化设计方法——原理与应用 [M]. 北京：机械工业出版社，1989.
[40] 南京大学数学系. 最优化方法 [M]. 北京：科学出版社，1978.
[41] 李贵轩. 设计方法学 [M]. 北京：世界图书出版社，1989.
[42] 何吉清. 功效学 [M]. 北京：中国劳动出版社，1997.
[43] 詹姆斯，恩·西多. 最优化设计——原理及应用 [M]. 应锦春，译，北京：机械工业出版社，1987.
[44] D·J·华尔德，C·S·皮特勒. 优选法基础 [M]. 尤云程，译. 北京：科学出版社，1978.
[45] 全国总工会职工技协办公室. 创造学与创造力开发 [M]. 北京：经济管理出版社，1999.
[46] 崔义中. 创业学 [M]. 西安：陕西人民出版社，2000.
[47] 欧延高. 创业的家园 [M]. 北京：北京邮电大学出版社，2000.
[48] 史蒂夫·马若堤. 青年创业指南 [M]. 户才和，译. 北京：经济日报出版社，2003.
[49] 罗博特·希斯瑞克. 创业学 [M]. 李志能，郁义鸿，译. 上海：复旦大学出版社，2000.
[50] 杰弗里·蒂蒙斯. 创业者 [M]. 周伟民，译. 北京：华夏出版社，2002.
[51] 郁义鸿. 创业学 [M]. 上海：复旦大学出版社，2000.
[52] 查斯特·伍德希. 财富的真理 [M]. 丁凡，译. 北京：九州出版社，2003.
[53] 凡禹. 经营自我与创业之路 [M]. 北京：民主与建设出版社，1999.
[54] 甘华鸣. 创业 [M]. 北京：中国国际广播出版社，2002.
[55] 陈德智. 创业管理 [M]. 北京：清华大学出版社，2001.
[56] 方全. 决策：来自全球一流企业最成功的经验 [M]. 北京：中国物资出版社，2004.
[57] 尹海刚，刘彦敏. 知本创业 [M]. 北京：企业管理出版社，1999.
[58] 杨志，方宁. 知本创业方案 [M]. 北京：中国国际广播出版社，2001.
[59] 浙人. 成功创业必备：策略与艺术 [M]. 北京：中国青年出版社，2001.
[60] 杨勇. 成功创业 18 招 [M]. 北京：中国盲文出版社，2002.
[61] 仁歌. 一个机会改变你的一生 [M]. 北京：中国华侨出版社，2000.
[62] 张子睿. 创造性解决问题 [M]. 北京：中国水利水电出版社，2004.